총회 고시문제집

총회 고시문제집

목사, 강도사, 장로, 목사후보생, 전도사

김상현·박기성 편저

대한예수교장로회총회

발간사

「총회고시문제집」을 발간할 수 있도록 은혜를 베푸신 하나님께 영광을 돌립니다. 한국 교회는 세계 선교 역사 속에 찾아보기 어려울 만큼 부흥을 경험했습니다. 이는 한국 교회로 하여금 땅 끝까지 복음의 증인 된 새 역사를 일으키시려는 하나님의 축복의 섭리가 있음을 확신합니다. 주님의 지상 명령인 민족 복음화와 세계선교의 사명을 감당하기 위해서 풍부한 지식과 리더십을 갖춘 영적인 사역자들이 많이 배출되어야 한다고 생각합니다.

총회와 노회의 가장 중요한 기능은 좋은 인재를 발굴하여 그의 자질을 검증하고 지도력 있는 인격자로 세워 나가도록 도와주는 것입니다. 목사, 장로, 목사 후보생, 전도사는 반드시 소속 노회 고시를 통해 자신을 점검하고, 해당 고시에 합격한 자만이 장립을 받거나 시무를 할 수 있는 것입니다.

총회 출판부에서는 이러한 막중한 책임이 노회와 교회에 있음을 깊이 인식하고, 각종 노회 고시를 응시하시는 분들에게 꼭 필요한 내용을 골라 예제 문제를 편집하여 본서를 발간하게 되었습니다.

본 「총회고시문제집」은 제1부에서는 행정적인 준비를 다루었고, 제2부에서는 과목별로 헌법과 함께 모든 문제들을 이해하기 쉽도록 간단명료하게 정리했습니다. 여러 노회에서 최근 가장 많이 출제되었던 문제들을 편집하여 시험을 준비하는 사역자뿐 아니라 문제를 출제하는 지도자들에게 도움이 되도록 하였습니다. 각 과목별 예상문제는 노회에 따라 고시 과목이나 출제 방향과 범위가 약간 달라질 수도 있으니 반드시 해당 노회의 지도를 받아 준비하셔야 합니다. 그리고 헌법과 교리 부분은 원문 전체를 수록하여 이 한 권으로 학습과 고시 준비가 가능하도록 하였고, 상식의 경우 기본과 심화로 나누었으며, 부록으로 표준 고시행정 서식을 수록하였습니다.

본 「총회고시문제집」이 주님의 몸 된 교회를 섬기는 지도자가 되기 위해 고시를 준비하는 여러분들에게 많은 도움이 되고, 지교회를 세워 나가는 데도 유익한 책이 되기를 바랍니다. 본서는 각종 고시를 준비하는 분들뿐 아니라, 교회 모든 직분자들이 읽기만 해도 신앙에 유익할 것입니다.

아울러 노회고시 기출 문제집과 자료집을 보내주신 강원, 경청, 경평, 남수원, 대구수성, 동평양, 목포, 목포서, 북전주, 빛고을, 서광주, 성남, 수원, 수도, 수경, 안주, 전남, 중경기, 중부, 평양, 한남, 황동, 황해 노회(가나다순)에 진심으로 감사를 드립니다. 끝으로 이 책이 출간될 수 있도록 협조해 주신 출판부장님과 출판국장님을 비롯한 실무 직원들에게도 감사를 드립니다.

김상현 목사

차례

P·A·R·T 1

고시준비

목사 고시의 준비

목사 고시에 대한 이해

총회 헌법을 참조해 볼 때 목사는 총신대학교 신학대학원 졸업 후 총회에서 시행하는 강도사 고시에 합격되고 1개년 이상 교역에 종사하고 노회 고시에 합격되고 청빙을 받은 자라야 한다.[1]

목사 고시에 응시하고자 하는 자는 본 총회의 헌법에 따라서 몇 가지의 자격 요건을 갖추어야 한다. 헌법은 신학교를 졸업해야 하며, 총회에서 시행하는 강도사 고시에 합격하여야 하는 것을 가장 기본적인 조건으로 제시하고 있다. 아울러 강도사 고시에 합격한 후 최소한 1년 이상의 사역을 하여야 하며 '청빙'을 받은 자라야 한다.

1) 정치 제15장 1조(목사 자격) 참조

목사 고시의 행정적인 준비

목사 고시의 준비서류에는 각 노회마다 약간의 차이가 있지만 최소한 다음과 같은 서류를 준비해야 한다.

1) 목사 고시 청원서
2) 강도사 인허증 사본
3) 목사 청빙서
4) 이력서
5) 가족관계 증명서
6) 혼인관계 증명서

위의 준비 서류 가운데 세 번째 있는 '목사 청빙서'에는 담임(위임) 목사 청빙서, 임시목사 청빙서, 부목사 청빙서, 전도목사 청빙서, 기관목사 청빙서 등의 구분이 있다. 그리고 목사의 종류에 따라 준비 서류에도 차이가 있으며 서류의 준비에 만전을 기해야 한다. 이러한 서류 준비는 교회 행정의 가장 중요한 일이며 행정적인 모든 서류는 노회 사무실에 준비되어 있으므로 노회 서기에게 자문을 구하도록 한다.

목사 고시의 시험 과목

목사 고시의 시험 과목은 노회마다 약간의 차이가 있으며 일반적으로 다음과 같이 시험과목을 규정하고 있다.(정치 제10장 6조 7항)

① 신조 ② 권징조례 ③ 예배모범 ④ 목회학 ⑤ 면접 등이다.

장로 고시의 준비

장로 고시에 대한 이해

총회 헌법 정치 제5장은 장로(치리장로)에 관해서 언급하고 있다. "장로는 목사와 협력하여 교회를 치리하는 자"이다.[2] 이러한 장로의 자격은 "만 35세 이상 된 남자 중 입교인으로 흠 없이 5년을 경과하고 상당한 식견과 통솔력이 있으며 딤전 3:1~7에 해당하는 자"로 한다.[3]

장로 고시에 응시하고자 하는 자는 본 총회의 헌법에 적합한 절차를 따라서 선택되어야 한다. "각 지교회가 공동의회 규칙에 의하여 선거하되 투표 3분의 2 이상의 찬성"으로 교회에서 선출되어야 한다.[4] 물론 각 지교회에서 피택을 받는 것도 중요하지만 보다 더 중요한 것이

2) 정치 제5장 1조(장로직의 기원)
3) 정치 제5장 3조(장로의 자격)
4) 정치 제13장 1조(장로 집사 선거방법)

있다. 그것은 하나님의 소명이다. 장로의 직분을 감당할 만한 식견이나 통솔력보다 '신앙과 인격'을 잘 갖추어야 한다. 하나님이 장로로 섬기도록 부르신 부르심의 확인과 교인들이 존경하고 본받을 만한 신앙의 탁월성 그리고 사회에서 인정할 만한 모범적 인격을 유지하고 있는 자가 장로가 되어야 한다. 그리고 이러한 자가 장로 고시에 응하는 것이 좋다.

장로 고시의 행정적인 준비

장로 고시의 준비 서류에는 각 노회마다 약간의 차이가 있지만 최소한 다음과 같은 서류를 준비하여 시찰회를 경유하여 당회장이 노회 서기부에 접수해야 한다.

1) 장로고시 청원서 2) 당회장 추천서 3) 공동회의록 사본
4) 이력서 5) 가족관계 증명서 6) 혼인관계 증명서
7) 성경통신대학 졸업(수료)증명서

장로 고시의 시험과목

장로가 되려면 최소한 당회의 주도 아래 6개월 이상 헌법을 철저하게 학습해야 한다. 장로고시 시험과목은 다음과 같다.

① 성경 ② 소요리 문답 ③ 정치 ④ 권징조례 ⑤ 예배모범 ⑥ 상식 ⑦ 면접 등이다.

강도사 고시의 준비

강도사 고시에 대한 이해

총회 헌법에 "강도사는 당회의 추천에 의하여 총회의 고시로 노회에서 강도할 인허를 받고 그 지도대로 일하되 교회 치리권은 없다"[5]. 그리고 "강도사와 목사 후보생은 개인으로는 그 당회 관리 아래 있고, 직무상으로는 노회 관리 아래 있다"[6]고 되어 있다. 강도사가 되려는 자의 가장 기본적인 준비는 총신대학교 신학대학원을 졸업해야 한다. 총회헌법에는 "총회가 신학 졸업생을 고시하고, 노회가 강도사로 인허"하며[7] "강도사 인허를 청원하는 자는 반드시 총회가 그 덕행이 단

5) 정치 제3장 4조(준직원)
6) 정치 제3장 4조(준직원)
7) 정치 제14장 1조(양성의 요의)

정함과 지교회의 무흠 회원됨을 증명하는 당회증명과 노회 추천서 및 지원서와 이력서를 제출하게 할 것이요, 총회는 그 사람의 신덕과 종교상 이력을 시문하며 성역을 구하는 이유를 묻되 그 고시는 신중히 하고 인허는 노회가 한다."[8]고 기록되어 있다.

위에서 밝힌 것처럼 강도사의 인허권은 노회에 있다. 당회가 추천을 하고, 총회가 고시를 실시하고, 노회가 인허를 해 주는 것이다.

강도사 고시의 행정적인 준비

강도사 고시의 준비서류[9]는 총회가 실시하기 때문에 모든 노회의 제출 서류가 동일하다. 노회의 고시들도 이러한 모범을 만들어 지길 필요가 있다.

1) 노회추천서(총회서식)
2) 당회장추천서(총회서식)
3) 주민등록등본
4) 가족관계증명서(본인)
5) 혼인관계증명서(본인이 상세사항으로 발급)
6) 총신신대원 졸업증명서
7) 자기소개서
8) 정신감정서
9) 서약서

---

8) 정치 제14장 3조(강도사 고시 및 인허)
9) 2023년 기준

강도사 고시의 시험과목

강도사 고시는 두 번 치르며, 먼저는 제출 과목의 시험이며, 다음은 필답고사이다. 제출과목은 앞에서 언급한 것처럼 ① 논문 ② 주해 ③ 강도(설교)이다.

필답고사는 ① 조직(교의)신학(서론~종말론) ② 교회사(초대~현대, 한국교회사) ③ 정치 등이다.

목사 후보생 고시의 준비

목사 후보생 고시에 대한 이해

총회 헌법에 목사 후보생은 강도사와 마찬가지로 "강도사와 목사 후보생은 개인으로는 그 당회 관리 아래 있고, 직무상으로는 노회 관리 아래 있다"[9]고 규정하고 있다.

총회 헌법은 "목사의 중임을 연약하고 부적당한 자에게 위임하므로 성역이 사람의 멸시됨을 면하기 위하며, 또한 교회를 교도 치리할 자의 능력을 알기 위하여 성경에 명한 대로 목사 지원자를 먼저 시험하는 것이 가하다(딤전 3:6, 딤후 2:2)"고[10] 되어 있다. 즉 목사가 되고자 하는 지원자가 있다면 그 지원자를 시험을 통하여 필요한 인품과 실

9) 정치 제3장 4조(준직원)
10) 정치 제14장 1조(양성의 요의)

력을 가늠해 보아야 한다는 것이다.

이러한 목사 후보생은 자신이 "소속한 노회의 관하에서 양성"을 받아야 한다.[11] 그리고 목사 후보생으로 지원을 하고자 하는 사람을 천서 할 때에는 "무흠 교인 된 것과 모범적 신앙과 기타 목사 됨에 합당한 자격 유무를 증명"해야 한다.[12]

목사 후보생으로 지원을 하는 사람은 "총회가 인정하는 신학교에 입학하고자 하는 자"이다.[13] 목사 후보생이 되지 못한 자가 강도사 고시에 응할 수 없다. 왜냐하면 목사 후보생으로서 신학 수업을 마쳐야 강도사 고시 자격을 얻을 수 있기 때문이다.[14] 그리고 본 교단 총회가 인정하는 어느 신학교에 입학하고자 할 때에는 반드시 노회에 청원하여 목사 후보생이 되어야 한다.[15]

목사 후보생 고시의 행정적인 준비

목사 후보생이 되고자 하는 사람은 신학교에 지원하고자 하는 해의 가을노회까지 노회에 청원하여 고시를 볼 수 있어야 한다. 목사 후보생 고시도 가을 노회에서 허락을 받지 못하면 신학교에 입학하기 어렵게 된다. 신학교에 따라서 입학한 그해 봄 노회에서 허락을 받도록 선

11) 정치 제14장 2조(관할)
12) 정치 제14장 2조(관할) 2항
13) 위의 2항
14) 위의 2항
15) 위의 2항

처를 하기도 하지만 이러한 선처를 바라고 준비를 게을리하면 안 된다.

교회는 목회자의 소명을 갖고 신학교를 가고자 하는 사람이 교회에 있는지 잘 살펴서 안내해 주는 것이 필요하다. 실제로 목사 후보생이 되고자 하는 사람이 교회나 노회의 행정을 안다고 하는 것은 결코 쉬운 일이 아니다. 따라서 교회가 잘 살펴서 사전에 준비하도록 도와주는 것이 보다 효과적이다.

목사 후보생이 되고자 하는 사람은 다음과 같은 서류들을 준비해야 한다.

1) 목사 후보생 고시 청원서 2) 당회장 추천서 3) 이력서
4) 졸업(예정) 증명서 5) 가족관계 증명서

목사 후보생 고시의 시험과목

목사 후보생 고시는 그렇게 어려운 것이 아니다. 노회마다 차이는 있지만 대체적으로 ① 성경 ② 신조 ③ 상식 ④ 면접 등이다. '신조' 대신에 '국어'를 보는 노회도 있다.

전도사 고시의 준비

전도사 고시에 대한 이해

총회 헌법에 "전도사는 교회의 임시직원이며 안수 없이 70세까지 그 직무를 수행할 수 있으며 당회의 추천으로 노회가 고시하여 자격을 인가하면 유급 교역자로 당회나 목사의 관리하는 지교회의 사무를 방조하게 한다."[16)]

총회 헌법은 전도사의 자격을 "신학생과 신학 졸업자로 노회가 고시 인가"하는 것이 일반적이다.[17)] 이러한 전도사의 권한은 다음과 같다. "장로가 아닌 남전도사가 그 당회의 회원은 되지 못하나 특별한

16) 정치 제3장 3조 (교회의 임시직원)
17) 위의 3조 1항 2목

이유가 있으면 언권 방청이 되고 미조직 교회에서는 당회장의 허락으로 제직회 임시 회장이 될 수 있다."[18]

전도사 고시는 대체로 남자보다는 여자들이 많이 응시하는 실정이다. 남자들은 대부분 목사 후보생 고시를 보고 신학교에 입학하게 되면 별도의 전도사 고시에 응하지 않아도 전도사로서의 직무를 수행하고 있다. 그리고 간혹 여자들 가운데에서 신학교에 재학 중이거나 졸업을 한 후에도 전도사 고시에 응하지 않고 사역하는 경우가 있다. 여자 신학생들이나 졸업생은 당당하게 전도사 고시를 치르고 사역하는 것이 필요하다. 남자의 경우에도 할 수 있다면 전도사 고시를 통과하고 전도사로 교회에서 사역하는 것이 자신에게 더 유익하다.

전도사 고시의 행정적인 준비

전도사 고시에 응시하고자 하는 사람은 먼저 그 자격부터 갖추어야 한다. 총회가 인정하는 신학교나 신학교의 졸업을 해야 한다. 이러한 자격을 갖추고 나면 당회의 추천을 받아 시찰을 경유하여 노회에 '전도사 고시 청원서'를 제출하여 전도사 고시에 응해야 한다.

전도사의 경우에 단독으로 사역을 할 경우도 있기 때문에 교회나 노회의 행정을 잘 살펴보는 것이 자신의 사역에 유익하다. 이러한 행정의 출발은 당회장(목사)에게 있다. 그래서 전도사는 항상 당회장이나

18) 위의 3조 1항 1목

자신을 지도하는 목사를 통한 행정적인 지도를 잘 받아야 한다.

전도사가 되고자 하는 사람은 다음과 같은 서류를 준비해야 한다.

1) 전도사 고시 청원서 2) 당회장 추천서 3) 이력서

4) 졸업(재학) 증명서 5) 가족관계 증명서

전도사 고시의 시험과목

전도사 고시는 각 노회마다 조금은 차이가 있지만 대동소이하다. 그 과목들은 대체로 다음과 같은 것들이다.

① 성경 ② 신조 ③ 소요리문답 ④ 정치 ⑤ 예배 모범 ⑥ 설교 ⑦ 면접 등이다.

P · A · R · T 2

고시문제

01

성경

성경에 대한 기본적인 이해

성경을 하나님의 말씀으로 읽는 기본적인 자세가 필요하다. 성경을 제대로 읽지도 않고 특별한 시험을 준비하면서 문제 중심으로만 공부하면 성경 지식이 쌓이는 것이 아니라 시험이 끝남과 동시에 잊어버리는 경우가 많이 있다.

그래서 성경을 말씀으로 대하면서 체계적인 학습과 연구가 필요하다. 또한 성경을 잘 알고 그 말씀에 순응하는 교회와 성도가 되어야 한다. 교회를 아무리 열심히 다녀도 성경에 대한 이해의 부족이 신앙생활의 방해요소가 되기도 한다. 신앙의 깊이가 없고 이단과 사이비의 조류에 쉽게 휩싸이게 되는 것이다.

본 성경문제는 시험을 앞둔 사람을 위해서 반드시 기억해야 할 기본적인 문제들을 다루었으며, 예상문제와 함께 다른 노회에서 출제되었던 문제들을 수록함으로 실질적인 도움을 주고자 하였다.

1. 구약성경의 주제

(1) 구약은 크게 4 부분으로 하나님과 백성 간의 관계를 보여준다.

① 율법서 : 선민의 믿음과 도덕 생활, 신정 하의 선민이 지킬 윤리

② 역사서 : 선민의 국가 생활, 선민의 윤리 관점에서 정치 생활 기술

③ 시가서 : 선민의 영적 생활, 영적 체험을 표현

④ 예언서 : 선민의 장차 오실 메시야 대망 생활

(2) 율법서(모세오경)의 주제 : 하나님의 나라를 준비하심

① 창세기 : 이스라엘 민족의 선택(Election)

② 출애굽기 : 이스라엘 민족의 구속(Redemption)

③ 레위기 : 이스라엘 민족의 성화(Sanctification)

④ 민수기 : 이스라엘 민족의 인도(Direction)

⑤ 신명기 : 이스라엘 민족의 교훈(Instruction)

(3) 역사서의 주제 : 그리스도의 오심에 대한 준비

① 여호수아 : 이스라엘의 가나안 소유

② 사사기, 룻기 : 이스라엘의 억압

③ 사무엘상 : 이스라엘의 안정화

④ 사무엘하 : 이스라엘의 확장

⑤ 열왕기상 : 이스라엘의 영화, 분열

⑥ 열왕기하 : 북왕국의 타락, 남왕국의 추방

⑦ 역대상 : 성전의 준비

⑧ 역대하 : 성전의 파괴

⑨ 에스라 : 성전의 복구

⑩ 느헤미야 : 예루살렘의 재건

⑪ 에스더 : 이스라엘 백성의 보호

⑫ 역사서의 연대 비교

a. 역대상의 연대 : 사무엘상, 하와 같은 연대이다.

b. 역대하의 연대 : 열왕기상, 하와 같은 연대이다.

c. 사무엘서와 열왕기에 나타난 열왕들의 역사는 선지자의 관점에서 기록하였으며, 역대기는 성전의 역사를 제사장의 견지에서 기록하였다.

d. 에스더서는 그 내용상으로 볼 때 순서를 에스라 6장과 7장 사이로 보는 것이 적합하다. 그러므로 구약 성경의 역사는 느헤미야서에서 끝난다고 할 수 있다. 그리고 대부분의 선지서는 열왕기하 시대에 속한다.

e. 역사서는 그리스도의 오심에 대한 준비가 마련되었음을 보여준다.

모든 어려운 상황에서 거룩한 백성은 거룩한 땅에 돌아왔는데 그것은 지극히 높으신 이의 아들, 곧 태어나실 그리스도를 준비하기 위함이다(눅 1:32, 35).

(4) 시가서(성문서)의 주제 : 그리스도의 오심에 대한 소원

① 욥기 : 그리스도의 중보를 열망

② 시편 : 그리스도와 교제를 열망

③ 잠언 : 그리스도 안에 있는 지혜를 열망

④ 전도서 : 궁극적인 만족을 열망

⑤ 아가 : 그리스도와의 사랑의 연합 열망

(5) 예언서(선지서)의 주제 : 그리스도를 기대 속에서 바라보게 함

① 호세아, 요엘, 아모스(초기 선지자) : 메시야에 의한 국가 회복을 기대

② 이사야, 미가 : 그리스도의 오심을 통한 세계적 구원 예언

③ 오바댜, 요나, 나훔, 하박국, 스바냐 : 민족들에 대한 하나님의 징벌 예언

④ 예레미야 애가 : 하나님의 택한 백성에 대한 징벌을 슬퍼함

⑤ 예레미야 : 그리스도 안에서의 언약의 재확인을 기대

⑥ 에스겔 : 이스라엘 민족의 종교적 회복을 기대

⑦ 다니엘 : 정치적 회복을 예언

⑧ 학개, 스가랴(귀환 이후) : 백성의 종교적 재건 권면

⑨ 말라기(귀환 이후) : 사회적 도덕적 재건 권면

2. 신약성경의 주제

(1) 복음서 : 마태복음, 마가복음, 누가복음, 요한복음

① 마태복음 : 메시야의 복음(왕 되신 예수)

② 마가복음 : 하나님의 아들의 복음(섬기러 오신 예수)

③ 누가복음 : 구주의 복음(잃은 자를 찾으러 오신 예수)

④ 요한복음 : 믿음의 복음(하나님의 아들 예수)

(2) 역사서 : 사도행전-성령의 복음

(3) 서신서 : 바울서신(교리서신, 옥중서신, 목회서신), 공동서신(야고보, 베드로, 요한, 유다)

① 로마서 : 믿음으로 의롭다 함을 얻음

② 고린도전서 : 교회의 문제들

③ 고린도후서 : 바울의 사역 편지

④ 갈라디아서 : 그리스도인의 자유

⑤ 에베소서 : 그리스도의 몸된 교회의 연합

⑥ 빌립보서 : 그리스도 안의 기쁨

⑦ 골로새서 : 그리스도의 우월성

⑧ 데살로니가전서 : 새 교회의 성장

⑨ 데살로니가후서 : 교회의 기대(주의 재림과 교회)

⑩ 디모데전서 : 젊은 교역자에게 주는 충고

⑪ 디모데후서 : 복음 위해 싸우는 예수의 군병

⑫ 디도서 : 건전한 교회

⑬ 빌레몬서 : 그리스도인의 형제 사랑

⑭ 히브리서 : 영원하신 대제사장 예수 그리스도

⑮ 야고보서 : 생활의 표준(산 믿음)

⑯ 베드로 서신 : 베드로전서-고난을 통한 구원(산 소망)

베드로후서-하나님의 참 지식(보배로운 믿음)

⑰ 요한서신 : 요한 1서-영생의 확신(하나님의 참 사랑)

요한 2서-충성(참 진리), 요한 3서-진리의 실천

⑱ 유다서 : 배교에 대한 경고

(4) 예언서(묵시) : 요한계시록-예수 그리스도의 승리

성경(구약) 예상문제

1 구약을 구분하시오.

답 ① 율법서 : 창세기, 출애굽기, 레위기, 민수기, 신명기
② 역사서 : 여호수아, 사사기, 룻기, 사무엘상·하, 열왕기상·하, 역대상·하, 에스라, 느헤미야, 에스더
③ 시가서 : 욥기, 시편, 잠언, 전도서, 아가
④ 예언서 : 이사야, 예레미야, 예레미야애가, 에스겔, 다니엘, 호세아, 요엘, 아모스, 오바댜, 요나, 미가, 나훔, 하박국, 스바냐, 학개, 스가랴, 말라기

2 창세기 1장의 인간 창조의 시기는 언제입니까?

답 천지창조 후 제6일째 되는 날

3 사람은 누구의 형상으로 지음을 받았는지 성경 장절과 함께 쓰시오.

답 하나님의 형상, 창세기 1장 27절

Tip 창조의 순서
① 빛 ② 궁창 ③ 땅, 바다, 식물 ④ 일월성신 ⑤ 어류와 조류 ⑥ 육축과 사람 ⑦ 안식

성경

4 인간 최초의 범죄자는 누구 누구입니까?

답 하와, 아담

5 인류의 첫 살인자는 누구입니까?

답 가인

6 아담의 돕는 배필 하와는 무엇으로 만드셨습니까?

답 아담의 갈비뼈

7 창세기 3장 15절을 쓰고 그 의의를 말하십시오.

답 내가 너로 여자와 원수가 되게 하고 네 후손도 여자의 후손과 원수가 되게 하리니 여자의 후손은 네 머리를 상하게 할 것이요 너는 그의 발꿈치를 상하게 할 것이니라 하시고, 하나님이 인간에게 주신 최초의 구속사적 약속

8 이 세상에 가장 오래 살았던 사람은 누구입니까?

답 므두셀라(969세, 창세기 5장 27절)

9 300년 동안 하나님과 동행함으로 죽음을 보지 않고 승천한 사람은 누구입니까?

답 에녹

10 하나님께서 홍수로 이 세상을 심판하시게 된 이유는 무엇입니까? (창 6:5~8)

답 죄악이 세상에 가득하였기 때문에

11 홍수 후에 하나님께서 세우신 언약의 증표는 무엇이었습니까?

답 무지개

12 십일조를 맨 처음 바친 사람은 누구입니까?

답 아브라함

13 아브라함이 최초로 십일조를 바쳤을 때에 축복한 왕은 누구입니까? (창 14:18~20)

답 살렘 왕 멜기세덱

14 하나님께서 아브라함에게 아들 이삭을 어느 산에 가서 어떻게 드리라고 했습니까?

답 모리아 산, 번제

15 '여호와 이레'의 뜻을 말하시오.

답 여호와께서 준비하심

16 아브라함이 여호와 이레를 경험한 산의 이름은 무엇입니까?

답 모리아 산

17 소돔과 고모라는 의인 몇 명이 없어서 멸망했습니까?

답 10명

18 야곱의 아들 12명 중에 예수님의 혈통적 조상이 된 사람은 누구입니까?

답 유다

19 야곱이 하란으로 가다가 천사를 만난 곳은 어디이며, 서원의 내용은 무엇이었습니까?

답 벧엘. 여호와께서 나의 하나님이 되실 것이고, 내가 기둥으로 세운 이 돌이 하나님의 집이 될 것이고, 하나님이 내게 주신 모든 것에서 십분의 일을 반드시 하나님께 드리겠다.

20 모세는 아말렉을 물리친 후 단을 쌓고 그 이름을 무엇이라고 했습니까?

답 여호와 닛시

21 다음 단어의 뜻을 설명해 보시오.

답 ① 여호와 닛시 : 여호와는 나의 깃발, 승리의 하나님

② 여호와 살롬 : 평강의 하나님

③ 여호와 라파 : 치료의 하나님

④ 여호와 이레 : 준비하신 하나님

Tip 야곱의 12아들의 이름
르우벤, 시므온, 레위, 유다, 단, 납달리, 갓, 아셀, 잇사갈, 스불론, 요셉, 베냐민

22 모세 오경을 쓰시오.

답 창세기, 출애굽기, 레위기, 민수기, 신명기

23 모세가 하나님의 부름을 받은 곳은 어디입니까?

답 호렙 산

24 하나님은 호렙 산에서 모세에게 자신을 어떻게 소개하셨습니까?

답 나는 스스로 있는 자이니라

25 백성들이 광야 길을 갈 때 '마라'라는 곳에서 어떤 일이 일어났습니까?

답 쓴 물이 달게 되었다.

26 아말렉과 싸울 때에 모세가 팔을 들고 있도록 도와준 사람은 누구입니까?

답 아론, 훌

27 홍해에서 두려워하는 이스라엘 백성에게 모세가 한 말은 무엇입니까? (출 14:13) **답** ①

① 여호와께서 행하시는 구원을 보라.

② 너희는 여호와의 명령을 들으라.

③ 여호와의 구원이 함께하시리라

④ 하나님의 놀라운 일을 바라보라.

28 모세가 십계명을 받은 산의 이름은 무엇입니까?

답 시내 산

29 법궤 안에 들어 있는 세 가지를 이야기하시오.

답 만나를 담은 항아리, 언약의 두 돌판, 아론의 싹 난 지팡이.

30 이스라엘 백성들은 광야에서 낮과 밤에 무엇으로 인도함을 받았습니까?

답 구름기둥과 불기둥

31 십계명을 요약해서 쓰시오. (출 20장, 신 5장)

답 ① 나 외에 다른 신들을 네게 두지 말라
② 너를 위하여 우상을 만들지 말라
③ 하나님 여호와의 이름을 망령되게 부르지 말라
④ 안식일을 기억하여 거룩히 지키라
⑤ 네 부모를 공경하라
⑥ 살인하지 말라
⑦ 간음하지 말라
⑧ 도둑질하지 말라
⑨ 거짓 증거하지 말라
⑩ 탐내지 말라

32 감사함으로 드리는 제사로 경배자가 제물을 먹을 수 있던 제사는 무엇입니까?

답 화목제

33 레위기에서 말하는 5대 제사를 쓰시오.

답 번제, 소제, 화목제, 속죄제, 속건제

34 애굽에서 나온 이스라엘 장정의 수는 얼마입니까?

답 60만여 명

35 아론의 아들 나답과 아비후가 성막에서 죽은 이유는 무엇입니까?

답 하나님이 명하지 않은 다른 불을 드림

36 이스라엘의 대표적 3대 절기를 쓰시오.(레 23장, 신 16장)

답 유월절(무교절), 오순절(칠칠절), 초막절(장막절, 수장절)

37 희년은 몇 년 만에 옵니까?

답 50년

38 가나안 정탐꾼으로 보냄 받은 사람의 숫자는 몇 명입니까?

답 12명

39 이스라엘의 정탐꾼을 도와준 사람은 누구입니까?

답 라합

40 가나안 정탐꾼 중에서 믿음의 보고를 한 사람은 누구 누구입니까?

답 여호수아와 갈렙

41 광야에서 20세 이상 된 자로서 가나안에 들어간 사람은 누구입니까?

답 여호수아, 갈렙

42 도피성을 만든 이유는 무엇입니까?

답 부지중에 살인한 자를 보호하기 위하여

43 만나의 뜻은 무엇입니까?

답 이것이 무엇이냐.(출 16:15)

44 나귀에게 책망 받은 선지자는 누구입니까?

답 발람

45 민수기에서 그리스도의 십자가 표상이 되는 대표적인 것은 무엇입니까?

답 놋뱀

Tip 구약에 나타난 예수님의 예표
여자의 후손, 만나, 놋뱀, 절기들(유월절), 도피성, 성막 등

46 "보라 처녀가 잉태하여 아들을 낳을 것이요 그의 이름을 임마누엘이라 하리라"고 예언한 선지자의 이름은 누구입니까?

답 이사야

47 신명기 6장에서 여호와를 어떻게 사랑하라고 하였습니까?

답 너는 마음을 다하고, 뜻을 다하고, 힘을 다하여 네 하나님 여호와를 사랑하라. (신 6:5)

48 축복을 선포했던 산의 이름은 어디입니까? (신 11:29)

답 그리심 산

49 모세의 후계자로 이스라엘을 인도한 자는 누구입니까?

답 여호수아

50 여리고 성을 공격할 때 7일째 되는 날에는 성 주위를 몇 번 돌았습니까?

답 일곱 번

51 여호수아가 인도하는 이스라엘 백성이 아모리 족속과 싸울 때 일어난 놀라운 사건은 무엇입니까?

답 태양이 중천에 머물렀다.

52 기드온의 삼백 용사가 양손에 든 것은 무엇입니까?

답 나팔과 횃불이 든 항아리

53 룻은 모압 여인이었지만 보아스의 아내가 됨으로써 누구의 조상이 되었습니까?

답 다윗, 예수 그리스도

54 룻의 시어머니는 누구입니까?

답 나오미

55 사무엘이 어디에 있을 때 하나님의 부르심을 들었습니까?

답 여호와의 전 안에

56 블레셋이 하나님의 언약궤를 빼앗아 다곤의 신당에 두었을 때, 다곤의 신상이 어떻게 되었습니까?

답 여호와의 궤 앞에 엎드러졌다.

57 에벤에셀이란 말의 뜻은 무엇입니까?

답 여호와께서 여기까지 우리를 도우셨다. (삼상 7:12)

58 사울 왕이 하나님께 버림받은 가장 핵심적인 이유는 무엇이었습니까? (삼상 15:11~23)

답 불순종함, 하나님의 말씀을 버림

Tip 12사사의 이름
옷니엘, 에훗, 삼갈, 드보라, 기드온, 돌라, 야일, 입다, 입산, 엘론, 압돈, 삼손

59 다윗이 어린 나이에 싸워서 이긴 블레셋 나라의 장수는 누구입니까?

답 골리앗

60 다윗이 밧세바와의 범죄시 누구의 책망을 듣고 회개했습니까?

답 나단 선지자

61 기브온 산당의 일천 번제에서 솔로몬이 구한 것은 무엇이었습니까? (왕상 3:6~10)

답 지혜

62 솔로몬의 지혜를 확인해보기 위해서 직접 찾아왔던 여왕은 누구입니까?

답 스바 여왕

63 솔로몬이 말년에 타락한 원인은 무엇이었습니까?

답 이방 여자를 아내로 삼고 우상 숭배하였다.

64 하나님께서 다윗에게 성전 건축을 허락하지 않고 솔로몬에게 허락하신 이유는 무엇입니까?

답 다윗은 전쟁으로 피를 많이 흘렸기 때문이다.

65 이스라엘은 어느 왕 때 남북으로 분열되었습니까?

답 르호보암

66 북이스라엘의 초대 왕은 누구입니까?

답 여로보암

67 엘리야가 그릿 시냇가에 숨어 있을 때 음식을 가져온 동물의 이름은 무엇입니까?

답 까마귀

68 갈멜 산에서 바알과 아세라 선지자 850명과 싸운 선지자는 누구입니까?

답 엘리야

69 아람 나라의 군대 장관 나아만은 어떻게 나병을 고쳤습니까?

답 엘리사의 말을 듣고 요단 강에서 몸을 일곱 번 씻으므로 고침을 받았다.

70 히스기야 왕은 죽을 병에 걸렸을 때 누가 하나님의 말씀을 전했으며, 몇 년 더 생명을 연장 받았습니까?

답 이사야 선지자, 15년

71 8세에 왕의 자리에 올라, 성전을 수리하다가 율법책을 발견하고 온 백성들이 듣도록 한 임금은 누구입니까?

답 요시야

72 하나님의 도우심으로 나라가 강력해지자 교만해져서 성전에서

직접 분향하다가 하나님께서 치셔서 병에 걸린 왕은 누구입니까?

답 웃시야

73 바벨론 포로에서 귀환하여 예루살렘에 돌아간 후 가장 먼저 건축한 것은 무엇이었습니까? (스 1장)

답 성전

74 "죽으면 죽으리이다"라고 말한 사람은 누구입니까?

답 에스더

75 바사 왕 아하수에로는 누구를 왕비로 맞이했습니까?

답 에스더

76 욥은 어떤 사람이며 어디에 살았습니까? (욥 1:1)

답 그는 온전하고 정직하여 하나님을 경외하며 악에서 떠난 자다. 우스 땅

77 욥은 사업이 망하고 자식들이 죽는 고난 가운데서도 무엇이라고 고백하면서 하나님을 찬양했습니까? (욥 1:21)

답 내가 모태에서 알몸으로 나왔사온즉 또한 알몸이 그리로 돌아가올지라. 주신 이도 여호와시요 거두신 이도 여호와시오니 여호와의 이름이 찬송을 받으실지니이다.

78 성경 중에서 제일 긴 장(시편)은 어디이며 제일 짧은 장(시편)은 어디입니까?

답 119편, 117편

79 시편 1편은 무엇에 대해서 말씀하고 있습니까?

답 복 있는 사람

80 시편 23편 1절을 쓰시오.

답 여호와는 나의 목자시니 내게 부족함이 없으리로다.

81 우리의 목자 되신 여호와를 가장 잘 표현한 시는 시편 몇 편입니까?

답 23편

82 시편 119편 9절을 쓰시오.

답 청년이 무엇으로 그의 행실을 깨끗하게 하리이까 주의 말씀만 지킬 따름이니이다.

83 대표적인 참회의 시는 시편 몇 편입니까?

답 51편

84 다음 시편 119편 105절의 내용을 채워 넣으시오.
"주의 말씀은 내 발에 (　　)이요 내 길에 (　　)이니이다."

답 등, 빛

85 잠언 1장 7절에 의하면 지식의 근본은 무엇입니까?

답 여호와를 경외하는 것

86 아굴이라는 사람이 하나님께 구한 두 가지 일은 무엇입니까? (잠 30:8)

답 첫째는 헛된 것과 거짓말을 내게서 멀리 하옵시고, 둘째는 나를 가난하게도 마옵시고 부하게도 마옵시고 오직 필요한 양식으로 나를 먹이시옵소서.

87 잠언 31장 30절에서 어떤 여자가 칭찬을 받는다고 했습니까?

답 여호와를 경외하는 여자

88 전도서는 누가 기록했습니까?

답 솔로몬

89 전도서 7장 14절에서 형통한 날과 곤고한 날에 각각 어떻게 하라고 했습니까?

답 형통한 날에는 기뻐하고, 곤고한 날에는 되돌아 보라고 했다.

90 전도서 12장 1절에서 창조주를 기억해야 할 때가 언제라고 했습니까?

답 청년의 때, 곧 곤고한 날이 이르기 전, 인생에 아무 낙이 없다고 하기 전에 창조주를 기억하라.

91 전도서에서 결론적으로 사람의 본분은 무엇이라고 말하고 있습니까? (전 12:13)

답 하나님을 경외하고 그의 명령들을 지키는 것

92 아가서에 나오는 중요한 인물은 누구입니까? (아 1:1, 6:13)

답 솔로몬 왕과 술람미 여인

93 아가서가 가르치는 영적 교훈은 무엇입니까?

답 그리스도와 성도의 사랑

94 다음 이사야 1장 18절의 말씀을 채워 넣으시오.
"여호와께서 말씀하시되 오라 우리가 서로 ( )하자 너희의 죄가 주홍 같을지라도 ( )과 같이 희어질 것이요 진홍 같이 붉을지라도 ( )같이 희게 되리라."

답 변론, 눈, 양털

95 성전에서 하나님께서 "누가 우리를 위하여 갈꼬" 할 때에 이사야가 어떻게 응답했습니까? (사 6:8)

답 내가 여기 있나이다. 나를 보내소서.

96 히스기야가 죽을 병에 들어 하나님께 고쳐달라고 간구할 때 그 응답의 표시로 어떤 일이 일어났습니까? (사 38:8)

답 해의 그림자가 뒤로 십도 물러갔다.

97 이사야의 이름의 뜻은 무엇입니까?

답 여호와는 나의 구원이시다.

98 소년도 피곤하며, 장정이라도 넘어지지만 오직 새 힘을 얻는 자는 누구입니까?

답 여호와를 앙망하는 자

99 메시야의 고난을 예언한 선지자는 누구입니까?

답 이사야

100 고난의 종 메시야는 이사야 몇 장에 기록되었습니까?

답 이사야 53장

101 교만하다가 짐승처럼 풀을 뜯어 먹고 산 왕은 누구입니까?

답 느부갓네살 왕

102 이사야 55장 6절을 쓰시오.

답 너희는 여호와를 만날 만한 때에 찾으라. 가까이 계실 때에 그를 부르라.

Tip 선지서의 구분
대선지서 : 사, 렘, 애, 겔, 단
소선지서 : 호, 욜, 암, 옵, 욘, 미, 나, 합, 습, 학, 슥, 말

103 하나님께서 기뻐하시는 금식은 어떤 것입니까? (사 58:6)

답 흉악의 결박을 풀어주며 멍에의 줄을 끌러주며 압제 당하는 자를 자유하게 하며 모든 멍에를 꺾는 것이다.

104 우리의 부르짖음을 여호와께서 듣지 않으시는 이유는 무엇입니까?

답 우리의 죄악 때문이다. (사 59:1~2)

105 이사야서의 주제를 쓰시오.

답 메시야가 오시면 이스라엘이 구원받는다는 것

106 예레미야 33장 3절을 쓰시오.

답 너는 내게 부르짖으라. 내가 네게 응답하겠고 네가 알지 못하는 크고 은밀한 일을 네게 보이리라.

107 에스겔서에 보면 골짜기에 가득 찬 마른 뼈들이 어떻게 살아났습니까?

답 여호와의 말씀을 들었으므로

108 여호와 삼마의 뜻은 무엇입니까? (겔 48:35)

답 여호와께서 거기 계신다.

109 하나님만 섬기겠다고 하다가 뜨거운 불에 던져졌으나 살아난 다니엘의 세 친구의 이름은 무엇입니까?

답 사드락, 메삭, 아벳느고

110 다니엘이 사자굴 속에 던져진 이유는 무엇이었습니까?

답 이방 왕의 명령을 거역하고 여호와 하나님께 기도하였기 때문이다.

111 호세아 선지자의 아내 이름은 무엇입니까?

답 고멜

112 호세아를 통해서 강하게 나타난 하나님의 성품은 무엇입니까?

답 사랑

113 요엘서에서 특별히 강조하는 것은 무엇입니까?

답 성령 강림

114 (   ) 안에 들어갈 말은 무엇입니까? (욜 2:13)

"너희는 (   )을 찢지 말고 (   )을 찢고 너희 하나님 여호와께로 돌아올지어다."

답 옷, 마음

115 아모스서에서 보면 백성들이 양식이 없어서 주리는 것이 아니고, 물이 없어 갈한 것이 아니라 무엇 때문에 어려움이 있다고 했습니까? (암 8:11)

답 여호와의 말씀을 듣지 못한 기갈이다.

116 오바댜는 어느 민족의 멸망을 예언했습니까?

답 에돔

117 요나를 삼킨 고기의 이름을 쓰시오.

답 큰 물고기

118 요나는 물고기 뱃속에서 얼마 동안 있었습니까?

답 3일

119 요나가 니느웨에 가서 외친 말을 쓰시오.

답 40일 후에 니느웨가 무너진다.

120 니느웨 백성은 요나의 말을 듣고 어떻게 하였습니까?

답 금식을 선포하며 하나님을 믿었다.

121 메시야가 탄생할 곳을 예언한 선지자는 누구입니까?

답 미가

122 미가는 예수께서 어디에서 탄생하실 것이라고 예언하였습니까?

답 베들레헴

123 여호와께서 의인은 무엇으로 살리라 하였습니까? (합 2:4, 롬 1:17, 갈 3:11)

답 믿음

124 다음 괄호를 채우시오.(합 3:17~18)

"비록 (　　　　)가 무성하지 못하며 (　　　　)에 열매가 없으며 (　　　　)에 소출이 없으며 밭에 먹을 것이 없으며 우리에 양이 없으며 외양간에 소가 없을지라도, 나는 여호와로 말미암아 즐거워하며 나의 (　　　　　　　　)으로 말미암아 기뻐하리로다."

답 무화과나무, 포도나무, 감람나무, 구원의 하나님

125 학개 선지자가 제일 많이 강조한 것은 무엇입니까?

답 성전 건축

126 다음 스가랴 4장 6절의 (　　)를 채우시오.

"만군의 여호와께서 말씀하시되 이는 (　　　)으로 되지 아니하며 (　　　)으로 되지 아니하고 오직 나의 (　　　)으로 되느니라."

답 힘, 능력, 영

127 예수님께서 나귀 타고 예루살렘 성에 입성하실 것을 예언한 선지자는 누구입니까?

답 스가랴

Tip 남북왕조의 마지막

(북) 이스라엘 : 호세아 왕 때 앗수르(살만에셀)에게 망함(BC 722)
(남) 유다 : 시드기야 왕 때 바벨론(느부갓네살)에게 망함(BC 586)

128 말라기 선지자는 십일조를 하지 않는 사람은 어떤 사람이라고 했습니까?

답 주의 것을 도둑질하는 자

장로·목사 후보생·전도사 고시

성경(신약) 예상문제

1 신약을 구분하시오.

답 ① 복음서 : 마태복음, 마가복음, 누가복음, 요한복음

② 역사서 : 사도행전

③ 서신서

㉮ 바울서신 : 로마서, 고린도전서, 고린도후서, 갈라디아서, 에베소서, 빌립보서, 골로새서, 데살로니가전서, 데살로니가후서, 디모데전서, 디모데후서, 디도서, 빌레몬서, 히브리서

㉯ 공동서신 : 야고보서, 베드로전서, 베드로후서, 요한일서, 요한이서, 요한삼서, 유다서

④ 예언서 : 요한계시록

2 예수님의 이름의 뜻은 무엇입니까? (마 1:21)

답 자기 백성을 죄에서 구원할 자

3 임마누엘의 뜻은 무엇입니까? (마 1:23)

답 하나님이 우리와 함께 계시다.

4 그의 나라와 그의 의를 먼저 구하면 어떤 복을 받습니까?

답 이 모든 것을 너희에게 더하시리라.

5 비판받지 아니하려면 어떻게 해야 합니까?

답 비판하지 말라.

6 마태복음 7장 7절을 쓰시오.

답 구하라 그리하면 너희에게 주실 것이요 찾으라 그리하면 찾아낼 것이요 문을 두드리라 그리하면 너희에게 열릴 것이니

7 12제자의 이름을 기록하시오. (마 10:2)

답 베드로, 안드레, 세베대의 아들 야고보, 요한, 빌립, 바돌로매, 도마, 마태, 알패오의 아들 야고보, 다대오, 가나나인 시몬, 가룟 유다

8 안식일의 주인은 누구입니까?

답 예수 그리스도

9 예수님께서 받으신 세 가지 시험과 그 시험을 이기신 말씀은 무엇입니까?

답 ① 돌로 떡이 되게 하라. "사람이 떡으로만 살 것이 아니요

Tip 제자의 다른 이름들
베드로 = 시몬= 게바, 마태 = 레위, 다대오 = 유다, 도마 = 디두모, 바돌로매 = 나다나엘)

하나님의 입으로부터 나오는 모든 말씀으로 살 것이라."

② 성전 꼭대기에서 뛰어내리라. "주 너의 하나님을 시험하지 말라."

③ (마귀가 높은 산으로 데리고 가서) 내게 경배하면 천하 만국과 그 영광을 주리라. "사탄아 물러가라. 기록되었으되 주 너의 하나님께 경배하고 다만 그를 섬기라."

10 누구든지 으뜸이 되고자 하는 자는 먼저 무엇이 되어야 합니까?

답 종

11 율법사가 율법 중에 어느 계명이 크냐고 물었을 때, 예수님의 대답은 무엇이었습니까?

답 크고 첫째 되는 계명은 네 마음을 다하고 목숨을 다하고 뜻을 다하고 힘을 다하여 주 너희 하나님을 사랑하라는 것.

12 베드로의 신앙고백을 쓰시오. (마 16:16)

답 주는 그리스도시요 살아 계신 하나님의 아들이시니이다.

13 변화산에서 예수님께 나타난 사람은 누구 누구였습니까?

답 모세와 엘리야

14 십자가에 달리신 예수님의 죄패에는 무엇이라고 쓰여 있었습니까?

답 유대인의 왕 예수

15 마가복음에서 예수님께서 외치신 복음의 첫 내용은 무엇입니까? (막 1:15)

답 하나님의 나라가 가까이 왔으니 회개하고 복음을 믿으라.

16 산상수훈(산상보훈)은 성경 어디에 나와 있습니까?

답 마태복음 5, 6, 7장

17 8복에 대하여 요약하시오. (마 5장)

답 ① 심령이 가난한 자는 복이 있나니 천국이 그들의 것임이요

② 애통하는 자는 복이 있나니 그들이 위로를 받을 것임이요

③ 온유한 자는 복이 있나니 그들이 땅을 기업으로 받을 것임이요

④ 의에 주리고 목마른 자는 복이 있나니 그들이 배부를 것임이요

⑤ 긍휼히 여기는 자는 복이 있나니 그들이 긍휼히 여김을 받을 것임이요.

⑥ 마음이 청결한 자는 복이 있나니 그들이 하나님을 볼 것임이요

⑦ 화평하게 하는 자는 복이 있나니 그들이 하나님의 아들이라 일컬음을 받을 것임이요

⑧ 의를 위하여 박해를 받은 자는 복이 있나니 천국이 그들의 것임이라.

18 예수님께서 성도들에게 주신 사회적 책임은 무엇입니까?

답 세상의 소금과 세상의 빛

19 신약성경 중에 믿음장과 사랑장과 부활장을 기록하시오.

답 ① 믿음장 : 히브리서 11장

② 사랑장 : 고린도전서 13장

③ 부활장 : 고린도전서 15장

20 예수님의 족보에 들어 있는 여자는 누구 누구입니까?

답 다말, 라합, 룻, 우리아의 아내, 마리아

21 마태복음 11장 28~29절의 내용을 쓰시오.

Tip 믿음장, 사랑장, 부활장

- 히 11:1~3 [1]믿음은 바라는 것들의 실상이요 보이지 않는 것들의 증거니 [2]선진들이 이로써 증거를 얻었느니라 [3]믿음으로 모든 세계가 하나님의 말씀으로 지어진 줄을 우리가 아나니 보이는 것은 나타난 것으로 말미암아 된 것이 아니니라

- 고전 13:4~7 [4]사랑은 오래 참고 사랑은 온유하며 시기하지 아니하며 사랑은 자랑하지 아니하며 교만하지 아니하며 [5]무례히 행하지 아니하며 자기의 유익을 구하지 아니하며 성내지 아니하며 악한 것을 생각하지 아니하며 [6]불의를 기뻐하지 아니하며 진리와 함께 기뻐하고 [7]모든 것을 참으며 모든 것을 믿으며 모든 것을 바라며 모든 것을 견디느니라

- 고전 15:50~52 [50]형제들아 내가 이것을 말하노니 혈과 육은 하나님 나라를 이어 받을 수 없고 또한 썩는 것은 썩지 아니하는 것을 유업으로 받지 못하느니라 [51]보라 내가 너희에게 비밀을 말하노니 우리가 다 잠 잘 것이 아니요 마지막 나팔에 순식간에 홀연히 다 변화되리니 [52]나팔 소리가 나매 죽은 자들이 썩지 아니할 것으로 다시 살아나고 우리도 변화되리라

답 수고하고 무거운 짐 진 자들아 다 내게로 오라. 내가 너희를 쉬게 하리라. 나는 마음이 온유하고 겸손하니 나의 멍에를 메고 내게 배우라. 그리하면 너희 마음이 쉼을 얻으리니.

22 재림의 징조에 대해 기록한 곳은 어디입니까?

답 마태복음 24장

23 마태복음 25장에 나오는 세 가지 비유는 무엇입니까?

답 ① 열 처녀 비유 ② 달란트 비유 ③ 양과 염소의 비유

24 예수님께서 땅에서 가진 권세는 무엇입니까?

답 죄를 사하는 권세

25 사하심을 영원히 받지 못하는 죄는 무엇입니까?

답 성령을 훼방하는 것

26 믿는 소자 중 하나를 실족하게 하면 차라리 어떻게 하는 게 낫다고 하셨습니까?

답 연자 맷돌을 그 목에 달리우고 바다에 던지움이 낫다.

27 예수님께서 열두 제자를 파송하시면서 주신 능력을 쓰시오. (마 10:7~8)

답 ① 귀신을 좇아내는 능력 ② 병을 고치는 능력 ③ 죽은 자를 살리는 능력

28 예수님의 십자가에서의 7언을 말하시오.(가상칠언)

답 ① 아버지여, 저희를 사하여 주옵소서. 자기의 하는 것을 알지 못함이니이다.

② 오늘 네가 나와 함께 낙원에 있으리라.

③ 여인이여 보소서 아들이니이다.

④ 엘리 엘리 라마 사박다니(나의 하나님, 나의 하나님, 어찌하여 나를 버리셨나이까).

⑤ 내가 목마르다.

⑥ 주여 내 영혼을 아버지 손에 부탁하나이다.

⑦ 다 이루었다.

29 신약에서 주기도문이 기록된 두 곳은 각각 어디입니까?

답 마태복음 6장, 누가복음 11장

30 "나의 주님이시요 나의 하나님이시니이다"라고 고백한 사람은 누구입니까?

답 도마

31 마음에서 나오고 입에서 나와 사람을 더럽게 하는 것 일곱 가지는 무엇입니까? (마 15:19)

답 악한 생각, 살인, 간음, 음란, 도둑질, 거짓 증언, 비방

32 누가가 기록한 신약성경 두 가지는 무엇 무엇입니까?

답 누가복음, 사도행전

33 예수님께서 눈물을 흘리신 곳을 말하시오.

답 ① 요 11:35-나사로의 무덤에서

② 눅 19:41-예루살렘 성을 보시고

34 에바다의 뜻은 무엇입니까?

답 열리다.

35 달리다굼의 뜻은 무엇입니까?

답 소녀야 일어나라.

36 부자의 많은 헌금보다 가난한 과부의 두 렙돈에 더 가치를 둔 이유는 무엇입니까?

답 생활비 전부를 넣었기 때문이다.

37 예수님의 형제들의 이름은 무엇입니까?

야고보, 요셉, 유다, 시몬

38 공관복음이란 무엇입니까?

답 마태복음, 마가복음, 누가복음이다.

말씀과 기사 내용에 공통점이 있다는 의미에서 공관복음이라고 한다.

39 사복음서에 기록된 이적에 대해서 아는 대로 기록하시오.

답 예수님의 탄생, 물로 포도주를 만드심, 물고기를 많이 잡게 하심, 보리떡 다섯 개와 물고기 두 마리로 5천 명을 먹이심, 죽은 나사로를 살리심, 바다 위로 걸으심, 죽은 야이로의 딸을 살리심, 나인 성 과부의 아들을 살리심, 바람과 바다를 잔잔하게 하심, 거라사 광인의 군대귀신을 쫓아냄.

40 복음서에서 예수님이 말씀하신 자신의 별명을 열거하시오.

답 인자, 길, 생명, 생명의 떡, 선한 목자, 양의 문, 빛, 부활

41 예수님의 십자가를 대신 진 사람은 누구입니까?

답 구레네 시몬

42 세례 요한과 예수님의 탄생을 알려준 천사의 이름은 무엇입니까?

답 가브리엘

43 예수님이 태어나실 때 들에서 자기 양을 지키는 목자들에게 허다한 천군 천사가 나타나 무엇이라고 하면서 하나님을 찬송했습니까?

답 지극히 높은 곳에서는 하나님께 영광이요, 땅에서는 기뻐하심을 입은 사람들 중에 평화로다.

Tip 요한복음에서 예수님의 "나는~이다" 일곱 가지

생명의 떡(6:35), 세상의 빛(8:12), 양의 문(10:7), 선한 목자(10:11), 부활, 생명(11:25)
길, 진리, 생명(14:6), 포도나무(15:1)

44 변화산에 같이 올라간 예수님의 제자는 누구입니까?

답 베드로, 야고보, 요한

45 예수님을 만나기 위해서 돌무화과나무에 올라갔던 사람은 누구입니까?

답 삭개오

46 70인 전도대가 기뻐 돌아와 "주의 이름이면 귀신들도 우리에게 항복하더이다"라고 했을 때 예수님은 무엇으로 기뻐하라 했습니까? (눅 10:17, 20)

답 너희 이름이 하늘에 기록된 것으로

47 누가복음 15장에 나오는 잃었다 찾은 세 가지 비유를 쓰시오.

답 잃은 양 비유, 잃은 은전 비유, 잃은 아들 비유

48 요한복음 1장 1절을 쓰시오.

답 태초에 말씀이 계시니라. 이 말씀이 하나님과 함께 계셨으니 이 말씀은 곧 하나님이시니라.

49 요한복음 1장 12절을 쓰시오.

답 영접하는 자 곧 그 이름을 믿는 자들에게는 하나님의 자녀가 되는 권세를 주셨으니

50 요한복음 5장 24절을 쓰시오.

답 내가 진실로 진실로 너희에게 이르노니 내 말을 듣고 또 나 보내신 이를 믿는 자는 영생을 얻었고 심판에 이르지 아니하나니 사망에서 생명으로 옮겼느니라.

51 예수님께 참 이스라엘 사람이고, 그 속에 간사한 것이 없다고 칭찬받은 자는 누구입니까?

답 나다나엘

52 요한의 세례와 예수님의 세례의 다른 점은 무엇입니까?

답 요한은 물세례, 예수님은 성령세례

53 물과 성령으로 나지 아니하면 어디에 들어갈 수 없습니까?

답 하나님의 나라

54 요한복음 3장 16절을 쓰시오.

답 하나님이 세상을 이처럼 사랑하사 독생자를 주셨으니 이는 그를 믿는 자마다 멸망하지 않고 영생을 얻게 하려 하심이라.

55 하나님은 영이시니 예배하는 자가 어떻게 예배해야 합니까?

답 영과 진리로

56 성경은 누구에 대하여 증거하고 있습니까?

답 예수 그리스도

57 성경을 기록한 목적은 무엇입니까? (요 20:31)

답 우리로 예수가 하나님의 아들임을 믿게 하고 그 이름을 힘입어 생명을 얻게 하려고

58 요한복음 14장 6절을 외워서 쓰시오.

답 내가 곧 길이요 진리요 생명이니 나로 말미암지 않고는 아버지께로 올 자가 없느니라.

59 요한복음에 나오는 일곱 가지 표적을 쓰시오.

답 ① 물로 포도주를 만드심 (2:1~11)

② 왕의 신하의 아들을 고치심 (4:46~54)

③ 38년 된 병자를 고치심 (5:1~9)

④ 5천 명을 먹이심 (6:1~14)

⑤ 물 위로 걸으심 (6:16~21)

⑥ 나면서 소경된 사람을 고치심 (9:1~12)

⑦ 나사로를 살리심 (11:1~46)

60 예수님의 부활 소식을 듣고도 확인하고 만져보아야 믿겠다고 한 제자는 누구입니까?

답 도마

61 부활하신 예수님이 베드로에게 나타나셔서 세 번씩이나 물으신 말씀은 무엇입니까?

답 네가 나를 사랑하느냐?

62 예수님의 새 계명은 무엇입니까?

답 서로 사랑하라

63 예수님의 시체를 장사한 사람은 누구 누구입니까?

답 아리마대 사람 요셉과 니고데모

64 예수님께서 죽은 자를 살리신 일은 몇 번 있었습니까?

답 세 번 (① 야이로의 딸 ② 나인 성 과부의 아들 ③ 나사로)

65 공관복음서의 주제는 무엇입니까?

답 마태복음 : 왕으로 오신 예수님
마가복음 : 종으로 오신 예수님
누가복음 : 사람으로 오신 예수님

66 성령을 속인 죄로 죽임을 당한 부부는 누구입니까?

답 아나니아와 삽비라

67 초대 교회의 특징 네 가지는 무엇입니까?

답 유무상통, 열심히 모임, 성경 상고, 전도 열심

Tip 성경 단어의 의미
보아너게(우레의 아들, 막 3:17), 고르반(하나님께 드림, 막 7:11), 호산나(우리를 구원하소서, 마 21:9)

68 사도행전 1장 8절을 쓰시오.

답 오직 성령이 너희에게 임하시면 너희가 권능을 받고 예루살렘과 온 유대와 사마리아와 땅 끝까지 이르러 내 증인이 되리라 하시니라.

69 집사의 자격에 대한 교훈은 성경 어디에 기록되어 있습니까?

답 사도행전 6장 3절, 디모데전서 3장 8~13절

70 초대 교회의 일곱 집사의 이름은 무엇입니까?

답 스데반, 빌립, 브로고로, 니가노르, 디몬, 바메나, 니골라

71 복음을 전하다가 돌에 맞아 순교한 초대 교회 집사는 누구입니까?

답 스데반

Tip 집사의 자격

- 행 6:3 [3]형제들아 너희 가운데서 성령과 지혜가 충만하여 칭찬 받는 사람 일곱을 택하라 우리가 이 일을 그들에게 맡기고
- 딤전 3:8~13 [8]이와 같이 집사들도 정중하고 일구이언을 하지 아니하고 술에 인박히지 아니하고 더러운 이를 탐하지 아니하고 [9]깨끗한 양심에 믿음의 비밀을 가진 자라야 할지니 [10]이에 이 사람들을 먼저 시험하여 보고 그 후에 책망할 것이 없으면 집사의 직분을 맡게 할 것이요 [11]여자들도 이와 같이 정숙하고 모함하지 아니하며 절제하며 모든 일에 충성된 자라야 할지니라 [12]집사들은 한 아내의 남편이 되어 자녀와 자기 집을 잘 다스리는 자일지니 [13]집사의 직분을 잘한 자들은 아름다운 지위와 그리스도 예수 안에 있는 믿음에 큰 담력을 얻느니라

72 스데반이 임종할 때 한 말은 무엇입니까?

답 주 예수여 내 영혼을 받으시옵소서. 주여 이 죄를 그들에게 돌리지 마옵소서.

73 성령을 돈 주고 사려 한 사람은 누구입니까?

답 시몬

74 예수님께서 승천하신 산 이름은 무엇입니까?

답 감람산

75 가룟 유다 대신 제자로 뽑힌 사람은 누구입니까?

답 맛디아

76 베드로와 요한은 성전 문 앞에 있던 앉은뱅이에게 금과 은은 없지만 무엇을 준다고 했습니까?

답 나사렛 예수 그리스도의 이름(으로 일어나 걸으라.)

77 안디옥 교회가 파송한 첫 선교사들은 누구입니까?

답 바나바와 바울

78 바울이 고린도에서 만난 동업자는 누구입니까?

답 아굴라와 브리스길라 부부

79 바울의 설교 시간에 졸다가 3층에서 떨어져 죽었다 살아난 청년

은 누구입니까?

답 유두고

80 안디옥 교회가 부흥하자 예루살렘 교회는 누구를 보냈습니까?

답 바나바

81 맨 처음으로 '그리스도인'이란 칭호를 들었던 곳은 어디입니까?

답 안디옥 (행 11:24~26)

82 사도행전 16장 31절을 쓰시오.

답 주 예수를 믿으라. 그리하면 너와 네 집이 구원을 받으리라.

83 예수님은 부활하신 후 며칠 만에 승천하셨습니까?

답 40일

84 "우리가 아직 (   ) 되었을 때에 그리스도께서 우리를 위하여 죽으심으로 하나님께서 우리에 대한 자기의 (   )을 확증하셨느니라"에 들어갈 합당한 말을 고르시오. **답** ③

① 죄인, 믿음　② 종, 사랑　③ 죄인, 사랑　④ 종, 의

85 로마서 3장 23절을 쓰시오.

답 모든 사람이 죄를 범하였으매 하나님의 영광에 이르지 못하더니

86 로마서 6장 23절을 쓰시오.

답 죄의 삯은 사망이요 하나님의 은사는 그리스도 예수 우리 주 안에 있는 영생이니라.

87 로마서 8장 28절을 쓰시오.

답 우리가 알거니와 하나님을 사랑하는 자 곧 그의 뜻대로 부르심을 입은 자들에게는 모든 것이 합력하여 선을 이루느니라.

88 복음을 부끄러워하지 않은 까닭은 무엇입니까?

답 모든 믿는 자에게 구원을 주시는 하나님의 능력이 되기 때문이다.

89 로마서 8장 6절에서 ( ) 안에 알맞은 말을 넣으시오.
"육신의 생각은 ( )이요, 영의 생각은 ( )과 ( ) 이니라."

답 사망, 생명, 평안

90 마땅히 기도할 바를 알지 못하는 우리를 누가 도와주십니까?

답 성령

Tip 로마서 8장의 「구원의 서정」
(롬 8:30) 예정 → 소명 → 칭의 → 영화

91 그 어떤 것도 우리를 예수님 안에 있는 하나님의 무엇으로부터 끊을 수 없습니까?

답 사랑

92 하나님의 뜻대로 부르심을 입은 자에게는 모든 것이 합력하여 무엇을 이룹니까?

답 선

93 바울 사도는 무슨 빚을 많이 졌다고 했습니까?

답 복음의 빚

94 로마서와 야고보서의 차이점은 무엇입니까?

답 ① 로마서는 믿음으로 구원 얻음을 강조
② 야고보서는 행함 있는 믿음을 강조

95 로마서의 주제는 무엇입니까?

답 이신칭의 (이신득의)

96 예정의 교리가 많이 기록된 곳은 어디입니까?

답 로마서 8장, 에베소서 1장

97 어떤 이가 구원을 얻는다고 말씀하고 있습니까?

답 주의 이름을 부르는 자

98 하나님께 드릴 영적 예배는 무엇입니까?

답 몸을 하나님이 기뻐하시는 거룩한 산 제물로 드리는 것

99 하나님의 나라는 먹고 마시는 것이 아니라 오직 성령 안에서 무엇이라고 했습니까?

답 의와 평강과 희락이라.

100 어떤 것이 다 죄라고 했습니까?

답 믿음을 따라 하지 아니하는 것

101 유대인은 표적을 구하고 헬라인은 지혜를 찾으나 예수를 믿는 자는 무엇을 전해야 합니까?

답 십자가에 못 박힌 그리스도

102 하나님의 비밀을 맡은 자에게 구할 것은 무엇입니까?

답 충성

103 내가 복음을 전하여도 자랑할 것이 없는 이유는 무엇입니까?

답 부득불 할 일이기 때문이다.

104 하나님은 우리에게 감당치 못하는 시험을 주시지 않고 또 시험 당할 즈음에 무엇을 주신다고 했습니까?

답 피할 길

성경

105 먹든지 마시든지 무엇을 하든지 우리가 가져야 할 자세는 무엇입니까?

답 하나님의 영광을 위해서

106 고린도전서 13장 13절을 쓰시오.

답 그런즉 믿음, 소망, 사랑 이 세 가지는 항상 있을 것인데 그 중의 제일은 사랑이라.

107 부활의 순서는 어떻게 됩니까?

답 ① 첫째는 그리스도(첫 열매)

② 둘째는 그리스도께서 강림하실 때 그에게 속한 자(예수 믿고 죽은 자와 살아남아 있는 우리)

③ 셋째는 만민(불신자)의 심판의 부활

108 우리는 구원 얻은 자에게나 망하는 자들에게나 하나님 앞에서 무엇이라고 했습니까?

답 그리스도의 향기

109 고린도후서 5장 17절을 쓰시오.

답 그런즉 누구든지 그리스도 안에 있으면 새로운 피조물이라. 이전 것은 지나갔으니 보라. 새 것이 되었도다.

110 보라 지금은 은혜받을 만한 때요, 지금은 무슨 날이라고 했습니까?

답 구원의 날

111 연보할 때 어떤 마음으로 해야 됩니까?

답 인색함이나 억지로 하지 아니하고 미리 준비해서 즐거운 마음으로 하라.

112 사탄은 어떤 모습으로 가장합니까?

답 그리스도의 사도 혹은 광명의 천사 혹은 의의 일꾼

113 다른 복음을 전하면 어떻게 된다고 했습니까?

답 저주를 받는다.

114 내가 그리스도와 함께 십자가에 못 박혔나니 이제는 내가 사는 것이 아니라 내 안에 누가 사는 것입니까?

답 그리스도

115 율법은 우리를 그리스도께로 인도하는 어떤 교사입니까?

답 초등교사(몽학선생)

116 갈라디아서 2장 20절 쓰시오.

답 내가 그리스도와 함께 십자가에 못 박혔나니 그런즉 이제는 내가 사는 것이 아니요 오직 내 안에 그리스도께서 사시는 것이라. 이제 내가 육체 가운데 사는 것은 나를 사랑하사 나를 위하여 자기 자신을 버리신 하나님의 아들을 믿는 믿음

안에서 사는 것이라.

117 갈라디아서 5장 1절을 쓰시오.

답 그리스도께서 우리를 자유롭게 하려고 자유를 주셨으니 그러므로 굳건하게 서서 다시는 종의 멍에를 메지 말라.

118 갈라디아서 6장 14절에서 바울은 무엇 외에 결코 자랑할 것이 없다고 했습니까?

답 우리 주 예수 그리스도의 십자가

119 성령의 아홉 가지 열매를 쓰시오. (갈 5:22~23)

답 사랑, 희락, 화평, 오래 참음, 자비, 양성, 충성, 온유, 절제

120 자기의 육체를 위하여 심는 자는 육체로부터 썩어진 것을 거두고 성령을 위하여 심는 자는 무엇을 거둔다고 했습니까?

답 성령으로부터 영생을 거둔다.

121 선을 행하되 낙심하지 않아야 할 이유는 무엇입니까? (갈 6:9)

답 포기하지 아니하면 때가 이르매 거두기 때문이다.

122 구원은 누구의 선물입니까?

답 하나님의 선물

123 교회의 머리는 누구입니까?

답 그리스도

124 분을 내어도 죄를 짓지 말고 해가 지도록 분을 품지 말아야 할 이유는 무엇입니까?

답 마귀로 틈을 타지 못하게 하기 위해서

125 세월을 아껴야 할 이유는 무엇입니까?

답 때가 악하기 때문에

126 술 취하지 말라 이는 방탕한 것이니 오직 무엇을 받으라고 했습니까?

답 성령 충만

127 마귀의 간계를 능히 대적하기 위해서 무엇을 입어야 합니까?

하나님의 전신 갑주

128 에베소서에 나오는 하나님의 전신갑주는 무엇입니까? (엡 6:13~17)

답 ① 허리에는 진리의 띠 ② 가슴에는 의의 호심경(흉배)
③ 발에는 평안의 복음의 신 ④ 손에는 믿음의 방패
⑤ 머리에는 구원의 투구
⑥ 손에는 성령의 검(하나님의 말씀)

129 성도들에 대한 예정은 언제부터입니까?

답 창세 전

130 세상에서 가장 고상한 지식은 무엇입니까?

답 그리스도 예수를 아는 것

131 빌립보서 4장 4절을 쓰시오.

답 주 안에서 항상 기뻐하라. 내가 다시 말하노니 기뻐하라.

132 빌립보서 4장 6절을 쓰시오.

답 아무 것도 염려하지 말고 다만 모든 일에 기도와 간구로, 너희 구할 것을 감사함으로 하나님께 아뢰라.

133 빌립보서 4장 13절을 쓰시오.

답 내게 능력 주시는 자 안에서 내가 모든 것을 할 수 있느니라.

134 남편은 아내에게, 아내는 남편에게 어떻게 해야 합니까?

답 아내는 남편에게 복종하고, 남편은 아내를 사랑해야 한다.

135 데살로니가 교인이 사도에게 복음을 받을 때 어떻게 받았습니까?

답 사람의 말로 받지 아니하고 하나님의 말씀으로 받았다.

136 주의 날은 어떻게 임한다고 했습니까?

답 밤에 도둑같이 임한다.

137 데살로니가전서 5장 16~18절을 쓰시오.

답 항상 기뻐하라. 쉬지 말고 기도하라. 범사에 감사하라. 이것이 그리스도 예수 안에서 너희를 향하신 하나님의 뜻이니라.

138 임금들과 높은 지위에 있는 사람들을 위해서 기도해야 할 이유는 무엇입니까?

답 우리가 모든 경건과 단정함으로 고요하고 평안한 생활을 하기 위해서.

139 일만 악의 뿌리가 되는 것은 무엇입니까?

답 돈을 사랑하는 것

140 성경이 우리에게 주는 지혜는 무엇입니까?

답 구원에 이르는 지혜

141 성경은 어떻게 기록되었습니까?

답 하나님의 감동으로

142 하나님이 우리에게 주신 마음은 두려워하는 마음이 아니고 어떤 마음입니까?

답 오직 능력과 사랑과 절제하는 마음이다.

143 하나님께 귀하게 쓰임 받는 그릇이 되기 위해서는 어떻게 해야 합니까?

답 자신을 깨끗하게 해야 한다.

144 디모데후서 3장 16절을 쓰시오.

답 모든 성경은 하나님의 감동으로 된 것으로 교훈과 책망과 바르게 함과 의로 교육하기에 유익하니.

145 (　　　) 안에 알맞은 말을 넣으시오. (딤후 4:2)

너는 (　　　)을 전파하라. (　　　)를 얻든지 못 얻든지 항상 힘쓰라. 범사에 (　　　)과 (　　　)으로 경책하며 경계하며 권하라.

답 말씀, 때, 오래 참음, 가르침

146 바울은 누구를 위하여 갇힌 자가 되었다고 했습니까?

답 그리스도 예수를 위하여

147 바울의 옥중서신은 어느 책입니까?

답 에베소서, 빌립보서, 골로새서, 빌레몬서

Tip 사도 바울의 전도 여행

① 1차 : 안디옥 → 실루기아 → 구브로 → 살라미 → 바보 → 버가 → 비시디아 안디옥 → 이고니온 → 루스드라 → 안디옥

② 2차 : 수리아와 길리기아 → 더베 → 루스드라 → 무시아 → 드로아 → 네압볼리 → 빌립보 → 데살로니가 → 베뢰아 → 아덴 → 고린도 → 안디옥

③ 3차 : 에베소 → 마게도냐 → 드로아 → 밀레도 → 두로 → 가이사랴 → 예루살렘

148 (   ) 안에 알맞은 말을 넣으시오. (히 4:12)
하나님의 말씀은 살아 있고 (   )이 있어 좌우에 날선 어떤 검보다도 예리하여 (   )과 (   ) 과 및 (   )과 (   )를 찔러 쪼개기까지 하며 또 마음의 (   )과 (   )을 판단하나니

답 활력, 혼 ,영, 관절, 골수, 생각, 뜻

149 때를 따라 돕는 은혜를 얻기 위해서 어디로 담대히 나아가야 합니까?

답 은혜의 보좌 앞에

150 멜기세덱은 누구입니까?

답 살렘 왕이요, 하나님의 제사장

151 히브리서 11장 1절을 쓰시오.

답 믿음은 바라는 것들의 실상이요, 보이지 않는 것들의 증거니.

152 징계가 당시에는 즐거워 보이지 않으나 나중에는 무엇을 줍니까?

답 평강의 열매

153 어제나 오늘이나 영원토록 동일하신 분은 누구입니까?

답 예수 그리스도

성경

154 믿음의 시련은 무엇을 만들어 낸다고 했습니까?

답 인내

155 의심하는 자는 무엇과 같다고 했습니까?

답 바람에 밀려 요동하는 바다 물결 같다.

156 야고보서 1장 15절을 쓰시오.

답 욕심이 잉태한즉 죄를 낳고 죄가 장성한즉 사망을 낳느니라.

157 마귀가 피해서 가도록 하기 위해서는 어떻게 해야 합니까?

답 마귀에게 대적해야 한다.

158 맡은 자들에게 주장하는 자세를 하지 말고 오직 양 무리의 본이 될 때 어떤 상급을 받게 됩니까?

답 영광의 면류관

159 하나님은 교만한 자를 대적하시고 겸손한 자에게 어떻게 하신다고 했습니까?

답 은혜를 주신다.

160 우리가 죄를 자백하면 미쁘시고 의로우신 하나님이 어떻게 하십니까?

답 우리 죄를 사하시고 모든 불의에서 깨끗하게 하신다.

161 하나님께로부터 난 자마다 세상을 이기는데, 세상을 이기는 힘은 무엇입니까?

답 믿음

162 요한이서에서 미혹하는 자의 특징은 무엇입니까? (요이 1:7)

답 그리스도께서 육체로 오심을 부인

163 요한삼서 1장 2절에서 사랑하는 자에게 무엇이 잘됨 같이 범사에 잘되고 강건하기를 간구한다고 했습니까?

답 영혼

164 요한계시록 2장 10절(하반절)을 쓰시오.

답 네가 죽도록 충성하라. 그리하면 내가 생명의 관을 네게 주리라.

165 요한계시록에서 금 대접에 가득한 향은 무엇입니까? (계 5:8)

답 성도의 기도들

166 요한계시록 19장 8절에 의하면 어린 양의 아내가 입을 빛나고 깨끗한 세마포 옷이 뜻하는 것은 무엇입니까?

답 성도들의 옳은 행실

167 천사가 무저갱의 열쇠를 가지고 용을 잡아 결박하는 기간은 몇 년입니까? (계 20:2~3)

답 1000년

168 새 예루살렘에 거하는 자들에게는 네 가지 일이 다시 없다고 했는데 이는 무엇입니까? (계 21:4)

답 사망, 애통, 곡하는 것, 아픈 것

169 요한계시록 22장에 의하면 이 두루마리의 예언의 말씀을 더하거나 제하여 버리면 어떻게 됩니까? (계 22:18~19)

답 더하면 기록된 재앙들을 더하실 것이요, 제하여 버리면 두루마리에 기록된 생명나무와 및 거룩한 성에 참여함을 제하여 버림

170 요한계시록 마지막 장의 마지막 절을 쓰시오. (계 22:21)

답 주 예수의 은혜가 모든 자들에게 있을지어다. 아멘.

171 신구약 성경의 중심 주제는 무엇입니까?

답 예수 그리스도

Tip 요한계시록 일곱교회

- 에베소, 서머나, 버가모, 두아디라, 사데, 빌라델비아, 라오디게아
- (책망만 받음) 라오디게아 (칭찬만 있음) 서머나, 빌라델비아

02

신조

신조(信條)에 대한 기본적인 이해

신조라고 함은 '신앙의 조목' 또는 '교의(教義)'라 할 수 있으며 '공적으로 사용하기 위한 신앙고백'을 의미한다. 즉 우리의 신앙에 있어서 우리들이 굳게 믿고 지켜야 할 신앙의 규범이다. 신조는 본 교단 신앙의 정체성이라 할 수 있다. 그리고 신조를 지키는 것이 바른 삶으로 나아가는 기초가 될 것이다.

성경은 하나님이 우리에게 주신 계시이며 신앙고백은 하나님의 말씀을 대하는 인간의 고백적인 대답이다. 신앙고백인 신조는 역사적 정통 개혁교회가 하나의 신앙공동체로서 객관적으로 고백한 것이며 인간의 창작이 아니라 성경에 근거하고 성경에 의존하여 고백한 교리적인 표명이다. 따라서 신조는 성경 다음으로 성도의 신앙과 생활에 있어서 제2의 기준이 되고 있다.

한국 장로교회의 탄생과 더불어 1907년에 총회에서 교리적 표준으로 채택된 12신조는 100년이 넘는 장엄한 세월 속에서 한국장로교 헌법에 신조라는 조항으로 수록되어 진정한 한국 장로교회의 신학과 신앙의 근본을 이루어 왔다. 장로교 12신조는 1922년 웨스트민스터 소요리문답(성경 소요리문답)이 한국장로교회 헌법에 소개되기 전까지 사도신경을 제외한 한국 장로교회의 유일한 신조요, 절대적 교리의 초석이었다. 이처럼 우리의 장로교 12신조는 대단히 소중한 역사적 가치를 지니고 있다.

신조

장로교 12신조 전문(全文)

1. 서언

대한예수교장로회에서 이 아래 기록한 몇 가지 조목을 목사와 강도사와 장로와 집사로 하여금 승인할 신조로 삼을 때에 대한예수교장로회를 설립한 모(母)교회의 교리적 표준을 버리려 함이 아니요, 오히려 찬성함이니 특별히 웨스트민스터 신도게요서(信徒揭要書)와 성경 대·소요리문답은 성경을 밝히 해석한 책으로 인정한 것인즉 우리 교회와 신학교에서 마땅히 가르칠 것으로 알며 그 중에 성경 소요리문답은 더욱 우리 교회 문답 책으로 채용하는 것이다.

2. 신조

1. 신·구약 성경은 하나님의 말씀이니 신앙과 본분에 대하여 정확 무오한 유일한 법칙이다.

2. 하나님은 한 분뿐이시니 오직 그만 경배할 것이다. 하나님은 신이시니 스스로 계시고 아니 계신 곳이 없으시며 다른 신과 모든 물질과 구별되시며, 그 존재와 지혜와 권능과 거룩하심과 공의와 인자하심과 진실하심과 사랑하심에 대하여 무한하시며 변하지 아니하신다.

3. 하나님의 본체에 세 위가 계시니 성부, 성자, 성령이신데 이 세 위는 한 하나님이시라. 본체는 하나요, 권능과 영광이 동등하시다.

4. 하나님께서 모든 유형물과 무형물을 그 권능의 말씀으로 창조하사 보존하시고 주장하시나 결코 죄를 내신 이는 아니시니 모든 것을 자기 뜻의 계획대로 행하시며 만유는 다 하나님의 착하시고 지혜롭고 거룩하신 목적을 성취하도록 역사하신다.

5. 하나님이 사람을 남녀로 지으시되 자기의 형상대로 지식과 의와 거룩하심으로 지으사 생물을 주관하게 하셨으니, 세상 모든 사

람이 한 근원에서 나왔은즉 다 동포요 형제이다.

6. 우리의 시조가 선악 간 택할 자유능이 있었는데 시험을 받아 하나님께 범죄한지라. 아담으로부터 보통 생육법에 의하여 출생하는 모든 인종들이 그의 안에서 그의 범죄에 동참하여 타락하였으니, 사람의 원죄와 및 부패한 성품 밖에 범죄할 능이 있는 자가 일부러 짓는 죄도 있은즉 모든 사람이 금세와 내세에 하나님의 공평한 진노와 형벌을 받는 것이 마땅하다.

7. 인류의 죄와 부패함과 죄의 형벌에서 구원하시고 영생을 주고자 하사 하나님의 무한하신 사랑으로 그의 영원하신 독생자 주 예수 그리스도를 세상에 보내셨으니, 그로만 하나님께서 육신을 이루었고 또 그로만 사람이 구원을 얻을 수 있다. 그 영원한 아들이 참 사람이 되사 그 후로 한 위에 특수한 두 성품이 있어 영원토록 참 하나님이시요, 참 사람이시라. 성령의 권능으로 잉태하사 동정녀 마리아에게 났으되 오직 죄는 없는 자시라. 죄인을 대신하여 하나님의 법에 완전히 복종하시고 몸을 드려 참되고 온전한 제물이 되사 하나님의 공의를 만족하게 하시며 사람으로 하여금 하나님과 화목하게 하시려고 십자가에 못 박혀 죽으시고 죽은 자 가운데서 3일 만에 부활하사 하나님 우편에 승좌하시고 그 백성을 위하여 기도하시다가 저리로서 죽은 자를 살리시고 세상을 심판하러 재림하신다.

8. 성부와 성자로부터 오신 성령께서 인생으로 구원에 참여하게 하시나니 인생으로 죄와 비참을 깨닫게 하시며 그 마음을 밝혀 그리스도를 알게 하시고 그 의지를 새롭게 하시고 권하시며 권능을 주어 복음에 값없이 주마 한 예수 그리스도를 받게 하시며 또 그 안에서 역사하여 모든 의의 열매를 맺게 하신다.

9. 하나님께서 세상을 창조하시기 전에 그리스도 안에서 자기 백성을 택하사 사랑하시므로 그 앞에서 거룩하고 흠이 없게 하시고 그 기쁘신 뜻대로 저희를 미리 작정하사 예수 그리스도로 말미암아 자기의 아들을 삼으셨으니 그 사랑하시는 아들 안에서 저희에게 두텁게 주시는 은혜의 영광을 찬미하게 하려는 것이로되 오직 세상 모든 사람에게 대하여는 온전한 구원을 값없이 주시려고 하여 명하시기를 너희 죄를 회개하고 주 예수 그리스도를 자기의 구주로 믿고 의지하여 본받으며 하나님의 나타내신 뜻을 복종하여 겸손하고 거룩하게 행하라 하셨으니 그리스도를 믿고 복종하는 자는 구원을 얻는지라. 저희가 받은 바 특별한 유익은 의가 있게 하심과 양자가 되어 하나님의 아들의 수에 참여하게 하심과 성령의 감화로 거룩하게 하심과 영원한 영광이니 믿는 자는 이 세상에서도 구원 얻는 줄로 확실히 알 수 있고 기뻐할지라. 성령께서 은혜의 직분을 행하실 때에 은혜 베푸시는 방도는 특별히 성경 말씀과 성례와 기도다.

신조

10. 그리스도께서 세우신 성례는 세례와 성찬이라. 세례는 물을 가지고 성부와 성자와 성령의 이름으로 씻음이니 우리가 그리스도와 병합하는 표적과 인침인데 성령으로 거듭남과 새롭게 하심과 주께 속한 것임을 약속하는 것이라. 이 예는 그리스도 안에서 신앙을 고백하는 자와 그들의 자녀들에게 베푸는 것이요, 주의 성찬은 그리스도의 죽으심을 기념하여 떡과 잔에 참여하는 것이니 믿는 자가 그 죽으심으로 말미암아 나는 유익을 받는 것을 인쳐 증거하는 표라. 이 예는 주께서 오실 때까지 주의 백성이 행할지니 주를 믿고 그 속죄제를 의지함과 거기서 좇아 나는 유익을 받음과 더욱 주를 섬기기로 언약함과 주와 및 여러 교우로 더불어 교통하는 표라. 성례의 유익은 성례의 본덕으로 말미암음도 아니요, 성례를 베푸는 자의 덕으로 말미암음도 아니요, 다만 그리스도의 복 주심과 믿음으로써 성례를 받는 자 가운데 계신 성령의 행하심으로 말미암음이다.

11. 모든 신자의 본분은 입교하여 서로 교제하며, 그리스도의 성례와 그 밖의 법례를 지키며, 주의 법을 복종하며, 항상 기도하며, 주일을 거룩하게 지키며, 주를 경배하기 위하여 함께 모여 주의 말씀으로 강도함을 자세히 들으며, 하나님께서 저희로 하여금 풍성하게 하심을 좇아 헌금하며, 그리스도의 마음과 같은 심사를 서로 표현하며, 또한 일반 인류에게도 그와 같이 할 것이요, 그리스도의 나라가 온 세상에 확장되기 위하여 힘쓰며, 주께서 영광

가운데서 나타나심을 바라고 기다릴 것이다.

12. 죽은 자가 끝날에 부활함을 받고 그리스도의 심판하시는 보좌 앞에서 이 세상에서 선악 간 행한 바를 따라 보응을 받을 것이니 그리스도를 믿고 복종한 자는 현저히 사함을 얻고 영광 중에 영접을 받으려니와, 오직 믿지 아니하고 악을 행한 자는 정죄함을 입어 그 죄에 적당한 형벌을 받는다.

3. 승인식

교회의 신조는 하나님의 말씀에 기초하고 하나님의 말씀과 일치한 것으로 내가 믿으며 이를 또한 나의 개인의 신조로 공포하노라.

신조 예상문제

1 성도가 신구약 성경에 대하여 믿는 것은 무엇입니까? (신조 1)

답 ① 신구약 성경은 하나님의 말씀이다.

② 신앙과 본분에 대하여 정확무오한 유일한 법칙이다.

2 하나님은 어떤 분이십니까? (신조 2)

답 하나님은 신이신데 그의 존재하심과 지혜와 권능과 거룩하심과 공의와 인자하심과 진실하심과 사랑하심이 무한하시며 불변하시다.

3 하나님의 신격에 몇 위가 계십니까? (신조 3)

답 삼위가 계시니 성부, 성자, 성령으로 이 삼위는 한 하나님이시다. 본체는 하나요, 권능과 영광은 동등하시다.

4 하나님의 창조에 대하여 말하시오.

답 성부, 성자, 성령 하나님께서 능력과 지혜와 선하심의 영광

Tip 12신조 핵심내용(암기요령의 예 : 경하삼창 인타예성 택례신심)
1조-성**경**, 2조-**하**나님, 3조-**삼**위일체, 4조-**창**조, 섭리, 5조-**인**간창조, 6조-**타**락, 7조-**예**수 그리스도, 8조-**성**령, 9조-선**택**, 10조-성**례**, 11조-**신**자의 본분, 12조-**심**판

을 나타내시려고 태초에 무(無)로부터 만물을 엿새 동안 창조하시되 매우 선하게 창조하시기를 기뻐하셨다.

5 하나님은 태초에 사람을 어떻게 지으셨습니까? (신조 5)

답 하나님이 사람을 남녀로 지으시되 (하나님의 형상대로) 지식과 의와 거룩함으로 지으시고 만물을 주관하게 하셨다.

6 아담이 죄를 범하기 전 가지고 있던 능력은 무엇입니까? (신조 6)

답 선과 악을 선택할 수 있는 자유 능력이다.

7 하나님이 사람에게 부여한 자유의지에 대해 말하시오.

답 사람이 무죄 상태에서는 하나님에게 선하고 기쁘게 하는 것을 의지하고 행할 자유와 능력을 가졌다(그러나 가변적이어서 그것으로부터 타락할 수도 있었다).

8 사람이 타락한 결과를 말하시오.

답 ① 하나님과 교제가 끊어졌다.
② 진노 아래 살다가 사망과 지옥의 벌을 받게 되었다.

9 아담이 범죄함으로 이후 아담의 후손은 어떤 상태로 태어났습니까? (신조 6)

답 ① 아담의 범죄에 동참하여 타락하게 되었다.
② 하나님의 진노를 받아 원죄 아래 있다.
③ 하나님의 공의로운 심판으로 멸망 받을 처지에 놓이게

되었다.

10 하나님은 원죄로 멸망 받을 인류를 구원하시기 위하여 어떻게 하셨습니까? (신조 7)

답 ① 독생자 예수님을 화목제물로 이 세상에 보내셨다.

② 선택받은 사람은 누구든지 예수님을 하나님의 아들, 자신의 구세주 그리스도로 영접하고 믿으면 구원을 받도록 하셨다.

11 아담과 맺은 하나님의 언약에 대해 말하시오.

답 행위의 언약이었다. 완전하고 인격적인 순종을 조건으로 하여 그 언약 안에서 아담에게와 또 그 안에서 그의 모든 후손에게 생명이 약속되었다.

12 중보자이신 예수 그리스도의 세 가지 직분은 무엇입니까?

답 ① 선지자 ② 제사장 ③ 왕

13 예수님의 두 가지 성품을 말하시오. (신조 7)

답 완전한 두 성품을 가지셨는데 하나님이시고 참 사람이시다.

14 예수님의 구속 사역을 위한 과정에 대해서 말하시오. (신조 7)

답 ① 성령으로 동정녀 마리아에게서 탄생하셨다.

② 죄인을 대신하여 하나님의 법에 완전히 복종하시되 죄는 없으셨다.

③ 하나님의 공의를 만족하게 하시려고 십자가에서 화목제물로 죽으셨다.

④ 장사지낸바 되셨다.

⑤ 3일 만에 죽은 자 가운데서 부활하셨다.

⑥ 40일 만에 승천하시고,

⑦ 하나님의 보좌 우편에 앉으셔서 성도를 위하여 중보기도를 하신다.

⑧ 산 자와 죽은 자를 심판하시기 위하여 다시 오신다.

15 하나님은 자기의 백성을 언제 택하셨습니까?

답 창세 전 그리스도 안에서

16 성령의 사역에 대해서 말하시오. (신조 8)

답 ① 인생으로 죄와 비참을 깨닫게 하신다.

② 그리스도를 알게 하시고 믿게 하신다.

③ 그리스도 안에서 역사하여 모든 의의 열매를 맺게 하신다.

17 성령은 어디로부터 오십니까?

답 성부, 성자에게로부터

18 하나님이 자녀들에게 베풀어 주신 축복에 대해 말하시오. (신조 9)

답 ① 창세 전에 그리스도 안에서 하나님의 기쁘신 뜻대로 하나님의 자녀로 예정하셨다.

② 예수님은 자기 백성을 구원하기 위하여 오셨다.

③ 구원받은 백성을 거룩하고 흠이 없게 하신다.

④ 구원받은 백성으로 하여금 하나님께 영광을 돌리게 하신다.

19 예수를 믿고 구원 얻음으로 영광에 이르는 단계는 무엇입니까?

답 ① 양자의 영을 받아 하나님의 자녀가 되는 권세를 얻는다.

② 성령이 진리로 감동, 감화하여 거룩하게 하신다.

③ 영원한 영광에 이른다.

20 성령께서 은혜 베푸시는 방도 세 가지를 말하시오. (신조 9)

답 ① 성경 말씀 ② 성례 ③ 기도

21 예수 그리스도께서 세우신 성례는 무엇입니까? (신조 10)

답 ① 세례 ② 성찬

22 세례의 뜻은 무엇입니까? (신조 10)

답 ① 성부와 성자와 성령의 이름으로 죄 씻음 받은 표이며

② 그리스도와 연합하여 성령으로 거듭나 인침을 받은 표이다.

23 세례식은 누구에게 베풉니까? (신조 10)

답 그리스도 안에서 신앙을 고백하는 자와 그들의 자녀들에게 베푸는 것이다.

24 성찬에 관하여 설명하시오. (신조 10)

답 ① 그리스도께서 우리를 위하여 십자가에 죽으심을 기념하여 떡과 잔에 참여하는 것.

② 믿는 자가 그리스도의 죽으심으로 말미암아 오는 유익을 받는 것을 인쳐 증명하는 것.

③ 이 성찬은 주께서 오실 때까지 해야 한다.

④ 주께서 흘리신 보혈로 사죄함을 믿고 감사하는 예식.

⑤ 성도 간에 서로 교통하는 것이다.

25 성찬 예식에 누가 참여할 수 있습니까?

답 ① 무흠한 세례 교인

② 타교파 교인이라도 무흠한 세례 교인

③ 유아 세례를 받고 성년이 되어 입교한 자

26 성례의 유익은 무엇으로 말미암습니까? (신조 10)

답 그리스도의 복 주심과 믿음으로써 성례를 받는 자 가운데 계신 성령의 행하심으로 말미암음이다.

27 하나님은 신자를 언제 택하셨으며 택하신 이유는 무엇입니까?

답 ① 세상을 창조하시기 전에 하나님의 기쁘신 뜻대로 택하셨으며

② 하나님 앞에서 거룩하고 흠이 없게 하시려고

③ 하나님께 찬양과 영광을 돌리게 하시려고 택하셨다.

28 신자의 본분에 대하여 설명하시오. (신조 11)

답 ① 주일을 거룩하게 지키며(주일성수)

② 주의 사자를 통한 하나님의 말씀을 잘 받으며(말씀생활)

③ 항상 쉬지 말고 기도하며(기도생활)

④ 주의 나라가 확장되기 위하여 열심히 전도하며(전도생활)

⑤ 감사함으로 십일조 생활을 하는 것이다.

신조

29 예수님이 재림하시는 날에 성도들의 부활의 순서를 설명하시오.

답 ① 그리스도 안에서 죽은 자들이 먼저 부활하고

② 살아 남은 자들이 부활한다.

30 그리스도께서 선악 간에 심판하실 내용에 대해서 말하시오. (신조 12)

답 ① 그리스도를 믿고 복종한 자는 죄 사함을 얻고, 영광 중에 영접을 받는다.

② 믿지 아니하고 악을 행한 자는 정죄함을 받아 그 죄에 합당한 형벌을 받는다.

31 하나님은 만물을 어떻게 관할하십니까?

답 ① 하나님은 자기가 뜻한 계획대로 보존하시고 주장하신다.

② 하나님의 착하시고 지혜롭고 거룩하신 목적을 성취하도록 역사하신다.

32 죽은 후의 부활에 대하여 쓰시오.

답 ① 모든 자들은 부활한다.

② 선악 간에 그리스도의 심판대 앞에 선다.

③ 그리스도를 믿고 복종한 자는 현저히 사함을 얻고 영광 중에 영접을 받는다.

④ 믿지 아니하고 악을 행한 자는 정죄함을 받아 형벌을 받는다.

신조 예상문제

1 신구약 성경은 누구의 말씀입니까? 답 ①
① 하나님의 말씀이다.
② 사람을 통해 기록되었으니 사람의 말도 더러 있다.
③ 열두 제자들의 말씀이다.
④ 여러 사람의 사상들을 모아서 편집한 것이다.

2 정확무오한 유일한 법칙이라는 의미는 무엇입니까? 답 ②
① 사람이 사는 데 모든 면의 법칙이다.
② 신앙과 본분에 대한 법칙으로 오류가 전혀 없다는 것이다.
③ 생활의 법칙이며 틀림이 없다는 의미이다.
④ 헌법과 같은 효력이 있다는 것이다.

3 하나님께 해야 할 것이 무엇입니까? 답 ③
① 우리가 경배해야 할 분 중의 한 분이다.
② 성자 중 한 사람으로 존경해야 한다.
③ 그 분만 경배해야 한다.
④ 세상의 창시자로 섬겨야 한다.

4 하나님은 어떤 분이십니까? **답** ④

① 하나님은 성령으로만 존재하신다.

② 세상의 모든 신은 스스로 계신다.

③ 예수님은 스스로 계신 분은 아니다.

④ 하나님은 신이시니 스스로 계신다.

5 하나님의 본체에는 몇 위(位)가 계십니까? **답** ①

① 삼위가 계시니 성부, 성자, 성령이다.

② 유일신이시니 일 위이다.

③ 성자와 성령으로만 계신다.

④ 본체가 하나이면 위도 하나이다.

6 '하나님은 한 분뿐이시다.'라는 것을 가장 정확하게 표현한 것은 어떤 것입니까? **답** ③

① 일신론 ② 범신론 ③ 유일신론 ④ 단신론

7 하나님은 몇 분이십니까? **답** ②

① 하나님은 성부, 성자, 성령이니 세 분이시다.

② 하나님은 한 분이시다.

③ 한 분이시니까 일 위로만 계신다.

④ 하나님은 셀 수 없이 많다.

8 신조는 대한예수교장로회에서 직분자들을 승인할 때에 사용하는데 다음 중 그 직분자에 속하지 않는 것은 무엇입니까? **답** ④

① 목사　② 강도사　③ 장로　④ 권사　⑤ 집사

9 우리 총회와 신학교에서 마땅히 가르칠 것 가운데 더욱 우리 교회 문답 책으로 채용하는 것은 무엇입니까? **답** ①

① 성경 소요리문답　② 신도규칙

③ 웨스트민스터 신도게요서　④ 성경 대요리문답

10 교회의 신조는 어디에 기초해야 합니까? **답** ③

① 거룩한 교회　② 우리의 믿음

③ 하나님의 말씀　④ 세례와 성찬

11 삼위이신 하나님은 무엇이 동등합니까? **답** ②

① 지혜와 긍휼과 사랑이 동등하시다.

② 권능과 영광이 동등하시다.

③ 사랑과 영광이 동등하시다.

④ 지혜와 권능이 동등하시다.

12 하나님의 속성이 아닌 것은 무엇입니까? **답** ①

① 유동성　② 편재성　③ 초월성　④ 자존성

13 하나님은 모든 유형물과 무형물을 그 권능의 말씀으로 창조하사 보존하시고 주장하시나 결코 무엇은 내시지 아니하셨습니까? **답** ③

① 거룩　② 평화　③ 죄　④ 지혜

14 세상 모든 사람이 다 동포 형제인 이유는 무엇입니까? **답** ②

① 율법에 매여 있기 때문에

② 한 근원에서 나왔기 때문에

③ 함께 죄를 지었기 때문에

④ 같은 신체 구조를 갖고 있기 때문에

15 성령은 어디로부터 오십니까? **답** ④

① 성부에게만 ② 성자에게만

③ 삼위 하나님에게서 ④ 성부와 성자에게로부터

16 하나님은 자기 백성을 언제 택하셨습니까? **답** ②

① 세상을 창조하신 후에

② 세상을 창조하시기 전 그리스도 안에서

③ 그리스도께서 오신 후에

④ 그리스도께서 부활하신 후에

17 성령께서 은혜의 직분을 행하실 때 은혜를 베푸시는 방도에 들지 않는 것은 무엇입니까? **답** ④

① 성례 ② 성경 말씀 ③ 기도 ④ 거룩한 행동

18 그리스도께서 세우신 성례는 무엇과 무엇입니까? **답** ①

① 세례와 성찬 ② 성령의 세례

③ 거룩한 집례 ④ 거룩한 혼인잔치

※ 다음 괄호에 맞는 말로 짝지어진 것을 고르시오.

19 하나님은 신이시니 (①) 계시고 아니 계신 곳이 없으시며 다른 (②)과 모든 (③)과 구별되신다. **답** ④

① 스스로-신-세상 ② 홀로-신-물질

③ 함께-신-능력 ④ 스스로-신-물질

신조

20 신구약 성경은 하나님의 말씀이니 (①)과 (②)에 대하여 (③) 한 유일의 법칙이다. **답** ③

① 능력-축복-정확 ② 신앙-생활-정확

③ 신앙-본분-정확무오 ④ 신앙-은혜-정확무오

21 하나님의 본체에 세 위가 계시니 성부, 성자, 성령이신데 이 세 위는 한 하나님이시라. (①)는 하나요, (②)과 (③)이 동등하시다. **답** ②

① 본체-권능-사랑 ② 본체-권능-영광

③ 신체-권능-영광 ④ 신체-사랑-권능

22 하나님은 그 존재와 지혜와 권능과 (①)과 공의와 (②)과 (③)과 (④)에 대하여 무한하시며 변하지 아니하신다. **답** ①

① 거룩하심-인자하심-진실하심-사랑하심

② 거룩-능력-인자하심-사랑

③ 능력-인자하심-진실하심-사랑하심

④ 거룩하심-능력-사랑-은혜

23 하나님께서는 만유(萬有)를 다 하나님의 (①)하시고 (②)롭고 (③)하신 목적을 성취하도록 역사하신다. **답** ③

① 선-의-창조 ② 착-의-거룩

③ 착-지혜-거룩 ④ 선-지혜-창조

24 하나님이 사람을 남녀로 지으시되 자기의 (①)대로 (②)과 (③)와 (④)으로 지으사 생물(生物)을 주관하게 하셨으니 **답** ④

① 능력-지식-의-거룩함 ② 지혜-지식-의-거룩함

③ 생각-지식-의-거룩함 ④ 형상-지식-의-거룩함

25 아담으로부터 보통 (①)에 의하여 출생하는 모든 인종들이 그의 안에서 그의 범죄에 동참하여 타락하였으니, 사람의 원죄와 부패한 성품 밖에 범죄할 능(能)이 있는 자가 일부러 짓는 죄도 있은즉 모든 사람이 금세와 내세에 하나님의 공평한 (②)와 (③)을 받는 것이 마땅하다. **답** ②

① 율법-진노-멸망 ② 생육법-진노-형벌

③ 자연법-진노-형벌 ④ 특별법-진노-멸망

26 인류의 죄와 부패함과 죄의 형벌에서 (①)하시고 (②)을 주고자 하사 하나님의 (③)으로 그의 영원하신 독생자 주 예수 그리스도를 (④)에 보내셨으니 **답** ①

① 구원-영생-사랑-세상 ② 사랑-영생-믿음-천국

③ 자유-영생-사랑-세상 ④ 축복-영생-믿음-천국

27 그 영원한 아들이 참 사람이 되사 그 후로 한 위에 특수한 두 성품이 있어 영원토록 참(①)이시요, 참(②)이시라. (③)의 권능으로 잉태하사 동정녀 마리아에게 났으되 오직 (④)는 없는 자시라. **답** ④

① 신-사람-말씀-죄　　② 성령-신-말씀-죄
③ 하나님-성령-말씀-죄　　④ 하나님-사람-성령-죄

28 사람으로 하여금 하나님과 (①)하게 하시려고 십자가에 못 박혀 죽으시고 죽은 자 가운데서 (②) 만에 부활하사 하나님 우편에 승좌하시고 그 백성을 위하여 (③)하시다가 저리로서 죽은 자를 살리시고 세상을 (④)하러 (⑤)하신다. **답** ②

① 사랑-3일-심판-축복-재림　　② 화목-3일-기도-심판-재림
③ 사랑-4일-심판-기도-재림　　④ 화목-4일-기도-심판-재림

29 (①)께서 인생으로 구원에 참여하게 하시며 인생으로 (②)와 (③)을 깨닫게 하시며 그 마음을 밝혀 그리스도를 알게 하시고 그 의지를 새롭게 하시고 권하시며 (④)을 주어 복음에 값없이 주마 한 예수 그리스도를 받게 하시며 또 그 안에서 역사하여 모든 (⑤)의 열매를 맺게 하신다. **답** ③

① 성부-은혜-권능-성령-생명
② 성자-죄-비참-권능-성령
③ 성령-죄-비참-권능-의
④ 하나님-은혜-권능-말씀-성령

30 오직 세상 모든 사람에게 대하여는 온전한 (①)을 값없이 주시려고 하여 명하시기를 너희 죄를 (②)하고 주 예수 그리스도를 자기의 (③)로 믿고 의지하여 본받으며 하나님의 나타내신 뜻을 복종하여 겸손하고 거룩하게 행하라 하셨으니 그리스도를 믿고 (④)하는 자는 구원을 얻는지라. **답** ①

① 구원-회개-구주-복종 ② 사랑-사-의-회개
③ 구원-사-의-순종 ④ 구원-회개-구주-사랑

31 저희가 받은바 특별한 유익은 (①)가 있게 하심과 양자가 되어 하나님의 아들의 수(數)에 (②)하게 하심과 성령의 감화로 (③)하게 하심과 영원한 영광이니 믿는 자는 이 세상에서도 (④)얻는 줄로 확실히 알 수 있고 기뻐할지라. **답** ④

① 죄-동참-유익-기쁨 ② 은혜-참여-사랑-구원
③ 의-참여-구원-영생 ④ 의-참여-거룩-구원

32 세례는 세 가지를 약속하는 것인데 이 세 가지에 속하지 않는 것은 무엇입니까? **답** ③

① 성령으로 거듭남 ② 새롭게 하심
③ 그리스도를 알게 하심 ④ 주께 속한 것임

33 주의 성찬은 그리스도의 죽으심을 기념하여 (①)과 (②)에 참여하는 것이니 믿는 자가 그 죽으심으로 말미암아 나는 (③)을 받는 것을 인쳐 (④)하는 표이다. **답** ②

① 사랑-은혜-영광-증거 ② 떡-잔-유익-증거

③ 사랑-은혜-유익-증거 ④ 떡-잔-영광-증거

34 성례의 유익은 성례의 (①)으로 말미암음도 아니요, 성례를 베푸는 자의 (②)으로 말미암음도 아니요, 다만 그리스도의 (③)과 (④)으로써 성례를 받는 자 가운데 계신 (⑤)의 행하심으로 말미암음이다. **답** ③

① 능력-덕-복-성령-긍휼
② 덕-인격-능력-사랑-성령
③ 본덕-덕-복 주심-믿음-성령
④ 유익-덕-긍휼-믿음-성령

35 모든 신자의 본분은 (①)하여 서로 (②)하며 그리스도의 성례와 그 밖의 법례를 지키며 주의 법을 (③)하며 항상 (④)하며 **답** ②

① 사랑-교제-복종-기도 ② 입교-교제-복종-기도
③ 복종-사랑-교제-축복 ④ 기도-사랑-순종-교제

36 (①)을 거룩하게 지키며 주를 경배하기 위하여 함께 모여 주의 말씀으로 강도함을 자세히 들으며 하나님께서 저희로 하여금 풍성하게 하심을 좇아 (②)하며, 그리스도의 마음과 같은 심사를 서로 표현하며 또한 일반 인류에게도 그와 같이 할 것이요, 그리스도의 나라가 온 세상에 (③)되기 위하여 힘쓰며 주께서 영광 가운데서 (④)을 바라고 기다릴 것이다. **답** ①

① 주일-헌금-확장-나타나심

신조

② 믿음-순종-확장-소망

③ 주일-찬송-확장-재림

④ 믿음-찬송-전파-나타나심

37 죽은 자가 끝날에 (①)함을 받고 그리스도의 (②)하시는 보좌 앞에서 이 세상에서 (③) 간 행한 바를 따라 (④)을 받을 것이니 **답** ④

① 재림-부활-선악-심판 ② 재림-심판-성악-보응

③ 부활-재림-성악-심판 ④ 부활-심판-선악-보응

38 그리스도를 믿고 복종한 자는 현저히 (①)을 얻고 영광 중에 (②)을 받으려니와, 오직 믿지 아니하고 악을 행한 자는 (③)을 입어 그 죄에 적당한 (④)을 받는다. **답** ③

① 복-축복-형벌-보응 ② 복-사랑-정죄함-형벌

③ 사함-영접-정죄함-형벌 ④ 사함-복-정죄함-보응

39 교회의 (①)는 하나님의 (②)에 기초하고 하나님의 말씀과 (③)한 것으로 내가 믿으며 이를 또한 나의 개인의 (④)로 공포하노라. **답** ④

① 표지-약속-일치-신조 ② 신조-말씀-약속-신조

③ 표지-말씀-일치-신조 ④ 신조-말씀-일치-신조

03

성경 요리문답

성경 요리문답(要理問答)에 대한 기본적인 이해

성경 요리문답은 성경 교리문답으로 이해하면 그 이해가 더 빠르다. 성경에 있어서 중요한 교리를 문답의 형식으로 풀어서 만든 것이다.

특히 1647년에 작성된 웨스트민스터 소요리문답은 한국 장로교의 표준적 교리문답으로 여겨지는 것으로 총 107개의 문항과 답변으로 작성되어 있다. 그 내용은 성경의 전체적인 가르침을 단시간에 쉽게 이해하고 배우도록 되어 있다. 또한 이 교리문답은 정확한 용어 구사, 간결한 표현, 균형 잡힌 구도, 유연한 문체, 신학적인 적절성을 갖추고 있다. 뿐만 아니라 성경 안에서 우리를 향한 하나님의 뜻과 그의 거룩한 뜻에 관한 진리를 간결한 어구로 구사하여 뛰어나게 정리하였다. 이러한 교리문답은 믿음을 더욱 굳건히 하는 도구가 된다.

성경 소요리문답 전문(全文)

1. 사람의 제일 되는 목적이 무엇입니까?

답 사람의 제일 되는 목적은 하나님을 영화롭게 하는 것과 영원토록 그를 즐거워하는 것이다.(고전 10:31, 롬 11:36, 시 73:24~26, 요 17:22~24)

2. 하나님께서 무슨 규칙을 우리에게 주시어 어떻게 자기를 영화롭게 하고 즐거워할 것을 지시하셨습니까?

답 신구약 성경에 기재된 하나님의 말씀은 어떻게 우리가 그를 영화롭게 하고 즐거워할 것을 지시하는 유일한 규칙이다.(갈 1:8~9, 사 8:20, 눅 16:29~31, 24:27, 44, 요 15:11, 딤후 3:15~17, 벧후 3:2, 15, 16)

3. 성경이 제일 요긴하게 교훈하는 것이 무엇입니까?

답 성경이 제일 요긴하게 교훈하는 것은 사람이 하나님에 대하여 어떻게 믿을 것과 하나님께서 사람에게 요구하시는 본분이다.(미 6:8, 요 5:39, 20:31, 3:16, 고전 10:11, 롬 15:4, 요일 1:3~4)

4. 하나님은 어떤 분이십니까?

답 하나님은 신이신데 그의 존재하심과 지혜와 권능과 거룩하심과 공의와 인자하심과 진실하심이 무한하시며, 무궁하시며, 불변하시다.(요 4:24, 시 90:2, 말 3:6, 약 1:17, 왕상 8:27, 렘 23:24, 사 40:22, 시 147:5, 롬 16:27, 창 17:1, 계 19:6, 사 57:15, 요 17:11, 계 4:8, 신

32:4, 시 100:5, 롬 2:4, 출 34:6, 시 117:2, 출 3:14, 시 145:3)

5. 하나님 한 분밖에 또 다른 하나님이 계십니까?

답 한 분뿐이시니 참되시며 살아 계신 하나님이시다.(신 6:4, 렘 10:10, 요 17:3, 고전 8:4)

6. 하나님의 신격에 몇 위가 계십니까?

답 하나님의 신격에 삼위가 계시니 성부와 성자와 성령이신데 이 삼위는 한 하나님이시다. 본체는 하나요, 권능과 영광은 동등이시다.(고후 13:13, 마 3:16~17, 28:19, 고후 8:14, 요 1:1, 17:5, 행 5:3~4, 히 1:3)

7. 하나님의 예정이 무엇입니까?

답 하나님의 예정은 그 뜻대로 하신 영원한 경륜이신데, 이로 말미암아 자기의 영광을 위하여 모든 되어가는 일을 미리 작정하신 것이다.(엡 1:11, 행 4:27~28, 시 33:11, 엡 2:10, 롬 9:22~23, 11:33, 행 2:23)

Tip 하나님의 본체는?

하나님의 본체는 하나이시나 삼위로 계신다. 본질과 권능과 영원성이 동일하신 성부 하나님, 성자 하나님, 성령 하나님이시다. 성부는 아무것에도 속하지 않으시고 낳으신 바 되지도 않으시고 나오시지도 않으시며, 성자는 성부에게서 영원히 낳으신 바 되셨으며, 성령은 성부와 성자에게서 영원히 나오신다. (웨스트민스터 신앙고백 제2장)

8. 하나님께서 그 예정을 어떻게 이루십니까?

답 하나님께서 그 예정을 이루시는 것은 창조와 섭리하시는 일로 하신다.(계 4:11, 엡 1:11, 단 4:35, 사 40:26)

9. 창조하신 일이 무엇입니까?

답 창조하신 일은 하나님께서 엿새 동안에 아무 것도 없는 중에서 그 권능의 말씀으로써 만물을 지으신 일인데 다 매우 좋았다.(히 11:3, 계 4:11, 창 1:1, 31, 시 33:9)

10. 하나님께서 사람을 어떻게 지으셨습니까?

답 하나님께서 사람을 남녀로 지으시되 자기의 형상대로 지식과 공의와 거룩함이 있게 지으사 모든 생물을 주관하게 하셨다.(창 1:27, 골 3:10, 엡 4:24, 창 1:28)

11. 하나님의 섭리하시는 일이 무엇입니까?

답 하나님의 섭리하시는 일은 지극히 거룩함과 지혜와 권능으로써 모든 창조물과 그 모든 행동을 보존하시며 치리하시는 일이다.(시 145:17, 시 104:24, 히 1:3, 시 103:19, 마 10:29~30, 느 9:6)

12. 사람이 창조함을 받은 본 지위에 있을 때에 하나님께서 저를 향하여 섭리하시는 중에 무슨 특별한 작정을 하셨습니까?

답 하나님께서 사람을 창조하신 후에 완전히 순복하는 것을 조건으로 삼아 생명의 언약을 맺고 선악을 분별하는 나무의 실과를 먹는 것은 사망의 벌로써 금하셨다.(창 2:16~17, 롬 5:12~14, 10:5, 눅

12:25~28, 갈 3:12)

13. 우리 시조가 창조함을 받은 본 지위에 그대로 있었습니까?

답 우리 시조가 임의대로 자유함을 인하여 하나님께 죄를 범하므로 창조함을 받은 본 지위에서 타락하였다.(창 3:6~8, 고후 11:3, 롬 5:12)

14. 죄가 무엇입니까?

답 죄는 하나님의 법을 순종함에 부족한 것이나 혹 어기는 것이다.(요일 3:4, 약 4:17, 롬 3:23, 4:5, 약 2:10)

15. 우리 시조가 창조함을 받은 본 지위에서 타락하게 된 죄가 무엇입니까?

답 우리 시조가 창조함을 받은 본 지위에서 타락하게 된 죄는 그 금하신 실과를 먹은 것이다.(문 13 참조, 창 3:6, 12~13)

16. 모든 인종은 아담의 첫 범죄 중에 타락하였습니까?

답 아담으로 더불어 언약을 세운 것은 저만 위하여 하신 것이 아니요, 그 후 자손까지 위하여 하신 것이므로 그로부터 보통 생육법으로 출생하는 인종은 모두 그의 안에 있어서 그의 첫 범죄에 참여하여 그와 함께 타락하였다.(행 17:26, 문 12 참조, 창 1:18, 2:17, 고전 15:21~22)

17. 이 타락이 인종으로 하여금 어떠한 지위에 이르게 했습니까?

답 이 타락은 인종으로 하여금 죄와 비참한 처지에 이르게 하였다.(롬 5:12, 갈 3:10)

18. 사람이 타락한 지위에서 죄 되는 것이 무엇입니까?

답 사람이 타락한 지위에서 죄 되는 것은 아담의 첫 범죄에 유죄한 것과 근본 의가 없는 것과 온 성품이 부패한 것인데 이것은 보통으로 원죄라 하는 것이요, 아울러 원죄로 말미암아 나오는 모든 죄다.(롬 5:12, 18~19, 고전 15:22, 롬 5:6, 엡 2:1~3, 롬 8:7~8, 창 6:5, 약 1:14~15, 마 15:19)

19. 사람이 타락한 지위에서 비참한 것이 무엇입니까?

답 모든 인종이 타락함을 인하여 하나님과 교제가 끊어지고 또 그의 진노와 저주 아래 있어서 생전에 모든 비참함과 사망과 영원한 지옥의 벌을 받게 되었다.(창 3:8, 24, 엡 2:3, 롬 5:14, 6:23, 막 9:47~48)

20. 하나님께서 모든 인종을 죄와 비참한 지위에서 멸망하게 버려두셨습니까?

답 하나님께서 홀로 그 선하신 뜻대로 영원부터 구속받을 자들을 영생 얻게 하시려고 선택하시고 은혜의 언약을 세우셔서 구속자로 말미암아 저희를 죄와 비참한 지위에서 건져내시고 구원의 자리에 이르게 하려 하셨다.(엡 1:4~7, 딛 1:2, 3:4~7, 갈 3:21, 롬 3:20~22, 요 17:6)

21. 하나님의 선택하신 자의 구속자가 누구십니까?

답 하나님의 선택하신 자의 구속자는 다만 주 예수 그리스도뿐이신데, 그는 하나님의 영원한 아들로서 사람이 되셨으니 그 후로 한 위에 특수한 두 가지 성품이 있어 영원토록 하나님이시요, 사람이시다.(딤전 2:5, 요 1:1, 14, 요 10:30, 갈 4:4, 빌 2:5~11, 롬 9:5, 골 2:9, 히 13:8)

22. 그리스도께서 하나님의 아들로서 어떻게 사람이 되셨습니까?

답 하나님의 아들 그리스도께서 사람이 되신 것은 참 몸과 지각 있는 영혼을 취하사 성령의 권능으로 동정녀 마리아에게 잉태되어 탄생하셨으나 죄는 없으시다.(요 1:14, 히 2:14, 마 26:38, 눅 1:31~42, 갈 4:4, 히 4:15, 7:26, 눅 2:5)

23. 그리스도께서 우리의 구속자로 무슨 직분을 행하십니까?

답 그리스도께서 우리의 구속자로 선지자와 제사장과 왕의 직분을 행하시되 낮아지시고 높아지신 두 지위에서 하신다.(행 3:22, 히 5:5~6, 4:14~15, 계 19:16, 사 9:6~9, 시 2:6)

Tip 그가 동시에 참 하나님이어야 할 이유가 무엇인가?
그가 참 하나님이라야 그의 신적 권능에 의해서 하나님의 진노의 짐을 한 인간의 본성으로 질 수 있을 것이며 우리를 회복하시고 우리에게 의와 생명을 줄 수 있기 때문이다. (하이델베르크 요리문답 17문)

24. 그리스도께서 어떻게 선지자의 직분을 행하십니까?

답 그리스도께서 선지자의 직분을 행하시는 것은 우리를 구원하고자 하시는 하나님의 뜻을 그 말씀과 성령으로 말미암아 우리에게 나타내시는 것이다.(요 15:15, 요 20:31, 벧후 1:21, 요 14:26, 1:1, 4, 18, 16:13, 히 1:1~2)

25. 그리스도께서 어떻게 제사장의 직분을 행하십니까?

답 그리스도께서 제사장의 직분을 행하시는 것은 단번에 자기를 제물로 드려 하나님의 공의에 만족하게 하며 우리를 하나님으로 더불어 화목하게 하시고 또 우리를 위하여 항상 간구하시는 것이다.(히 7:25, 9:14, 28, 롬 3:26, 10:4, 히 2:17)

26. 그리스도께서 어떻게 왕의 직분을 행하십니까?

답 그리스도께서 왕의 직분을 행하시는 것은 우리로 하여금 자기에게 복종하게 하시고 우리를 다스리시며 보호하시고 자기와 우리의 모든 원수를 막아 이기시는 것이다.(시 110:3, 사 33:22, 고전 15:25, 행 12:17, 18:9~10, 2:36)

Tip 그리스도 즉 기름 부음을 받은 자라고 부르는 이유는 무엇인가?

그는 하나님 아버지에 의해서 세워지셨고, 성령에 의해서 기름 부음을 받아 우리의 첫째 되는 선지자와 교사가 되셔서 우리에게 구속에 관한 하나님의 은밀하신 목적과 뜻을 완전히 계시하셨고, 우리의 유일한 대제사장이 되셔서 그의 몸의 희생을 통하여 우리를 구속하시고 우리를 위하여 하나님께 도고의 기도를 드리시며, 우리의 영원한 왕이 되셔서 그의 말씀과 영에 의해서 우리를 다스리시고, 그가 우리를 위하여 성취하신 구속을 보호하시고 계속 유지하시기 때문이다.(하이델베르그 요리문답 31문)

27. 그리스도의 낮아지심이 어떠합니까?

답 그리스도의 낮아지심은 곧 그의 강생하심인데 또한 비천한 지위에 나셔서 율법 아래 복종하시고 금생에 여러 가지 비참함과 하나님의 진노하심과 십자가에서 저주의 죽음을 받으시고 묻히셔서 얼마 동안 죽음의 권세 아래 거하신 것이다.(눅 2:7, 빌 2:6~8, 고후 8:9, 갈 4:4, 사 53:3, 마 27:46, 눅 22:41~44, 갈 3:13, 고전 15:3~4)

성경
요리
문답

28. 그리스도의 높아지심이 어떠합니까?

답 그리스도의 높아지심은 사흘 만에 죽은 가운데서 다시 살아나신 것과 하늘로 올라가신 것과 하나님 아버지의 우편에 앉아 계신 것과 마지막 날에 세상을 심판하러 오시는 것이다.(고전 15:3~4, 행 1:9, 엡 1:19~20, 행 1:11, 17:31)

29. 우리로 어떻게 그리스도의 사신 구속에 참여하게 하십니까?

답 우리로 그리스도의 사신 구속에 참여하게 하시는 것은 그의 성령께서 우리에게 구속을 효력 있게 적용하심을 인함이다.(요 1:12~13, 3:5~6, 딛 3:5~6)

30. 성령께서 그리스도의 사신 구속을 우리에게 어떻게 적용하셨습니까?

답 성령께서 그리스도의 사신 구속을 우리에게 적용하시는 것은 우리 안에 믿음을 일으키시고 또 효력 있는 부르심으로써 우리를 그리스도와 연합하게 하시는 것이다.(엡 2:8, 요 15:5, 고전 6:17, 고전

1:9, 벧전 5:10, 엡 4:15~16, 갈 2:20)

31. 효력 있는 부름심이 무엇입니까?

답 효력 있는 부르심은 하나님의 신이 하시는 일이니 우리의 죄와 비참을 깨닫게 하시고 또 우리의 마음을 밝혀 그리스도를 알게 하시고 우리의 의지를 새롭게 하시고 우리를 권하사 능히 복음 중에 값없이 주시는 예수 그리스도를 믿도록 하시는 것이다.(딤후 1:8~9, 엡 1:18~20, 행 2:37, 행 26:28, 겔 11:19, 36:26~27, 요 6:44~45, 엡 2:5, 살후 2:13, 빌 2:13)

32. 효력 있는 부르심을 받은 자들은 금생에서 무슨 유익을 얻습니까?

답 효력 있는 부르심을 받은 자들은 금생에서 의롭다 하심과 양자로 삼는 것과 거룩하게 하심을 얻고 또 금생에서 이와 함께 받는 여러 가지 유익과 여기서 나오는 여러 가지 유익을 받는다.(롬 8:30, 엡 1:5, 고전 1:30)

33. 의롭다 하심은 무엇입니까?

답 의롭다 하심은 하나님의 값없는 은혜로 정하신 것인데 저가 우리의 모든 죄를 사유하시고 그 앞에서 우리를 옳게 여겨 받으시

Tip 효력있는 부르심이란?

어떤 사람들은 하나님께로부터 믿음의 선물을 받는데 또 어떤 사람들은 그것을 받지 못하고 있다. 이 모든 것은 하나님의 영원한 작정하심에 달려 있는 것이다. (도르트신경 제6장 중)

는 것이니 이는 다만 그리스도의 의를 우리에게 돌려주심인데 우리는 오직 믿음만으로 받는 것이다.(엡 1:7, 고후 5:19~21, 롬 4:5, 3:22, 24, 25, 5:17~19, 4:6~8, 5:1, 행 10:43, 갈 2:16)

34. 양자로 삼는 것이 무엇입니까?

답 양자로 삼는 것은 하나님의 값없는 은혜로 정하신 것인데 이로써 우리를 하나님의 자녀의 수효 중에 들게 하시고 그 모든 특권을 누리게 하시는 것이다.(요일 3:1~2, 요 1:12, 롬 8:17)

35. 거룩하게 하신 것이 무엇입니까?

답 거룩하게 하신 것은 하나님의 값없는 은혜의 역사이신데 이로써 우리가 하나님의 형상을 좇아 온 사람이 새로워짐을 얻고 점점 죄에 대하여서는 능히 죽고, 의에 대하여서는 능히 살게 되는 것이다.(살후 2:13, 엡 4:23~24, 롬 6:4, 6, 14, 8:4, 벧전 1:2)

36. 금생에서 의롭다 하심과 양자로 삼으신 것과 거룩하게 하심에서 함께 받는 유익과 여기서 나오는 유익이 무엇입니까?

답 금생에서 의롭다 하심과 양자로 삼으신 것과 거룩하게 하심에서 함께 받는 유익과 여기서 나오는 유익은 하나님의 사랑을 확실히 아는 것과 양심의 화평한 것과 성령 안에서 얻는 쾌락과 은혜의 증가함과 끝까지 굳게 참는 것이다.(롬 5:1, 2, 5, 14:17, 골 1:10~11, 잠 4:18, 엡 3:16~18, 벧후 3:18, 렘 32:40, 요일 2:19~27, 계 14:12, 벧전 1:5, 요일 5:13, 요 1:16, 빌 1:6)

37. 신자가 죽을 때에 그리스도에게서 무슨 유익을 받습니까?

답 신자가 죽을 때에 그 영혼이 완전히 거룩하게 되어 즉시 영광 중에 들어가고 그 몸은 여전히 그리스도께 연합하여 부활할 때까지 무덤에서 쉰다.(눅 23:43, 16:23, 빌 1:23, 고후 5:6~8, 살전 4:14, 롬 8:23, 살전 4:14, 계 14:13, 19:8, 행 7:55~59, 요 5:28)

38. 신자가 부활할 때에는 그리스도에게서 무슨 유익을 받습니까?

답 신자가 부활할 때에는 영광 중에 다시 살아남을 입어 심판날에 밝히 안다 하심과 죄 없다 하심을 받고 완전히 복을 받아 영원토록 하나님을 흡족하게 즐거워하는 것이다.(고전 15:42~43, 마 25:33~34, 10:32, 살전 4:17, 시 16:11, 고전 2:9)

Tip 우리는 부활에 대하여 무엇을 믿어야 하는가?

마지막 날에 죽은 자들, 의인과 악인의 일반 부활이 있을 것인데 그 당시 살아 있는 자들은 순식간에 변화될 것이며 무덤에 놓여 있는 죽은 자들은 바로 그 몸들이 다시 그들의 영혼과 영원히 연합되어 그리스도의 영광으로 다시 살아날 것이다. 의인의 몸들은 그리스도의 영에 의해 또는 그들의 머리이신 그의 부활의 효능으로 그의 영광스러운 몸과 같은 신령한, 썩지 아니할 강한 몸으로 다시 살아날 것이다. 악인의 몸은 또한 노하신 심판주이신 주님에 의하여 수치로운 중에 다시 살아날 것이다. (대요리문답 87문)

유형 교회의 특권은 무엇인가?

유형 교회가 가지는 특권은 하나님의 특별한 보호와 관리 밑에 있는 것, 모든 적의 반항에도 불구하고 모든 시대에 보호받고 보존되는 것, 성도들의 교통과 통상한 구원의 방편들과 복음의 성역에 있어서 교회의 모든 회원들에게 누구든지 그를 믿으면 구원 얻고 그에게 오는 자를 한 사람도 버리시지 않으시겠다고 증언하시는 그리스도에 의한 은혜의 초청을 누리는 것이다. (대요리문답 63문)

39. 하나님께서 사람에게 요구하시는 본분이 무엇입니까?

답 하나님께서 사람에게 요구하시는 본분은 그 나타내 보이신 뜻을 복종하는 것이다.(신 29:29, 미 6:8, 삼상 15:22, 눅 10:28)

40. 하나님께서 자기에게 복종할 규칙으로 사람에게 처음 나타내 보이신 것이 무엇입니까?

답 하나님께서 자기에게 복종할 규칙으로 사람에게 처음 나타내 보이신 것은 도덕의 법칙이다.(롬 2:14~15, 10:5)

41. 이 도덕의 법칙이 어디에 간략히 포함되었습니까?

답 이 도덕의 법칙은 십계명에 간략히 포함되었다.(마 19:17~19, 신 10:4)

42. 십계명의 대강령이 무엇입니까?

답 십계명의 대강령은 우리의 마음을 다하고 성품을 다하고 뜻을 다하고 힘을 다하여 주 우리 하나님을 사랑하고 또 이웃 사랑하기를 자기 몸과 같이 하라 하신 것이다.(마 22:37~40)

Tip 도덕법이 모든 사람에게 무슨 소용이 있는가?

도덕법이 모든 사람에게 소용되나니 하나님의 거룩한 성질과 뜻과 그들이 따라서 행하여야 할 의무를 알게 하는 데 소용되며, 그들이 이를 지키는 데, 무능함과 그들의 성질, 마음, 생활의 죄악된 더러움을 확신케 하여, 그들로 하여금 그들의 죄와 재난을 느껴 겸손케 함으로써 그리스도와 그의 완전한 순종의 필요성을 더욱더 명백히 깨닫게 하는 데 도움이 된다.(대요리문답 95문)

43. 십계명의 서문이 무엇입니까?

답 십계명의 서문은 이러한 말이니 곧 나는 너희 하나님이시니 너를 종 되었던 애굽 땅에서 나오게 한 자로다 하신 것이다.(출 20:2, 신 5:6)

44. 십계명의 서문이 우리에게 교훈하는 것이 무엇입니까?

답 십계명의 서문이 우리에게 교훈하는 것은 하나님께서 주도되시고, 우리 하나님도 되시고 또 우리의 구속자도 되시는 고로 우리가 마땅히 그의 계명을 지켜야 하겠다 하는 것이다.(신 11:1, 벧전 1:17~19)

45. 제 일 계명이 무엇입니까?

답 제 일 계명은 "나 외에 다른 신을 두지 말라" 하신 것이다. (신 5:7, 출 20:3)

46. 제 일 계명이 명하는 것은 무엇입니까?

답 제 일 계명이 우리에게 명하는 것은 하나님은 유일한 참 신이 되심과 우리의 하나님이 되심을 알고 승인하여 그대로 그에게 경배하며 영화롭게 하라 하는 것이다.(대상 28:9, 신 26:17, 마 4:10, 시 95:6~7, 29:2)

47. 제 일 계명이 금하는 것은 무엇입니까?

답 제 일 계명이 금하는 것은 참 신을 하나님으로 알지 아니하거나 우리의 하나님으로 경배하지 않고 영화롭게도 하지 아니하는 것과 그에게만 드리기에 합당한 경배와 영화를 다른 이에게 드리는 것이다.(롬 1:20~21, 시 81:11, 14:1, 롬 1:25)

48. 제 일 계명 중에 "나 외에"라 한 말씀이 우리에게 특별히 교훈하는 것이 무엇입니까?

답 제 일 계명 중에 "나 외에"라 한 말씀이 우리에게 특별히 교훈하는 것은 만물을 보시는 하나님이 아무 다른 신을 위하는 죄를 내려다보시고 분하게 여기시는 것이다.(대상 28:9, 시 44:20~21, 시 134:1~3, 신 30:17~18)

49. 제 이 계명이 무엇입니까?

답 제 이 계명은 "우상을 만들지 말지니 위로 하늘에 있는 것이나 아래로 땅에 있는 것이나 땅 아래 물 속에 있는 것의 무슨 형상이든지 만들지 말고 절하지 말고 섬기지 말라. 나 여호와 너의 하나님은 진노하는 신이시니 나를 미워하는 자에게는 아비의 죄를 자손 삼사 대까지 이르게 하고 나를 사랑하며 내 계명을 지키는 자에게는 은혜를 수천 대까지 베풀리라" 하신 것이다.(출 20:4~9)

50. 제 이 계명이 명하는 것이 무엇입니까?

답 제 이 계명이 명하는 것은 하나님이 그 말씀 중에 정하신 종교상

Tip 우상숭배란 무엇인가?

그의 말씀 안에서 자신을 계시해주신 유일하신 참 하나님 대신에, 또는 그런 하나님 이외에 의지할 다른 것을 생각하고 소유하는 것을 말한다. (하이델베르그 문답 95문)

모든 예배와 규례를 받아 순종하며 깨끗하고 완전하게 지키라 하는 것이다.(신 12:32, 32:46, 마 28:20)

51. 제 이 계명이 금하는 것이 무엇입니까?

답 제 이 계명이 금하는 것은 우상으로 하나님을 경배하거나 하나님의 말씀에 정하지 아니한 어떤 다른 방법으로 경배하는 것이다.(신 4:15~16, 17~19, 행 17:29, 신 12:30~32)

52. 제 이 계명이 "지키라" 한 이유가 무엇입니까?

답 제 이 계명에 지키라 한 이유는 하나님이 우리의 주재가 되시며 우리의 소유자가 되시며 홀로 자기에게만 경배하는 것을 바라시는 것이다.(시 95:2~3, 45:11, 출 34:14, 시 100:3, 고전 10:22)

53. 제 삼 계명이 무엇입니까?

답 제 삼 계명은 "너희 하나님 여호와의 이름을 망령되이 일컫지 말라. 여호와의 이름을 망령되이 일컫는 자를 죄 없다 아니하리라" 하신 것이다.(출 20:7)

54. 제 삼 계명이 명하는 것은 무엇입니까?

답 제 삼 계명이 명하는 것은 하나님의 이름과 칭호와 속성과 규례와 말씀과 행사를 거룩하고 존경하는 마음으로 사용하라 하는 것이다.(시 29:2, 마 6:9, 계 15:3~4, 말 1:14, 시 138:2, 107:21~22, 전 5:1, 시 104:24)

55. 제 삼 계명이 금하는 것은 무엇입니까?

답 제 삼 계명이 금하는 것은 무엇이든지 하나님이 자기를 나타내신 것을 훼방하거나 악용하는 것이다.(말 2:2, 사 55:12, 레 19:12, 마 5:34~35)

56. 제 삼 계명이 "지키라" 한 이유가 무엇입니까?

답 제 삼 계명에 지키라 한 이유는 이 계명을 범하는 자가 비록 사람에게는 형벌을 피할지라도 주 우리 하나님은 저희로 하여금 그 의로우신 심판을 피하지 못하게 하시는 것이다.(신 28:58~59)

57. 제 사 계명이 무엇입니까?

답 제 사 계명은 "안식일을 기억하여 거룩한 날로 지키라. 엿새 동안에 네 모든 일을 힘써 하고 제 칠 일은 너희 하나님 여호와의 안식일이니 너나 네 자녀나 네 노비나 네 육축이나 네 문안에 유하는 객이라도 일하지 말라. 엿새 동안에 여호와가 하늘과 땅과 바다와 그 가운데 만물을 지으시고 제 칠 일에 쉬셨으니 그러므로 여호와가 안식일을 거룩한 날로 삼고 복을 주셨느니라" 하신 것이다.(출 20:8~11)

58. 제 사 계명이 명하는 것은 무엇입니까?

답 제 사 계명이 명하는 것은 하나님의 말씀 중에 명하신 절기를 그의 앞에 거룩히 지키는 것이니 특별히 칠 일 중에 하루를 종일토록 그의 거룩하신 안식일로 삼으라 하는 것이다.(레 19:3, 신 5:12, 사 56:2~7)

59. 하나님께서 칠 일 중에 어느 날을 안식일로 명하셨습니까?

답 세상 시작으로부터 그리스도의 부활하시기까지는 하나님이 이레 중에 일곱째 날을 안식일로 명하셨고, 그 후로부터 세상 끝날에 이르기까지는 이레 중에 첫날로 명하셨으니 곧 그리스도인의 안식일이다.(창 2:3, 눅 23:56, 행 20:7, 고전 16:2, 요 12:19~26, 출 16:23)

60. 어떻게 하여야 안식일을 거룩하게 할 수 있습니까?

답 안식일을 거룩하게 하는 것은 그날 종일을 거룩하게 쉼으로 할 것이니 다른 날에 합당한 여러 가지 세상 일과 오락까지 그치고 그 시간을 공사간의 예배에 바쳐 사용할 것이요, 그 외에는 사세 부득이한 일과 자선 사업에 사용할 수 있다.(레 23:3, 출 16:25~29, 렘 17:21~22, 눅 4:16, 사 58:3, 행 20:7, 마 12:11, 막 2:27)

61. 제 사 계명이 금하는 것은 무엇입니까?

답 제 사 계명이 금하는 것은 그 명한 바 의무를 이행하지 아니하거나 혹 주의하지 아니하여 나태함으로써 그날을 더럽게 하거나 죄되는 일을 행하거나 세상의 여러 가지 일과 오락에 대하여 불필요한 생각과 말과 행동을 하는 것이다.(겔 22:26, 말 1:13, 겔 23:38, 사 58:13, 렘 17:24, 27)

62. 제 사 계명이 "지키라" 한 이유가 무엇입니까?

답 제 사 계명에 지키라 한 이유는 하나님이 우리의 행할 여러가지 일을 위하여 여섯 날을 허락하시고 제 칠 일은 자기가 특별히 주장하는 이가 되었다 하심과 자기가 친히 모범을 보이신 것과 안식일을 축복하신 것이다.(출 31:15~16, 레 23:3, 출 31:17, 창 2:3)

63. 제 오 계명이 무엇입니까?

답 제 오 계명은 "네 부모를 공경하라. 그리하면 너희 하나님이 준 땅에서 네가 오래 살리라." 하신 것이다.(출 20:12)

64. 제 오 계명이 명하는 것은 무엇입니까?

답 제 오 계명이 명하는 것은 각 사람에게 그 속한 지위와 인륜 관계 곧 상하와 평등을 따라 높일 자를 높이고 행할 일을 하라 하는 것이다.(엡 5:21~22, 6:1, 5, 9, 롬 13:1, 12:10, 레 19:32, 엡 6:1~5, 롬 8:1)

65. 제 오 계명이 금하는 것이 무엇입니까?

답 제 오 계명이 금하는 것은 각 사람에게 그 속한 지위와 인륜 관계를 따라 마땅히 높일 것과 행할 일을 하게 하지 아니하는 것이나 막는 것이다.(롬 13:7~8)

66. 제 오 계명이 "지키라" 한 이유가 무엇입니까?

답 제 오 계명에 지키라 한 이유는 이 계명을 지키는 모든 자에게 장

Tip 제5계명에서 하나님은 무엇을 요구하시는가?
나의 부모와 나에 대하여 권위를 가지고 있는 모든 사람에 대하여 존경과 사랑과 충성심을 보여줄 것과 그들의 주의 깊은 모든 가르침과 교훈을 따라 바르게 할 것과, 동시에 그들의 연약함과 실수에 대해서는 인내로써 참아야 한다는 것이다. 왜냐하면 그들이 우리를 다스리는 것이 하나님을 기쁘게 하는 것이기 때문이다. (하이델베르그 문답 104문)

성경 요리 문답

수함과 홍왕하는 복을 허락하심이니 다만 하나님께 영광을 돌리고 사람에게 이익이 있도록만 주시는 것이다.(엡 6:2~3)

67. 제 육 계명이 무엇입니까?

답 제 육 계명은 "살인하지 말라." 하신 것이다.(출 20:13)

68. 제 육 계명이 명하는 것은 무엇입니까?

답 제 육 계명이 명하는 것은 일체 합리한 법대로 우리의 생명과 남의 생명을 힘써 보전하라 하는 것이다.(마 10:23, 시 82:3~4, 욥 29:13, 왕상 18:4, 엡 5 :29~30)

69. 제 육 계명이 금하는 것은 무엇입니까?

답 제 육 계명이 금하는 것은 불의하게 우리의 생명이나 이웃의 생명을 빼앗거나 해하는 일들이다.(행 16:28, 창 9:6, 마 5:22, 요일 3:15, 갈 5:15, 잠 24:11~12, 출 21:18~32, 신 24:6)

70. 제 칠 계명이 무엇입니까?

답 제 칠 계명은 "간음하지 말라." 하신 것이다.(출 20:14)

71. 제 칠 계명이 명하는 것은 무엇입니까?

답 제 칠 계명이 명하는 것은 생각과 말과 행동으로 우리와 및 이웃의 정조를 보존하라 하는 것이다.(마 5:28, 엡 4:29, 골 4:6, 벧전 3:2, 살전 4:4~5, 고전 7:2, 엡 5:11~12)

72. 제 칠 계명이 금하는 것은 무엇입니까?

답 제 칠 계명이 금하는 것은 모든 깨끗지 못한 생각과 말과 행동이다.(마 5:28, 엡 5:3~4)

73. 제 팔 계명이 무엇입니까?

답 제 팔 계명은 "도둑질하지 말라." 하신 것이다.(출 20:15)

74. 제 팔 계명이 명하는 것은 무엇입니까?

답 제 팔 계명이 명하는 것은 합리한 법대로 우리와 남의 재물과 산업을 얻고 또 증진하라 하는 것이다.(살후 3:10~12, 롬 12:17, 잠 27:23, 레 25:35, 빌 2:4, 잠 13:4, 20:4, 24:30~34, 신 15:10)

75. 제 팔 계명이 금하는 것은 무엇입니까?

답 제 팔 계명이 금하는 것은 우리와 남의 재물과 산업을 불의하게 방해하거나 혹 방해될 만한 일이다.(딤전 5:8, 엡 4:28, 잠 21:6, 살후 3:7~10, 잠 28:19, 약 5:4)

76. 제 구 계명이 무엇입니까?

답 제 구 계명은 "네 이웃을 해하려고 거짓 증거하지 말라." 하신 것이다.(출 20:16)

77. 제 구 계명이 명하는 것은 무엇입니까?

답 제 구 계명이 명하는 것은 특히 증거할 때에 피차 진실함과 또 우리와 이웃의 명예를 보존하며 증진하게 하라 하는 것이다.(잠 14:5,

25, 슥 8:16, 벧전 3:16, 행 25:10, 요삼 1:12, 엡 4:15)

78. 제 구 계명이 금하는 것은 무엇입니까?

답 제 구 계명이 금하는 것은 무엇이든지 진실함에 해 되는 일이나 혹은 이웃의 명예를 상하게 하는 것이다.(잠 19:5, 9:16~19, 눅 3:14, 시 15:3, 골 3:9, 시 12:3, 고후 8:20~21)

79. 제 십 계명이 무엇입니까?

답 제 십 계명은 "네 이웃의 집이나 아내나 노비나 소나 나귀나 네 이웃에게 있는 것을 탐내지 말라." 하신 것이다.(출 20:17)

80. 제 십 계명이 명하는 것은 무엇입니까?

답 제 십 계명이 명하는 것은 우리 처지를 만족히 여기며 이웃과 그 있는 모든 것에 대하여 의롭고 사랑하는 마음을 품으라 하는 것이다.(히 13:5, 롬 12:15, 빌 2:4, 고전 13:4~6, 딤전 6:6, 레 19:18)

81. 제 십 계명에 금하는 것이 무엇입니까?

답 제 십 계명에 금하는 것은 우리의 처지를 부족히 여기거나 이웃의 행복을 시기하거나 한하거나 이웃에 있는 모든 물건에 대한 불의한 행동과 감정이다.(고전 10:10, 갈 5:26, 골 3:5)

82. 아무 사람이나 능히 하나님의 계명을 완전히 지킬 수 있습니까?

답 타락한 후로 사람만으로는 금생에서 하나님의 계명을 완전히 지킬 수 없고 날마다 생각과 말과 행동으로써 범한다.(왕상 8:46, 요

일 1:8~2:6, 창 8:21, 약 3:2, 8, 롬 8:8, 3:9~10)

83. 법을 범한 모든 죄가 다 같이 악합니까?

답 어떠한 죄는 그 본질과 여러 가지 얽힌 끝이 있으므로 하나님 앞에서 다른 죄보다 더 악함이 있다.(시 19:13, 요 19:11, 마 11:24, 눅 12:10, 히 10:29)

84. 범한 죄마다 마땅히 받을 보응이 무엇입니까?

답 범한 죄마다 받을 보응은 이 세상과 오는 세상에서 하나님의 진노와 저주다.(갈 3:10, 마 25:41, 약 2:10)

85. 우리가 죄를 인하여 하나님께 받을 진노의 저주를 피하게 하려고 하나님이 우리에게 요구하시는 것이 무엇입니까?

답 우리가 죄를 인하여 하나님께 마땅히 받을 진노와 저주를 피하게 하려고 하나님이 우리에게 요구하시는 것은 예수 그리스도를 믿는 것과 생명에 이르는 회개와 그리스도가 우리에게 구속의 유익을 전하는 여러 가지 나타내는 방법을 힘써 사용하라는 것이다.(행 20:21, 막 1:15, 요 3:18, 문 88 참조, 벧후 1:10, 히 2:3, 딤전 4:16)

86. 예수 그리스도를 믿는 것은 무엇입니까?

답 예수 그리스도를 믿는 것은 곧 구원 얻는 은혜인데 이로 말미암아 복음 중에 우리에게 주신 대로 구원을 얻기 위하여 우리가 예수를 영접하고 그에게만 의지하는 것이다.(히 10:39, 요 6:40, 1:12, 빌 3:9, 행 16:31, 계 22:17)

87. 생명에 이르는 회개가 무엇입니까?

답 생명에 이르는 회개는 곧 구원 얻는 은혜인데 이로 말미암아 죄인이 자기 죄를 참으로 알고 또 그리스도 안에서 하나님의 긍휼하심을 깨달아 자기 죄를 원통히 여기고 미워함으로 죄에서 떠나 하나님께로 돌아가서 든든하게 결심하고 마음과 힘을 다하여 새로이 순종하는 것이다.(행 11:18, 2:37, 욜 2:13, 고후 7:11, 렘 31:18~19, 행 26:18, 시 119:59, 눅 1:77~79, 고후 7:10, 롬 6:18)

88. 그리스도께서 우리에게 구원의 유익을 전하시려고 나타내시는 보통 방법이 무엇입니까?

답 그리스도께서 우리에게 구원의 유익을 전하시려고 나타내시는 보통 방법은 그의 규례인데 특별히 하나님의 말씀과 성례와 기도이다. 이것이 모두 그 택하신 자에게 효력이 되어 구원을 얻게 한다.(마 28:19~20, 행 2:41~42)

89. 하나님의 말씀이 어떻게 효력이 되어 구원을 얻게 합니까?

답 하나님의 말씀을 읽는 것과 특히 강설하는 것으로써 하나님의 신이 효력 있는 방법을 삼아 죄인을 반성시켜 회개하게 하시며

Tip 모든 참 신자들은 자신들이 은혜의 지위에 현재 있음과 장차 구원 받을 것임을 언제나 확신하고 있는가?

은혜와 구원의 확신은 본래 신앙의 본질적 요소가 아니므로 참 신자들도 오랜 세월이 지난 후 확신을 갖게 되는 것이며 혹은 이러한 확신을 누린 후에라도 악성, 죄, 시험, 배반으로 인하여 확신이 약화되고 중단되기도 하나 하나님의 영이 함께 하시고 붙드심으로 결단코 전적 절망에 빠질 수 없게 하신다.(대요리문답 81문)

또 믿음으로 말미암아 거룩함과 위로를 더하셔서 구원에 이르게 하신다.(시 19:7, 119:13, 히 4:12, 살전 1:6, 롬 1:16, 16:25~27, 행 20:32, 느 8:8, 약 1:21, 롬 15:4, 딤후 3:15)

90. 하나님의 말씀을 어떻게 읽고 들어야 효력이 되어 구원을 얻는 방도가 됩니까?

답 하나님의 말씀이 우리로 하여금 구원을 얻게 하는 방도가 되게 하려면 마땅히 부지런함과 예비함과 기도함으로써 생각하며 믿음과 사랑을 우리 마음에 두고 행실에 나타낼 것이다.(잠 8:34, 눅 8:18, 벧전 2:1~2, 시 119:18, 히 4:2, 살후 2:10, 시 119:11, 18, 눅 8:15, 약 1:25, 신 6:6~7, 롬 1:16)

91. 성례가 어떻게 효력이 되어 구원을 얻게 하는 방도가 됩니까?

답 성례가 효력이 되어 구원을 얻게 하는 방도가 되는 것은 성례 자체로 말미암음도 아니요, 베푸는 자의 덕으로 됨이 아니라 다만 그리스도의 축복함으로 되며 또 믿음으로 성례를 받는 자 속에 성령이 역사하심으로 되는 것이다.(벧전 3:21, 행 8:13, 23, 고전 3:7, 6:11, 12:13, 롬 2:28~29)

92. 성례가 무엇입니까?

답 성례는 그리스도께서 세우신 거룩한 예식인데 그리스도와 그 새 언약의 유익을 깨닫는 표로써 표시하여 인쳐 신자들에게 적용하는 것이다.(마 28:19, 26:26~28, 롬 4:11)

93. 신약의 성례는 무엇입니까?

답 신약의 성례는 세례와 성찬이다.(마 28:19, 고전 11:23, 행 10:47~48)

94. 세례가 무엇입니까?

답 세례는 물을 가지고 성부와 성자와 성령의 이름으로 씻는 성례인데 우리가 그리스도에게 접합(接合)됨과 은약(恩約)의 모든 유익에 참여함과 주님의 사람이 되기로 약조함을 표시하여 인치는 것이다.(마 28:19, 갈 3:27, 롬 6:3~4)

95. 세례는 어떠한 사람에게 베풉니까?

답 세례는 불신자들이 그리스도를 믿고 고백하며 그에게 복종하는 데까지 이르러야 베풀 것이요, 또 입교한 자의 자녀에게 베푸는 것이다.(행 2:41, 창 17:7, 10, 갈 3:17~18, 29, 행 2:38~39, 18:8, 고전 7:14)

96. 주의 성찬이 무엇입니까?

답 주의 성찬은 곧 성례이니 그리스도의 정하신 대로 떡과 포도즙을 주며 받는 것으로 그 죽으심을 나타냄이다. 합당하 게 받는 자

Tip 만약 믿음만이 그리스도와 그의 모든 은사에 동참하게 한다면 그러한 믿음은 어디서 시작되는가?
성령이 거룩한 복음을 전함으로써 우리의 마음속에 그것을 지으시고 성례전을 사용하여 그것을 확인한다.(하이델베르그 요리문답 65문)

들은 육체와 정욕으로 참여함이 아니요, 믿음으로써 그의 몸과 피에 참여하여 자기의 신령하게 받은 양육과 은혜 중에서 장성함으로 그의 모든 효험을 받음이다.(마 26:26~27, 고전 11:26, 10:16, 엡 3:17, 행 3:21)

97. 주의 성찬에 합당하게 참여하려면 어떻게 하여야 합니까?

답 주의 성찬에 합당하게 참여하려면 마땅히 주님의 몸을 분별할 줄 아는 것과 주님으로써 양식을 삼는 믿음과 회개와 사랑과 서로 순종함에 대하여 스스로 살필 것이니 합당하지 않게 참여하면 두렵건대 먹고 마시는 것이 정죄함을 자청함이 될 것이다.(고전 11:28~29, 요 6:53~56, 슥 12:10, 요일 4:19, 갈 5:6, 롬 6:4, 17~22, 고전 11:27)

98. 기도가 무엇입니까?

답 기도는 그리스도의 이름으로 우리의 기원을 하나님께 고하고 그의 뜻에 합당한 것을 간구하여 죄를 자복하며 그의 자비하신 모든 은혜를 감사하는 것이다.(요 16:23, 시 62:8, 요일 5:14, 단 9:6, 빌 4:6, 시 10:17, 145:19, 요일 1:9)

99. 하나님께서 우리의 기도를 지시하시려고 주신 법칙이 무엇입니까?

답 하나님의 모든 말씀이 우리의 기도를 지시함에 유용한 것이나 특별히 지시하신 법칙은 그리스도께서 그 제자들에게 가르치신 기도니 보통으로 주기도문이라 하는 것이다.(딤후 3:16~17, 요일 5:14, 마 6:9, 시 119:170, 롬 8:26)

100. 주기도문의 첫 말씀이 우리에게 무엇을 교훈하고 있습니까?

답 주기도문의 첫 말씀은 곧 하늘에 계신 우리 아버지여 한 것이니 이는 자식이 그 능하고 보호하시기를 예비한 아버지에게 가는 것과 같이 우리가 모든 거룩하게 공경하는 뜻과 든든한 마음으로 하나님께 가까이 오는 것을 가르치고 또 우리가 다른 사람으로 더불어 기도하고 다른 사람을 위하여 기도하라 가르친 것이다.(사 64:9, 눅 11:13, 롬 8:15, 엡 6:18, 행 12:5, 슥 8:21, 딤전 2:1~2)

101. 주기도문의 첫 기도에 우리가 무엇을 구해야 합니까?

답 주기도문 첫 기도는 곧 이름을 거룩하게 하옵소서 함인데 하나님께서 자기를 나타내시는 모든 일에 우리와 다른 이로 하여금 능히 그를 영화롭게 하고 또 모든 것을 처리하여 하나님의 영광에 이르게 하옵심을 구하는 것이다.(시 67:1~3, 살후 3:1, 시 145편, 사 64:1~2, 롬 11:36, 계 4:11)

102. 주기도문의 둘째 기도에 우리가 무엇을 구해야 합니까?

답 주기도문의 둘째 기도에 나라이 임하옵소서 함은 사탄의 나라가 멸망하고 은혜의 나라가 흥왕하여 우리와 다른 사람으로 하여

Tip 그리스도의 이름으로 기도할 것이 무엇인가?

그리스도의 이름으로 기도함은 그의 명령에 순종하고 그의 약속을 신뢰하며 그분 때문에 긍휼을 간구하는 것이니 그의 이름을 단순히 언급함으로 되는 것이 아니고, 우리가 기도할 용기와 담력과 힘 그리고 기도가 열납되리라는 소망을 그리스도와 그의 중재로부터 갖게 된다.(대요리문답 181문)

금 그리로 들어가 항상 있게 하시고 또 영광의 나라가 속히 임하게 하옵심을 구하는 것이다.(시 68:1, 살후 3:1, 시 51:18, 67:1~3, 롬 10:1, 계 22:20, 벧후 3:11~13, 마 9:37~38, 요 12:31)

103. 주기도문의 셋째 기도에 우리가 무엇을 구해야 합니까?

답 주기도문의 셋째 기도는 뜻이 하늘에서 이룬 것같이 땅에서도 이루어지이다 함인데 하나님께서 은혜를 베푸시사 우리로 하여금 능히 감심(甘心)으로 범사에 그의 의지를 알고 순종하며 복종하기를 하늘에서 천사들이 행함과 같이 하게 하옵시기를 구하는 것이다.(시 119:34~36, 행 21:14, 시 103:20~22, 마 26:39, 빌 1:9~11)

104. 주기도문의 넷째 기도에 우리가 무엇을 구해야 합니까?

답 주기도문의 넷째 기도는 곧 오늘날 우리에게 일용할 양식을 주옵소서 함인데 하나님의 은사로써 이 세상에서 여러 가지 좋은 것 중에 만족할 부분을 받게 하시며 아울러 그의 축복을 누리게 하옵심을 구하는 것이다.(잠 30:8, 9, 10:22, 딤전 6:6~8)

Tip 세 번째 간구는 무엇인가?

"뜻이 하늘에서 이루어진 것같이 땅에서도 이루어지이다." 즉 우리가 모든 사람이 자기의 의지를 버리고 유일의 신이신 하나님의 뜻에 한 마디의 불평도 없이 복종함으로써 우리 각자가 마치 하늘에서 천사가 자기들의 임무를 수행하듯이 자기의 일과 소명을 통해서 주어진 일을 스스로 그리고 성실하게 할 수 있도록 해주시기를 간구한다.(하이델베르그 요리문답 124문)

105. 주기도문의 다섯째 기도에 우리가 무엇을 구해야 합니까?

답 주기도문의 다섯째 기도는 곧 우리가 우리에게 죄 지은 자를 사하여 준 것같이 우리의 죄를 사하여 주옵소서 함이니 하나님께서 그리스도를 인하여 우리의 모든 죄를 값없이 사하여 주옵소서 함인데 우리가 그의 은혜를 힘입어 능히 진심으로 다른 이의 죄를 사하였은즉 더욱 용감히 간구하는 것이다.(시 51:1, 2, 7, 롬 3:24~25, 눅 11:4, 마 18:35, 14, 6:15, 막 11:25)

106. 주기도문의 여섯째 기도에 우리가 무엇을 구해야 합니까?

답 주기도문의 여섯째 기도는 곧 우리를 시험에 들지 말게 하옵시고 다만 악에서 구원하옵소서 하는 것이니 이는 하나님이 혹 우리를 시험에 들지 아니하게 하시거나 시험을 당할 때에 우리를 보호하여 구원하옵소서 하는 기도이다.(마 26:41, 시 19:13, 고전 10:13, 시 51:10, 12, 요 17:15)

Tip 웨스트민스터 소요리문답서의 배경

웨스트민스터 소요리문답(Westminster Shorter Catechism)은 칼빈주의 신학에 입각하여 당시 영국 국교회(성공회)에 대하여 보다 철저한 개혁을 요구하는 가운데 만들어진 웨스트민스터 표준문서(Westminster Standards) 중 하나이다. 표준문서는 총 다섯 가지로 이루어져 있는데, 신앙고백서(총 33장으로 '신도게요'라고도 함), 대요리문답(총 196문답), 소요리문답(총 107문답), 예배 모범, 교회정치였다.
1643년 7월 1일부터 1649년 2월 22일까지 5년 8개월 동안 151명의 대표들(대부분이 청교도들)이 기도하며 1,163회에 이르는 정규 모임과 수많은 토의를 통해 제정하였다.

107. 주기도문의 마지막 구절이 우리에게 무엇을 교훈하고 있습니까?

답 주기도문의 마지막 말씀은 곧 대개 나라와 권세와 영광이 아버지께 영원히 있사옵나이다 아멘 하는 것이니 이는 우리로 하여금 기도할 때에 하나님만 믿고 또 기도할 때에 그를 찬송하여 나라와 권세와 영광이 아버지께 있다 하라고 가르친 것이다. 또 우리가 우리의 원하는 뜻의 증거와 들으실 줄 아는 표로 아멘 하는 것이다.(단 9:18~19, 대상 29:11~13, 계 22:20~21, 빌 4:6, 고전 14:16)

성경 요리문답 예상문제

1 사람(인생)의 제일 되는 목적이 아닌 것은 무엇입니까? 답 ②

① 하나님을 영화롭게 하는 것

② 잘되고 형통하는 것

③ 영원토록 하나님을 즐거워하는 것

2 하나님을 영화롭게 하고 즐거워할 것을 지시하는 유일한 규칙은 무엇입니까?

답 신구약 성경 즉 하나님 말씀

3 죄가 무엇인지 설명하시오.

답 하나님의 법을 순종함에 부족한 것이나 혹 어기는 것이다.

4 하나님은 어떤 분이십니까?

답 하나님은 신이신데 그의 존재하심과 지혜와 권능과 거룩하심과 공의와 인자하심과 진실하심이 무한하시며 무궁하시며 불변하시다.

5 하나님의 신격에 대하여 설명하시오.

답 하나님의 신격에 삼위가 계시니 성부와 성자와 성령이신데 이 삼위는 한 하나님이시다. 본체는 하나요, 권능과 영광은 동등하시다.

6 하나님을 위하여 사는 것이 무엇인지 말하시오.

답 하나님을 섬기기 위해 살며 우리 자신을 하나님을 위해 바치는 것이다.

7 아래에서 성경이 제일 요긴하게 교훈하는 것 두 가지를 골라 보시오. **답** ①, ③

① 사람이 하나님에 대하여 어떻게 믿을 것인가이다.

② 하나님의 사람에 대한 본분이다.

③ 하나님께서 사람에게 요구하시는 본분이다.

④ 사람이 하나님께 대한 간절한 요구이다.

8 하나님께서 그 뜻대로 하신 영원한 경륜인데 이로 말미암아 자기의 영광을 위하여 모든 되어 가는 일을 미리 작정하신 것을 무엇이라고 합니까? **답** ③

① 설정 ② 설계 ③ 예정 ④ 미정

9 하나님께서 그 예정을 이루시는 방법은 무엇입니까? **답** ③

① 기적으로 하신다. ② 훈계로 하신다.

③ 창조와 섭리로 하신다. ④ 지식으로 하신다.

10 예수 그리스도는 참 구속자가 되시기 위하여 어떠한 두 성품을 갖게 되셨습니까?

답 ① 참 하나님이시며 ② 참 사람이시다.

11 다음에서 그리스도께서 우리의 구속자로 행하신 직분이 아닌 것은 무엇입니까? **답** ③

① 왕 ② 선지자 ③ 랍비 ④ 제사장

12 그리스도의 낮아지심은 무엇입니까?

답 강생하심인데 또한 비참한 지위에 나셔서 율법 아래 복종하시고 금생에 여러 가지 비참함과 하나님의 진노를 받으심과 십자가에서 죽으심과 무덤에 묻히심.

13 다음에서 그리스도의 높아지심이 아닌 것은 무엇입니까? **답** ②

① 부활하심 ② 십자가에서 죽으심 ③ 승천하심 ④ 재림하심

14 그리스도께서 우리의 구속자로 행하신 세가지 직분은 무엇입니까?

답 선지자와 제사장과 왕의 직분을 행하셨다.

15 성령께서 그리스도의 구속을 우리에게 어떻게 적용하셨습니까?

답 ① 우리 안에 믿음을 일으키시고

② 효력 있는 부르심으로 우리를 그리스도와 연합하게 하시는 것이다.

16 신자가 부활할 때에 그리스도에게서 받는 유익이 아닌 것은 무엇입니까? **답** ②

① 심판 날에 밝히 안다 하심을 받음

② 하나님과 같은 영광을 얻음

③ 죄 없다 하심을 받음

④ 하나님을 흡족하게 즐거워하게 됨

17 하나님께서 사람에게 요구하시는 본분은 무엇입니까?

답 그 나타내 보이신 뜻에 복종하는 것

18 십계명의 대 강령이 아닌 것은 무엇입니까? **답** ②

① 하나님을 사랑하라.

② 나는 너를 종 되었던 애굽 땅에서 나오게 한 자로다.

③ 하나님만 섬기라.

④ 이웃을 자기 몸과 같이 사랑하라.

19 범한 죄마다 마땅히 받을 보응은 무엇입니까?

답 이 세상과 오는 세상에서 하나님의 진노와 저주를 받는 것이다.

20 그리스도께서 우리에게 구원의 유익을 전하시려고 나타내시는 보통 방법은 무엇입니까?

답 말씀, 성례, 기도

21 의롭다 하심에 대해서 설명하시오.

답 ① 우리의 모든 죄를 사유하시고

② 하나님 앞에서 우리를 옳게 여겨 받으시는 것이다.

22 신자가 죽을 때 그리스도에게서 무슨 유익을 받습니까?

답 ① 영혼은 즉시 영광스러운 천국에 들어가고

② 몸은 부활할 때까지 무덤에서 쉰다.

23 신자가 부활할 때에는 그리스도에게서 무슨 유익을 받습니까?

답 신자가 부활할 때에는 영광 중 다시 살아남을 입어 심판 날에 밝히 안다 하심과 죄 없다 하심을 받고 완전히 복을 받아 영원토록 하나님을 즐거워하는 것이다.

24 안식일을 어떻게 거룩하게 지킬 수 있습니까?

답 그날 종일을 거룩하게 쉼으로 할 것이니 다른 날에 합당한 여러 가지 세상 일과 오락을 그치고 그 시간을 공적 예배에 사용할 것이요, 그 외에 자선 사업에 사용할 수 있다.

25 성례에 관해서 쓰시오.

답 성례는 그리스도께서 세우신 거룩한 예식인데 그리스도와 그 새 언약의 유익을 깨닫는 표로써 표시하여 인친 신자들에게 적용하는 것이다.

26 세례는 어떤 자에게 누구의 이름으로 주는 것입니까?

답 ① 하나님의 아들이신 예수님을 그리스도로 믿고 영접하는 신앙고백을 한 사람에게

② 성부와 성자와 성령의 이름으로 준다.

27 세례가 무엇인지 쓰시오.

답 물을 가지고 성부와 성자와 성령의 이름으로 씻는 성례인데 그리스도에게 접합됨과 언약의 모든 유익에 참여함과 주님의 사람이 되기를 약조함을 표시하여 인치는 것이다.

28 주의 성찬에 합당하게 참여하려면 옳지 않은 것은 무엇입니까?

답 ④

① 주님의 몸을 분별할 줄 알아야 한다.

② 주님으로써 양식을 삼는 믿음이 있어야 한다.

③ 회개와 사랑과 순종하는 생활을 행해야 한다.

④ 반드시 금식 기도하고 참여해야 한다.

29 예수님께서 우리에게 가르쳐주신 기도는 무엇입니까?

답 주기도문

30 다음에서 그리스도의 낮아지심이 아닌 것은 무엇입니까? **답** ③

① 강생(탄생) ② 율법에 복종

③ 재림 ④ 십자가에서 죽으심

성경 요리문답

31 십계명을 순서대로 요약하여 기록하시오.

답 ① 나 외에는 다른 신들을 네게 두지 말라.

② 우상을 만들지 말며 절하여 섬기지 말라.

③ 하나님의 이름을 망령되게 부르지 말라.

④ 안식일을 기억하여 거룩히 지키라.

⑤ 네 부모를 공경하라.

⑥ 살인하지 말라.

⑦ 간음하지 말라.

⑧ 도둑질하지 말라.

⑨ 네 이웃에 대하여 거짓 증거하지 말라.

⑩ 네 이웃의 집을 탐내지 말라.

04

교회 정치

교회 정치에 대한 기본적인 이해

교회는 하나님께서 이 땅에 세우신 가장 거룩한 기관이다. 이러한 교회가 성경적인 정신과 교단의 정신을 유지하고 부흥, 성장하기 위하여 정치가 필요하다. 세상에서 말하는 부정적인 의미의 정치가 아니라 하나님께서 교회를 세우신 목적에 합당한 정치를 해야 한다.

본 교단의 헌법에서 말하는 것처럼 장로회 정치는 "지교회 교인들이 장로를 선택하여 당회를 조직하고 그 당회로 치리권을 행사하게 하는, 주권이 교인에게 있는 민주적인 정치"이다. 또한 이 제도는 성경적인 제도이다.

교회 정치(헌법) 전문(全文)

총론

주후 1517년 신구 2대 분파로 나누어진 기독교는 다시 수다한 교파를 이룩하여 각각 자기들의 신경, 의식, 규칙, 정치 제도가 있어서 그 교훈과 지도하는 것이 다른 바 이를 다음과 같이 구분한다.

1. 교황 정치……이 정치는 주로 로마 가톨릭교와 희랍 정교의 정치인 바 교황 전제로 산하 전 교회를 관리하는 정치이다.
2. 감독 정치……이 정치는 감독이 교회를 주관하는 정치인 바 감독 교회와 감리 교회에서 쓰고 있는 정치이다.
3. 자유 정치……이 정치는 다른 회의 관할과 치리를 받지 아니하고 각개 지교회가 자유로 행정(行政)하는 정치이다.
4. 조합 정치……조합 정치는 자유 정치와 방불하나 다만 각 지교회의 대표로서 조직된 연합회가 있어 피차 유익한 문제를 의논하나 그러나 산하 교회에 명령하거나 주관하는 권한은 없고 모든 치리하는 일과 권징과 예식과 도리 해석을 각 교회가 자유로 하는 정치이다.
5. 장로회 정치……이 정치는 지교회 교인들이 장로를 선택하여 당회를 조직하고 그 당회로 치리권을 행사하게 하는 주권이 교인들에게 있는 민주적 정치이다. 당회는 치리 장로와 목사인 강도 장로의 두 반으로 조직되어 지교회를 주관하고, 그 상회로서 노회 대회 및 총회 이같이 3심제의 치리회가 있다. 이런 정책은 모

세(출 30:16, 18:25, 민 11:16)와 사도(행 14:23, 18:4, 딛 1:5, 벧전 5:1, 약 5:14) 때에 일찍 있던 성경적 제도요, 교회 역사로 보더라도 가장 오랜 역사와 항상 우위를 자랑하는 교회는 이 장로회 정치를 채용한 교회들이며, 또한 이 장로회 정치는 다 웨스트민스터 헌법을 기본으로 한 것인 바, 이 웨스트민스터 헌법은 영국 정부의 주관으로 120명의 목사와 30명의 장로들이 1643년에 런던 웨스트민스터 예배당에 모여서 이 장로회 헌법을 초안하고 영국 각 노회와 대회에 수의 가결한 연후에 총회가 완전히 교회 헌법으로 채용 공포한 것이다.

본 대한예수교장로회 교회의 헌법도 1912년 총회가 조직되고, 1917년 제6회 총회 때 본 총회의 헌법을 제정할 때에 이 웨스트민스터 헌법을 기초로 해서 수정 편성한 것이다.

제1장 원리(原理)

예수교 장로회 정치의 일정한 원리 8개조가 있으니 이것을 이해하여야 교회의 성질을 알 것이다.

제1조 양심 자유

양심의 주재는 하나님뿐이시라, 그가 양심의 자유를 주사 신앙과 예배에 대하여 성경에 위반되거나 과분(過分)한 교훈과 명령을 받지 않게 하셨나니 그러므로 일반 인류(人類)는 종교에 관계되는 모든 사건에 대하여 속박을 받지 않고, 각기 양심대로 판단할 권리가 있은즉 누구든지 이 권리를 침해(侵害)하지 못한다.

제2조 교회 자유

1. 전조(前條)에 설명한 바 개인 자유의 일례(一例)로 어느 교파 어느 교회든지 각기 교인의 입회 규칙과 입교인 및 직원의 자격과 교회 정치의 일체(一切) 조직을 예수 그리스도의 정하신 대로 설정(設定)할 자유권이 있다.
2. 교회는 국가의 세력을 의지하지 아니하고 오직 국가에서 각 종교의 종교적 기관을 안전 보장하며 동일시(同一視)함을 바라는 것 뿐이다.

제3조 교회의 직원과 그 책임

교회의 머리 되신 주 예수 그리스도께서 그 지체된 교회에 덕을 세우기 위하여 직원을 설치(設置)하사 다만 복음을 전파하며 성례를 시행하게 하실 뿐 아니라, 신도로 진리와 본분을 준수하도록 관리(管理)하게 하신 것이라. 이러므로 교우 중에 거짓 도리를 신앙하는 자와 행위가 악한 자가 있으면 교회를 대표한 직원과 치리회가 당연히 책망하거나 출교할 것이라. 그러나 항상 성경에 교훈한 법례(法例)대로 행한다.

제4조 진리와 행위의 관계

진리는 선행의 기초라 진리가 진리 되는 증거는 사람으로 성결하게 하는 경향(傾向)에 있으니 주 말씀하시되 "과실로 그 나무를 안다." 하심과 같으니 진리와 허위(虛僞)가 동일(同一)하며 사람의 신앙이 어떠하든지 관계없다 하는 이 말보다 더 패리(悖理)하고 더 해로운 것은 없다.

신앙과 행위는 연락하고 진리와 본분은 서로 결탁(結託)되어 나누지 못할 것이니 그렇지 아니하면 진리를 연구하거나 선택할 필요가 없다.

제5조 직원의 자격

제4조의 원리에 의지하여 교회가 당연히 직원을 선정하되 교회의 도리를 완전히 신복(信服)하는 자로 선택하도록 규칙을 제정(制定)할 것이다. 그러나 성격(性格)과 주의(主義)가 다 같이 선한 자라도 진리와 교규(教規)에 대한 의견(意見)이 불합할 수 있다. 이런 경우에는 일반 교우와 교회가 서로 용납하여야 한다.

제6조 직원 선거권

교회 직원의 성격과 자격과 권한과 선거와 위임하는 규례는 성경에 기록되었으니 어느 회에서든지 그 직원을 선정하는 권한은 그 회에 있다.

제7조 치리권

치리권은 치리회로나 그 택해 세운 대표자로 행사함을 묻지 않고 하나님의 명령대로 준봉 전달(遵奉傳達)하는 것뿐이다. 대개 성경은 신앙과 행위에 대한 유일한 법칙인즉, 어느 교파의 치리회든지 회원의 양심을 속박할 규칙을 자의(自意)로 제정할 권리가 없고 오직 하나님의 계시하신 뜻에 기인(基因)한다.

제8조 권징

교회가 이상(以上) 각 조의 원리를 힘써 지키면 교회의 영광과 복을 증진(增進)할 것이니 교회의 권징은 도덕상과 신령상의 것이요, 국법상의 시벌(施罰)이 아닌즉, 그 효력(效力)은 정치의 공정(公正)과 모든 사람의 공인(公認)과 만국 교회의 머리 되신 구주의 권고와 은총에 있다.

제2장 교회

제1조 교회 설립(設立)

하나님이 만국 중에서 대중(大衆)을 택하사 저희로 영원토록 무한하신 은혜와 지혜를 나타내게 하시나니 저희는 생존(生存)하신 하나님의 교회요, 예수의 몸이요, 성령의 전(殿)이라. 전과 지금과 이후에 만국의 성도니 그 명칭은 거룩한 공회라 한다.

제2조 교회의 구별(區別)

교회에 두 가지 구별이 있으니 유형(有形)한 교회와 무형(無形)한 교회라. 무형한 교회의 교인은 하나님만 아시고 유형한 교회는 온 세계에 흩어져 있는 교회니 그 교인은 그리스도인이라 칭하고 성부, 성자, 성령 삼위일체 되신 하나님을 공경하는 자이다.

제3조 교회 집회(集會)

대중이 한 곳에만 회집하여 교제하며 하나님을 경배할 수 없으니 각처에 지교회를 설립하고 회집하는 것이 사리(事理)에 합당하고 성경에 기록한 모범에도 그릇됨이 없다(갈 1:22, 계 1:4, 20).

제4조 각 지교회(支敎會)

예수를 믿는다고 공언(公言)하는 자들과 그 자녀들이 일정한 장소에서 그 원대로 합심하여 하나님을 경배하며 성결하게 생활하고, 예수의 나라를 확장하기 위하여 성경에 교훈한 모범대로 연합하여 교회 헌법에 복종하며, 시간을 정하여 공동 예배로 회집하면 이를 지교회라 한다(행 2:47).

제3장 교회 직원

제1조 교회 창설(創設) 직원

우리 주 예수께서 최초에 이적을 행할 권능이 있는 자로(마 10:8) 자기의 교회를 각 나라 중에서 선발(選拔)하사(시 2:8, 계 7:9) 한 몸(고전 10:17)이 되게 하셨다.

제2조 교회의 항존직(恒存職)

교회에 항존(恒存)할 직원은 다음과 같으니 장로(감독) (행 20:17, 28, 딤전 3:7)와 집사요, 장로는 두 반이 있으니

1. 강도(講道)와 치리를 겸한 자를 목사라 일컫고
2. 치리만 하는 자를 장로라 일컫나니 이는 교인의 대표자이다.
3. 항존직의 시무 연한은 만 70세로 한다.

제3조 교회의 임시 직원

교회 사정에 의하여 다음과 같은 직원을 안수(按手) 없이 임시로 설치(設置)한다. 단 교회의 모든 임시직의 설치 연한은 70세까지로 한다.

교회 정치

1. 전도사

남녀 전도사를 당회의 추천으로 노회가 고시하여 자격을 인가하면 유급 교역자로 당회나 목사의 관리하는 지교회 시무를 방조하게 한다.

1) 권한 : 남 전도사가 그 당회의 회원은 되지 못하나 특별한 이유가 있으면 언권 방청이 되고 미조직 교회에서는 당회장의 허락으로 제직회 임시 회장이 될 수 있다.

2) 자격 : 신학생과 신학 졸업자로 노회가 고시 인가하되 특별한 경우에는 이 한도에서 벗어난다. 단, 다른 노회에서 전도사 고시 받은 자와 총회 신학교를 졸업한 자는 필답 고사를 면제한다.

2. 전도인

남녀 전도인은 유급 사역자로 불신자에게 전도하는 자니 그 사업 상황을 파송한 기관에 보고하고, 다른 지방에서 전도에 착수할 때는 그 구역 감독 기관에 협의하여 보고한다.

3. 권사(勸師)

1) 권사의 직무와 권한 : 권사는 당회의 지도 아래 교인을 방문하되 병환자와 환난을 당하는 자와 특히 믿음이 연약한 교인들을 돌보아 권면하는 자로 제직회 회원이 된다.

2) 권사의 자격과 선거와 임기

① 자격 : 여신도 중 만 45세 이상 된 입교인으로 행위가 성경에 적합하고 교인의 모범이 되며 본 교회에서 충성되게 봉사하는 자.

② 선거 : 공동의회에서 투표수 3분의 2 이상의 찬성을 얻어야

한다.(단, 당회가 공동의회에 그 후보를 추천할 수 있다.)

③ 임기 : 권사는 안수 없는 종신 직원으로서 정년(만 70세) 때까지 시무할 수 있다.(단, 은퇴 후에는 은퇴 권사가 된다.)

3) 무임 권사 : 타 교회에서 이명 와서 아직 취임을 받지 못한 권사다.(단, 만 70세 미만자는 공동의회에서 권사로 피선되면 취임식을 행하여 시무 권사가 될 수 있다.)

4) 은퇴 권사 : 권사가 연로하여 퇴임한 권사이다.

5 명예 권사 : 당회가 다년간 교회에 봉사한 여신도 중에 60세 이상 된 입교인으로 행위가 성경에 적합하고 모범 된 자를 임명할 수 있다.

교회 정치

4. 남녀 서리 집사

교회 혹은 목사나 당회가 신실한 남녀로 선정하여 집사 직무를 하게 하는 자니 그 임기는 1개년이다.

제4조 준직원(準職員)

강도사와 목사 후보생은 준직원이다.

1. 강도사는 당회의 추천에 의하여 총회의 고시로 노회에서 강도할 인허를 받고 그 지도대로 일하되 교회 치리권은 없다.
2. 목사 후보생은 목사직을 희망하는 자로 노회에서 자격 심사를 받고 그 지도대로 신학에 관한 학과로써 수양을 받는 자이다.
3. 강도사와 목사 후보생은 개인으로는 그 당회 관리 아래 있고 직무상으로는 노회 관리 아래 있다.

제4장 목사

제1조 목사의 의의(意義)

목사는 노회의 안수로 임직(任職)함을 받아 그리스도의 복음을 전파하고 성례를 거행하며 교회를 치리하는 자니 교회의 가장 중요하고 유익한 직분이다(롬 11:13). 성경에 이 직분 맡은 자에 대한 칭호가 많아 그 칭호로 모든 책임을 나타낸다.

1. 양의 무리를 감시하는 자이므로 목자라 하며(렘 3:15, 벧전 5:2~4, 딤전 3:1),
2. 교회 안에서 그리스도를 봉사하는 자이므로 그리스도의 종이라, 그리스도의 사역자라 하며 또 신약의 집사라 하며(빌 1:1, 고전 4:1, 고후 3:6),
3. 엄숙하고 지혜롭게 하여 모든 사람의 모범이 되고, 그리스도의 집과 그 나라를 근실히 치리하는 자이므로 장로라 하며(벧전 5:1~3),
4. 하나님의 보내신 사자이므로 교회의 사자라 하며(계 2:1),
5. 하나님의 거룩한 뜻을 죄인에게 전파하며 그리스도로 말미암아 하나님과 화목하라 권하는 자이므로 그리스도의 사신이라 혹은 복음의 사신이라 하며(고후 5:20, 엡 6:20),
6. 정직한 교훈으로 권면하며 거역하는 자를 책망하여 각성(覺醒)하게 하는 자이므로 교사라 하며(딛 1:9, 딤전 2:7, 딤후 1:11),
7. 죄로 침륜할 자에게 구원의 복된 소식을 전하는 자이므로 전도인이라 하며(딤후 4:5),
8. 하나님의 광대하신 은혜와 그리스도의 설립하신 율례(律例)를 시

행하는 자이므로 하나님의 오묘한 도를 맡은 청지기라 한다(눅 12:42, 고전 4:1~2). 이는 계급을 가리켜 칭함이 아니요, 다만 각양 책임을 가리켜 칭하는 것뿐이다.

제2조 목사의 자격

목사 될 자는 총신대학교 신학대학원을 졸업하고 학식이 풍부하며 행실이 선량하고 신앙이 진실하며 교수에 능한 자가 할지니 모든 행위가 복음에 적합하여 범사에 존절함과 성결함을 나타낼 것이요, 자기 가정을 잘 다스리며 외인(外人)에게서도 칭찬을 받는 자로 연령은 만 30세 이상 자로 한다. 단, 군목과 선교사는 만 27세 이상 자로 한다.(딤전 3:1~7)

제3조 목사의 직무

하나님께서 모든 목사 되는 자에게 각각 다른 은혜를 주사 상당한 사역을 하게 하시니 교회는 저희 재능대로 목사나 교사나 그 밖의 다른 직무를 맡길 수 있다(엡 4:11).

1. 목사가 지교회를 관리할 때는 양무리 된 교인을 위하여 기도하며, 하나님 말씀으로 교훈하고 강도하며, 찬송하는 일과 성례를 거행할 것이요, 하나님을 대리하여 축복하고 어린이와 청년을 교육하며 고시하고 교우를 심방하며 궁핍한 자와 병자와 환난 당한 자를 위로하고 장로와 합력(合力)하여 치리권을 행사한다.
2. 목사가 종교상 도리와 본분을 교훈하는 직무를 받을 때는 목자같이 돌아보며 구원하기 위하여 각 사람의 마음 가운데 성경의 씨를 뿌리고 결실되도록 힘쓴다.

3. 선교사로 외국에 선교할 때에는 성례를 거행하며 교회를 설립하고 조직할 권한이 있다.
4. 목사가 기독교 신문이나 서적에 관한 사무를 시무하는 경우에는 교회에 덕의(德義)를 세우고 복음을 전하는 데 유익하도록 힘써야 한다.
5. 기독교 교육 지도자로 목사나 노회가 지교회나 교회에 관계되는 기독교 교육 기관에서 청빙을 받으면 교육하는 일로 시무할 수 있다.
6. 강도사가 위에 2, 4, 5항의 직무를 당할 때 노회의 고시를 받고 지교회 목사가 될 자격까지 충분한 줄로 인정하면서 목사로 임직할 수 있다.

제4조 목사의 칭호

목사가 그 담임한 시무와 형편으로 인하여 다음과 같은 칭호가 있다.

1. 위임 목사

한 지교회나 1구역(4지교회까지 좋으나 그 중 조직된 교회가 하나 이상 됨을 요함)의 청빙으로 노회의 위임을 받은 목사니 특별한 이유가 없으면 그 담임한 교회를 만 70세까지 시무한다. 위임 목사가 본 교회를 떠나 1년 이상 결근하게 되면 자동적으로 그 위임이 해제된다.

2. 시무 목사

조직교회 시무 목사는 공동의회에서 출석 교인 3분의 2이상의 가결로 청빙을 받으나 그 시무 기간은 1년간이요, 조직 교회에서는 위임 목사를 청함이 원칙이나 부득이한 형편이면 다시 공동의회에서 3분의 2의 가결로 계속 시무를 청원하면 1년간 더 허락할 수 있다.

단, 미조직 교회에서 시무 목사 시무 기간은 3년이요, 연기를 청원할 때에는 당회장이 노회에 더 청원할 수 있다.

3. 부목사

부목사는 위임 목사를 보좌하는 임시 목사니 당회의 결의로 청빙하되 계속 시무하게 하려면 매년 당회장이 노회에 청원하여 승낙을 받는다.

4. 원로 목사

동일(同一)한 교회에서 20년 이상 시무한 목사가 연로(年老)하여 노회에 시무 사면을 제출하려 할 때에 본 교회에서 명예적 관계를 보존하고자 하면 공동의회를 소집하고 생활비를 작정하여 원로 목사로 투표하여 과반수로 결정한 후 노회에 청원하면 노회의 결정으로 원로 목사의 명예직을 준다. 단, 정년이 지나면 노회의 언권만 있다.

5. 무임 목사

담임한 시무가 없는 목사니 노회에서 언권이 있으나 가부권은 없다.

6. 전도 목사

교회 없는 지방에 파견되어 교회를 설립하고 노회의 결의로 그 설립한 교회를 조직하며 성례를 행하고 교회의 부흥 인도도 한다. 단, 노회의 언권은 있으나 결의권은 없다.

7. 교단 기관 목사

노회의 허락을 받아 총회나 노회 및 교회 관계 기관에서 행정과 신문과 서적 및 복음 사역에 종사하는 목사이다.

8. 종군 목사

노회에서 안수를 받고 배속된 군인 교회에서 목회와 전도를 하며 성례를 행한다.

9. 교육 목사

노회의 허락을 받아 교육 기관에서 성경과 기독교 교리를 교수하는 목사이다.

10. 선교사

다른 민족을 위하여 외지에 파송을 받은 목사이다.

11. 은퇴 목사

목사가 연로하여 시무를 사면한 목사로 한다.

제5장 치리 장로

제1조 장로직의 기원

율법 시대에 교회를 관리하는 장로가 있음과 같이 복음 시대에도 목사와 협력하여 교회를 치리하는 자를 세웠으니 곧 치리 장로이다.

제2조 장로의 권한

강도와 교훈은 그의 전무 책임은 아니나 각 치리회에서는 목사와 같은 권한으로 각 항 사무를 처리한다(딤전 5:17, 롬 12:7~8).

제3조 장로의 자격

만 35세 이상 된 남자 중 입교인으로 흠 없이 5년을 경과하고 상당한 식견과 통솔력이 있으며 디모데전서 3장 1~7절에 해당한 자로 한다.

제4조 장로의 직무

1. 교회의 신령적 관계를 총찰한다.
   치리 장로는 교인의 택함을 받고 교인의 대표자로 목사와 협동하여 행정과 권징을 관리하며, 지교회 혹은 전국 교회의 신령적 관계를 총찰한다.
2. 도리 오해(道理誤解)나 도덕상 부패를 방지한다.
   주께 부탁 받은 양무리가 도리 오해나 도덕상 부패에 이르지 않기 위하여 당회로나 개인으로 선히 권면하되 회개하지 아니하는 자가 있을 때에는 당회에 보고한다.
3. 교우를 심방하되 위로, 교훈, 간호한다.
   교우를 심방하되 특별히 병자와 조상자(遭喪者)를 위로하며 무식한 자와 어린아이들을 가르치며 간호할 것이니 평신도보다 장로는 신분(身分)상 의무와 직무(職務)상 책임이 더욱 중하다.
4. 교인의 신앙을 살피고 위하여 기도한다.

교회 정치

장로는 교인과 함께 기도하며, 위하여 기도하고 교인 중에 강도의 결과를 찾아본다.

5. 특별히 심방할 자를 목사에게 보고한다.
   병환자와 슬픔을 당한 자와 회개하는 자와 특별히 구조 받아야 할 자가 있는 때에는 목사에게 보고한다.

제5조 원로 장로

동일한 교회에서 20년 이상 시무하던 장로가 연로하여 시무를 사임할 때 그 교회가 그의 명예를 보존하기 위하여 공동의회의 결의로 원로 장로로 추대할 수 있다. 단, 당회의 언권 회원이 된다.

제6조 은퇴 장로

연로하여 퇴임한 장로이다.

제7조 협동 장로

무임 장로 중에서 당회 의결로 협동 장로로 선임하고 당회의 언권 회원이 된다.

제6장 집사(執事)

제1조 집사직(職)

집사직은 목사와 장로직과 구별되는 직분이니 무흠한 남교인으로 그 지교회 교인들의 택함을 받고 목사에게 안수(按手) 임직을 받는 교회 항존(恒存)직이다.

제2조 집사의 자격

집사는 선한 명예와 진실한 믿음과 지혜와 분별력이 있어 존숭(尊崇)을 받고 행위가 복음에 합당하며, 그 생활이 다른 사람의 모범이 될 만한 자 중에서 선택한다. 봉사적 의무는 일반 신자의 마땅히 행할 본분(本分)인즉 집사 된 자는 더욱 그러하다(딤전 3:8~13).

제3조 집사의 직무

집사의 직무는 목사 장로와 합력(合力)하여 빈핍 곤궁한 자를 권고하며 환자와 갇힌 자와 과부와 고아와 모든 환난당한 자를 위문하되 당회 감독 아래서 행하며 교회에서 수금한 구제비와 일반 재정을 수납 지출(收納支出)한다(행 6:1~3).

제4조 집사의 칭호

1. 시무 집사 : 본 교회에서 임직 혹은 취임 받아 취임하고 있는 집사
2. 휴직 집사 : 본 교회에서 집사로 시무하다가 휴직 중에 있거나 혹은 사임된 자
3. 은퇴 집사 : 연로하여 은퇴한 집사
4. 무임 집사 : 타 교회에서 이명 와서 아직 취임을 받지 못한 집사이니, 만 70세 미만인 자는 서리 집사직을 맡을 수 있고, 본 교회에 전입하여 만 2년이 경과하고, 공동의회에서 집사로 피선되면 취임식만 행하고 안수 없이 시무 집사가 된다.

제7장 교회 예배 의식(儀式)

교회는 마땅히 교회의 머리 되신 그리스도의 설립하신 예배 의식을 준수(遵守)할지니 그 예식은 아래와 같다.

1. 기도(행 6:4, 딤전 2:1)
2. 찬송(골 3:16, 4:6, 시 9:11, 엡 5:19)
3. 성경 낭독(행 15:21, 눅 4:16~17)
4. 성경 해석과 강도(딛 1:9, 행 9:20, 10:4, 눅 24:47, 딤후 4:2)
5. 세례(마 28:19~20, 막 16:15~16)
6. 성찬(고전 11:23, 28)
7. 금식과 감사(눅 5:35, 빌 4:6, 딤전 2:1, 시 50:14, 95:2)
8. 성경 문답(딤후 3:14, 17)
9. 헌금(행 11:27, 30, 고전 16:1~14, 갈 2:10, 6:6)
10. 권징(勸懲) (히 13:17, 살전 5:12~13, 고전 5:4~5, 딤전 1:20, 5:12)
11. 축복(고후 13:13, 엡 1:2)

제8장 교회 정치와 치리회

제1조 정치의 필요

교회를 치리함에는 명백한 정치와 조직이 있어야 한다(고전 14:40). 정당한 사리(事理)와 성경 교훈과 사도 시대 교회의 행사(行事)에 의지한즉 교회 치리권은 개인에게 있지 않고 당회, 노회, 대회, 총회 같은 치리회에 있다(행 15:6).

제2조 치리회의 성질과 관할

교회 각 치리회에 등급(等級)은 있으나 각 회 회원은 목사와 장로뿐이므로 각 회가 다 노회적 성질이 있으며, 같은 자격으로 조직한 것이므로 같은 권리가 있으나 그 치리의 범위는 교회 헌법에 규정하였다.

1. 교회의 교리와 정치에 대하여 쟁론(爭論) 사건이 발생하면 성경 교훈대로 교회의 성결과 화평을 성취하기 위하여 순서에 따라 상회에 상소함이 가하며, 각 치리회는 각 사건을 적법(適法)하게 처리하기 위하여 관할 범위를 정할 것이요, 각 회(各 會)는 고유한 특권이 있으나 순서대로 상회의 검사와 관할을 받는다.
2. 각 치리회는 각립(各立)한 개체가 아니요 서로 연합한 것이니 어떤 회에서 어떤 일을 처결하든지 그 결정은 법대로 대표된 치리회로 행사하게 하는 것인즉 전국 교회의 결정이 된다.

제3조 치리회의 회집

당회와 노회는 매년 1회 이상, 대회와 총회는 매년 1회 회집하되 기도로 개회와 폐회한다.

제4조 치리회의 권한

교회 각 치리회는 국법상 시벌(施罰)을 과(科)하는 권한이 없고(눅 12:2~14, 요 18:36) 오직 도덕과 신령상 사건에 대하여 교인으로 그리스도의 법을 순종하게 하는 것뿐이다(행 15:1, 32). 만일 불복하거나 불법한 자가 있으면 교인의 특권을 향유(享有)하지 못하게 하며, 성경의 권위를 보장하기 위하여 증거를 수합(收合)하여 시벌하며, 교회 정치와 규례(規例)를 범한 자를 소환하여 심사하기도 하며, 관할 아래에 있는 교인을 소환하여 증거를 제출하게 할 수도 있으니 가장 중한 벌은 교리에 패역한 자와 회개하지 아니한 자를 교인 중에서 출교할 뿐이다(마 18:15~17, 고전 5:4~5).

제9장 당회

제1조 당회의 조직

당회는 지교회 목사와 치리 장로로 조직하되 세례 교인 25인 이상을 요하고(행 14:23, 딛 1:5) 장로의 증원도 이에 준한다.

제2조 당회의 성수

당회에 장로 2인이 있으면 장로 1인과 목사의 출석으로 성수가 되고, 장로 3인 이상이 있으면 장로 과반수와 목사 1인이 출석하여야 성수가 된다. 장로 1인만 있는 경우에도 모든 당회 일을 행하되 그 장로 치리 문제나 다른 사건에 있어 장로가 반대할 때에는 노회에 보고하여 처리한다.

제3조 당회장

당회장은 그 지교회 담임 목사가 될 것이나 특별한 경우에는 당회의 결의로 본 교회 목사가 그 노회에 속한 목사 1인을 청하여 대리 회장이 되게 할 수 있으며 본 교회 목사가 신병이 있거나 출타한 때에도 그러하다.

제4조 당회 임시 회장

당회장은 목사가 되는 것이므로 어떤 교회에서든지 목사가 없으면 그 교회에서 목사를 청빙할 때까지 노회가 당회장 될 사람을 파송할 것이요, 노회의 파송이 없는 경우에는 그 당회가 회집할 때마다 임시 당회장 될 목사를 청할 수 있으나 부득이한 경우에는 당회장 될 목사가 없을지라도 재판 사건과 중대 사건 외에는 당회가 사무를 처리할 수 있다.

제5조 당회의 직무

1. 교인의 신앙과 행위를 총찰

당회의 직무는 신령상 모든 사무를 처리하는 것이니(히 13:17) 교인의 지식과 신앙상 행위를 총찰한다.

2. 교인의 입회와 퇴회

학습과 입교할 자를 고시하며 입교인 된 부모를 권하여 그 어린 자녀로 세례를 받게 하며, 유아 세례 받은 자를 고시하여 성찬에 참여하게 하며 주소 변경한 교인에게는 이명 증서(학습, 입교, 세례, 유아 세례)를 접수 또는 교부(交附)하며 제명도 한다.

3. 예배와 성례 거행

목사가 없을 때에는 노회의 지도로 다른 목사를 청하여 강도하게 하며 성례를 시행한다.

4. 장로와 집사 임직

장로나 집사를 선택하여 반 년 이상 교양하고 장로는 노회의 승인과 고시한 후에 임직하며 집사는 당회가 고시한 후에 임직한다.

5. 각 항 헌금 수집하는 일을 주장

각 항 헌금 수집할 날짜와 방침을 작정한다.

6. 권징하는 일

본 교회 중 범죄자와 증인을 소환 심사하며 필요한 경우에는 본 교회 회원이 아닌 자라도 증인으로 소환 심문할 수 있고 범죄한 증거가 명백한 때에는 권계(勸誡), 견책(譴責), 수찬 정지(受餐停止), 제명(除名), 출교(黜敎)를 하며 회개하는 자를 해벌한다(살전 5:12~13, 살후 3:6, 14~15, 고전 11:27~30).

7. 신령적 유익을 도모하며 각 기관을 감독

당회는 교회의 신령적 유익을 도모하며, 교인을 심방하고 성경 가르치는 일과 주일학교를 주관하며, 전도회와 면려회와 각 기관을 감독한다.

8. 노회에 총대를 파송하며 청원과 보고

노회에 파송할 총대 장로를 선정하며 청원을 제출하며 교회 정황을 노회에 보고한다.

제6조 당회의 권한

당회는 예배 모범에 의지하여 예배 의식을 전관하되 모든 회집 시간과 처소를 작정할 것이요, 교회에 속한 토지 가옥에 관한 일도 장리(掌理)한다.

제7조 당회 회집

당회는 1년 1회 이상을 정기회로 회집하며, 본 교회 목사가 필요한 줄로 인정할 때와 장로 반수(半數) 이상이 청구할 때와 상회가 회집을 명할 때에도 소집하되, 만일 목사가 없는 경우에는 필요에 응하여 장로 과반수(過半數)가 소집할 수 있다.

제8조 당회 회록

당회록에는 결의 사항을 명백히 기록하고 회록과 재판 회록은 1년 1차씩 노회 검사를 받는다.

제9조 각종 명부록

당회는 아래와 같은 명부록을 비치(備置)한다.

1. 학습인 명부(학습 년 월 일 기입)
2. 입교인 명부(입교 년 월 일 기입)
3. 책벌 및 해벌인 명부(책벌, 해벌 년 월 일 기입)
4. 별 명부(1년 이상 실종된 교인)
5. 별세인 명부(별세 년 월 일 기입)
6. 이전인 명부(이명서 접수 및 발송 년 월 일 기입)
7. 혼인 명부(성혼 년 월 일 기입)
8. 유아 세례 명부(세례 및 성찬 허락 년 월 일 기입)

   성명은 호적대로 기록하되 여자와 아이는 친족의 성명도 기입한다.

제10조 연합 당회

도시에 당회가 2개 이상 있으면 교회 공동 사업의 편리를 위하여 연합 당회를 조직할 수 있나니, 그 회원은 각 당회원으로 하며 본회는 치리권은 없으나 협동 사무, 기타(其他) 교회 유익을 서로 도모할 수 있다.

제10장 노회

제1조 노회의 요의(要義)

그리스도의 몸 된 교회가 나뉘어 여러 지교회가 되었으니(행 6:1~6, 9:31, 21:20) 서로 협의하며 도와 교회 도리의 순전을 보전하며, 권징을 동일하게 하며, 신앙상 지식과 바른 도리를 합심하여 발휘(發揮)하며, 배도(背道)함과 부도덕(不道德)을 금지할 것이요, 이를 성취하려면 노회와 같은 상회(上會)가 있는 것이 긴요하다(사도 시대 노회와 같은 회가 있었나니 교회가 분산한 후에 다수의 지교회가 있던 것은 모든 성경에 확연하다.) (행 6:5~6, 9:31, 21:20, 행 2:41~47, 4:4). 이런 각 교회가 한 노회 아래 속하였고(행 15:2~4, 6:11, 23~30, 21:17~18) 에베소 교회 외에도 많은 지교회가 있고 노회가 있는 증거가 있다(행 19:18, 20). (비교. 고전 16:8, 9, 19, 행 18:19, 24~26, 20:17~18, 25~31, 36~37, 계 2:1~6).

제2조 노회 조직

노회는 일정한 지방 안에 모든 목사와 각 당회에서 총대로 세례 교인 200명 미만이면 1인, 200명 이상 500명 미만이면 2인, 500명 이상 1000명 미만은 3인, 1000명 이상은 4명씩 파송하는 장로로 조직한다. 단, 21당회 이상을 요한다.

제3조 회원 자격

지교회 시무 목사와 정년 이전의 원로 목사와 총회나 노회가 파송한 기관 사무를 위임한 목사는 회원권을 구비하고, 그 밖의 목사는 언권 회원이 되며 총대권은 없다.

제4조 총대

총대 장로는 서기가 천서를 접수 호명한 후부터 회원권이 있다.

제5조 노회의 성수

노회가 예정한 장소와 날짜에 본 노회에 속한 정회원 되는 목사와 총대 장로 각 3인 이상이 회집하면 개회할 성수가 되나니 노회의 일체 사무를 처리할 수 있다.

제6조 노회의 직무

1. 노회는 그 구역에 있는 당회와 지교회와 목사와 강도사와 전도사와 목사 후보생과 미조직 교회를 총찰한다.
2. 노회는 각 당회에서 규칙대로 제출하는 헌의와 청원과 상소 및 소원과 고소와 문의와 위탁 판결을 접수하여 처리하며, 재판건은 노회의 결의대로 권징 조례에 의하여 재판국에 위임 처리하게 할 수 있다(고전 6:1, 8, 딤전 5:19). 상소건 등은 접수하여 상회에 보낸다.
3. 목사 후보생을 고시하여 받고 그 교육, 이명, 권징하는 것과 강도사를 인허하고 이명, 권징, 면직을 관리하며 지교회의 장로 선거를 승인하며 피택 장로를 고시하여 임직을 허락하고 전도사를 고시하여 인가하며 목사 지원자의 고시, 임직, 위임, 해임, 전임, 이명, 권징을 관리하며(딤전 4:14, 행 13:2~3) 당회록과 재판 회록을 검열하여 처리 사건에 찬부(贊否)를 표하며 도리와 권징에 관한 합당한 문의를 해석한다(행 15:10, 갈 2:2~5).
4. 교회의 신성과 화평을 방해하는 언행을 방지하며(행 15:22, 24) 교

회 실정과 폐해(弊害)를 감시하고 교정(矯正)하기 위하여 각 지교회를 시찰한다(행 20:17, 30, 6:2, 15:30).

5. 지교회를 설립, 분립, 합병, 폐지 및 당회를 조직하는 것과 지교회와 미조직 교회의 목사의 청빙과 전도와 학교와 재정 일체 사항의 처리 방침을 지도 방조한다.
6. 본 노회의 청원과 헌의를 상회에 올려 보내며 상회에서 내려 보내는 공한(公翰)을 접수하여 그 지휘를 봉행하며, 교회 일을 질서있게 처리하며(고전 14:33, 40), 전도 사업을 직접 경영함과 상회 총대를 선정 파송함과 범사(凡事)에 관한 각 교회의 신령적 유익을 도모한다.
7. 목사 고시를 행하되 그 과목은 신조, 권징 조례, 예배 모범, 목회학, 면접 등이다.
8. 어느 지교회에 속한 것을 물론하고 토지 혹 가옥 사건에 대하여 변론이 나면 노회가 처단할 권한이 있다.
9. 노회는 교회를 감독하는 치리권을 행사하기 위하여 그 소속 목사 및 장로 중에서 시찰 위원을 선택하여 지교회 및 미조직 교회를 순찰하고 모든 일을 협의하여 노회의 치리하는 것을 보조할 것이니 위원의 정원과 시찰할 구역은 노회에서 작정한다. 시찰 위원은 치리회가 아니니 목사 청빙 청원을 가납(可納)하거나 목사에게 직전(直傳)하지 못하고 노회가 모이지 아니하는 동안 임시 목사라도 택하여 세울 권한이 없다. 그러나 허위 당회에서 강도할 목사를 청하는 일을 같이 의논할 수 있고 또 그 지방의 목사와 강도사의 일할 처소와 봉급에 대하여 경영하여 노회에 보고한다.

10. 노회는 허위 교회를 돌아보기 위하여 시찰 위원 혹은 특별 위원에게 위탁하여 노회 개회 때까지 임시로 목사를 택하게 할 수 있고 혹 임시 당회장도 택하게 할 수 있다. 시찰 위원을 두는 목적은 교회와 당회를 돌아보고 노회를 위하여 교회 형편을 시찰하는 것이니 시찰 위원은 교회의 청함이 없을지라도 그 지방 안에 있는 당회와 연합 당회와 제직회와 부속한 각 회에 언권 방청원으로 출석할 수 있고 투표권은 없다. 각 당회는 장로 및 전도사를 선정할 일에 대하여 의논할 때에는 시찰과 협의함이 가하다. 시찰 위원은 그 구역 안 교회 형편과 위탁 받은 사건을 노회에 보고할 것이나 당회나 교회 헌법에 의하여 얻은 직접 청구권을 침해하지 못한다.

11. 시찰 위원은 가끔 각 목사와 교회를 순찰하여 교회의 신령상 형편과 재정 형편과 전도 형편과 주일 학교 및 교회 소속 각 회 형편을 시찰하고, 목사가 결과 있고 유익하게 역사하는 여부와 그 교회 장로와 당회와 제직회와 교회 대표자들의 제출하는 문의(問議) 및 청원서를 노회에 제출한다.

제7조 노회록과 보고

노회는 강도사 및 전도사 인허와 목사의 임직과 이명과 별세(別世)와 후보생의 명부와 교회 설립, 분립(分立), 합병과 지방 안 각 교회 정황(情況)과 처리하는 일반 사건을 일일이 기록하여 매년 상회에 보고한다.

제8조 노회가 보관하는 각종 명부

(1) 시무 목사 (2) 무임 목사 (3) 원로 목사 (4) 공로 목사 (5) 전도사 (6) 목사 후보생 (7) 강도사

제9조 노회 회집

노회는 예정한 날짜와 장소에 회집하고 특별한 사건이 있는 경우에는 각 다른 지교회 목사 3인과 각 다른 지교회 장로 3인의 청원에 의하여 회장이 임시회를 소집할 수 있다(회장이 유고한 때는 부회장 또는 서기가 대리로 소집한다). 회장이 임시회를 소집할 때는 회의(會議)할 안건과 회집 날짜를 개회 10일 선기(先期)하여 관하(管下) 각 회원에게 통지하고 통지서에 기재한 안건만 의결(議決)한다.

제11장 대회

제1조 조직

대회는 1지방 안 모든 노회(3개 이상 노회 됨을 요한다)를 관할하는 회니 각 노회에서 파송하는 총대 목사와 장로로 조직하되 목사와 장로는 그 수를 서로 같게 한다. 총대는 매 5당회에 목사, 장로 각 1인 비율로 파송하며 5당회가 미급되고 3당회 이상이면 목사, 장로 각 1인씩 더 택하고 3당회가 미급(未及)되는 노회는 목사, 장로 각 1인씩 언권 회원으로 참석한다. 단, 1당회에 총대 목사, 장로 각 1인을 초과하지 못한다.

제2조 개회 성수

예정한 날짜와 장소에 목사 7인과 장로 3인 이상이 회집하면 개회

성수가 된다.

제3조 언권 방청

다른 노회 목사나 또는 서로 교통하는 교파 목사를 언권 방청원으로 허락할 수 있다.

제4조 대회 권한과 직무

1. 노회 판결에 대한 공소 및 상고를 수리 처결한다.
2. 모든 하회의 문의에 대하여 결정 지시권이 있다.
3. 각 노회록을 검사 인준한다.
4. 각 노회에 법규(法規)를 위반한 사실이 있으면 교정하게 하고 교회 헌법을 잘 준수하게 한다.
5. 노회를 설립, 합병, 분설(分設)하며 노회 구역을 변경하는 일을 행할 수 있다.
6. 교회의 건덕(健德)과 유익될 일을 각 교회에 권장하며 총회에 헌의할 수 있다.
7. 대회는 고소, 소원, 공소, 상고에 대한 결정을 전권으로 행하되 직접 판결하든지 또한 하회에 반환할 수 있다.
8. 대회에 제기한 상고, 고소, 문의의 안건이 교회의 도리나 헌법에 관계되는 일이 아니면 대회가 최종 심의(最終審議)회가 된다.
9. 당회는 교인을 직접, 노회는 목사를 직접 재판할 수 있으나 대회는 노회에서 판결한 데 대하여 불복 상고한 것이나 노회에서 제출한 문의 같은 문서(文書)를 받은 후에야 재판할 수 있다.
10. 대회가 하회(下會)에 대하여 만일 불법한 사건이 있는 줄로 아는

때는 상고하는 일이 없을지라도 자세히 조사하며, 하회 회록을 검사하여 과연 사실이 있으면 심사 교정하든지 하회에 명령하여 교정하게 한다.

11. 대회는 재판국을 두어(국원은 목사 장로 9인 이상) 권징 조례대로 재판한다. 재판국 개회 성수는 국원 4분의 3 이상이 출석하여야 개심하여 재판국 판결은 법규에 대한 사건 외에는 변경하지 못한다. 그러나 대회가 직접 재판회로 다시 일일이 재판한 후에 재판국 판결을 변경할 수 있다.
12. 대회는 총회에 헌의와 청원을 제출할 수 있고 다른 노회나 대회의 헌의에 대하여 동의(同意)를 표할 수 있다.

제5조 대회 회집

대회는 매년 1회 정기회로 회집하고 필요한 때는 임시회와 계속회도 할 수 있다. 임시회는 2개 노회의 목사, 장로 각 3인의 청원에 의하여 회장이 임시회를 소집한다. 임시회는 개회 10일 전기하여 회집 통지서와 의안을 관하 각 회원에게 통고하고 통지(通知)서에 기재한 안건만 의결(議決)한다.

제6조 회록 및 보고

서기는 회의록을 작성 보관하며 특별히 재판 기록을 자세히 하여 총회의 검사를 받으며 대회 상황을 총회에 보고한다.

제12장 총회

제1조 총회의 정의(定義)

총회는 대한예수교장로회의 모든 지교회 및 치리회의 최고회(最高會)니 그 명칭은 대한예수교장로회 총회라 한다.

제2조 총회의 조직

총회는 각 노회에서 파송한 목사와 장로로서 조직하되 목사와 장로는 그 수를 서로 같게 하고 총대는 각 노회 지방의 매 7당회에서 목사 1인, 장로 1인씩 파송하되 노회가 투표 선거하여 개회 2개월 전에 총회 서기에게 송달(送達)하고 차점순(順)으로 부총대 몇 사람을 정해 둔다. 단, 7당회가 못 되는 경우에는 4당회 이상에는 목사, 장로 각 1인씩 더 파송할 수 있다. 3당회 이하 되는 노회는 목사, 장로 각 1인씩 언권회원으로 참석한다. 총회 총대는 1당회에서 목사, 장로 각 1인을 초과하지 못한다.

제3조 총회의 성수

총회가 예정한 날짜에 노회의 과반수와 총대 목사, 장로 각 과반수가 출석하면 개회할 성수가 되어 일반 회무를 처리한다.

제4조 총회의 직무

총회는 소속 교회 및 치리회의 모든 사무와 그 연합 관계를 총찰하며, 하회에서 합법적으로 제출하는 헌의와 청원과 상고와 소원과 고소와 문의와 위탁 판결을 접수하여 처리하고, 각 하회록을 검열하여 찬부를 표하고 산하 각 교회 간에 서로 연락하며 교통하며 신뢰(信賴)하게 한다.

제5조 총회의 권한

1. 총회는 교회 헌법(신조, 요리 문답, 정치, 권징 조례, 예배 모범)을 해석할 전권이 있고 교리(教理)와 권징에 관한 쟁론(爭論)을 판단하고 지교회와 노회의 오해와 부도덕(不道德)한 행위를 경책하며 권계(勸戒)하며 변증(辨證)한다.
2. 총회는 노회, 대회를 설립, 합병, 분립하기도 하며 폐지하는 것과 구역을 작정하며 강도사 지원자를 고시하며 전국 교회를 통솔하며, 본 총회와 다른 교파 교회 간에 정한 규례에 의하여 교통한다.
3. 교회를 분열(分裂)하게 하는 쟁단(爭端)을 진압하며 전교회(全教會)를 위하여 품행을 단정하게 하고, 인애(仁愛)와 성실과 성결한 덕을 권장하기 위하여 의안(議案)을 제출하여 실행하도록 계도(計圖)한다.
4. 어느 교회에서든지 교회 재산에 대하여 쟁론이 있어 노회가 결정한 후 총회에 상고하면 이것을 접수하여 판결한다.
5. 내외지 전도 사업이나 기타 중대 사건을 주관할 위원을 설치(設置)할 수 있으며 신학교와 대학교를 설립할 수 있다.
6. 총회의 재산은 총회 소유로 한다.

제6조 총회의 회집

총회는 매년 1회 정례로 회집하되 예정한 날짜에 회장이 출석하지 못할 때는 부회장 혹 전 회장에 개회하고 신 회장을 선거할 때까지 시무할 것이요, 각 총대는 서기가 천서를 접수 호명(呼名)한 후부터 회원권이 있다.

제7조 개회 폐회 의식(儀式)

총회가 기도로 개회하고 폐회하되 폐회하기로 결정한 후에는 회장이 선언하기를 "교회가 나에게 위탁한 권세로 지금 총회는 파(罷)함이 가한 줄로 알며 이 총회같이 조직한 총회가 다시 아무 날 아무 곳에서 회집함을 요하노라." 한 후에 기도함과 감사함과 축도로 산회(散會)한다.

제13장 장로, 집사 선거 및 임직

제1조 선거 방법

치리 장로와 집사는 각 지교회가 공동의회 규칙에 의하여 선거하되 투표 3분의 2 이상의 찬성을 요한다. 단, 당회가 후보를 추천할 수 있다.

제2조 임직 승낙

치리 장로 혹은 집사를 선거하여 노회가 고시 승인하고(집사는 제외한다) 선거된 본인도 승낙한 후에 당회가 임직한다.

제3조 임직 순서

교회가 당회의 정한 날짜와 장소에 모여 개회하고 목사가 강도한 후에 그 직(장로 혹 집사)의 근원과 성질의 어떠한 것과 품행과 책임의 어떠한 것을 간단히 설명하고, 교회 앞에서 피선(被選)자를 기립하게 하고 아래와 같이 서약한다.

1. 신구약 성경은 하나님의 말씀이요 또한 신앙과 행위에 대하여 정확무오(正確無誤)한 유일(唯一)의 법칙으로 믿느뇨?
2. 본 장로회 신조와 웨스트민스터 신도게요 및 대소요리 문답은 신구약 성경의 교훈한 도리를 총괄할 것으로 알고 성실한 마음으로 받아 신종하느뇨?
3. 본 장로회 정치와 권징 조례와 예배 모범을 정당한 것으로 승낙하느뇨?
4. 이 지교회 장로(혹 집사)의 직분을 받고 하나님의 은혜를 의지하여 진실한 마음으로 본직(本職)에 관한 범사를 힘써 행하기로 맹세하느뇨?
5. 본 교회의 화평과 연합과 성결함을 위하여 전력하기로 맹세하느뇨?

이상 4와 5항은 취임 서약이다.

피선(被選)자가 각 묻는 말에 대하여 서약한 후에 목사는 또 본 지교회 회원들을 기립하게 하고 아래와 같이 서약한다.

이 지교회 회원들이여, 아무 씨를 본 교회의 장로(혹 집사)로 받고 성경과 교회 정치에 가르친 바를 좇아서 주 안에서 존경하며 위로하고 복종하기로 맹세하느뇨?

교회원들이 거수로써 승낙의 뜻을 표한 후에 목사가 개인으로나 전당회로 안수와 기도하고, 피선자를 치리 장로(혹 집사)의 직을 맡긴 다음 악수례를 행하고, 공포한 후, 새로이 임직한 자와 교인에게 특별히 합당한 말로 권면한다.

제4조 임기

치리 장로, 집사직의 임기는 만 70세까지다. 단, 7년에 1차씩 시무투표 할 수 있고 그 표결수는 과반수를 요한다.

제5조 자유 휴직과 사직

장로 혹 집사가 노혼(老昏)하거나 신병으로 시무할 수 없든지 이단이나 악행(惡行)은 없을지라도 교회원 태반이 그 시무를 원하지 아니할 때 본인의 청원에 의하여 휴직과 사직을 당회의 결의로 처리한다.

제6조 권고 휴직과 사직

장로나 집사가 범죄는 없을지라도 전조(前條) 사건과 방불하여 교회에 덕을 세우지 못하게 된 경우에는 당회가 협의 결정하여 휴직 혹 사직하게 하고 그 사실을 회록에 기록한다. 본인이 원하지 아니하면 소원할 수 있다.

제14장 목사 후보생과 강도사

제1조 양성의 요의(要義)

목사의 중임을 연약하고 부적당(不適當)한 자에게 위임함으로 성역(聖役)이 사람의 멸시됨을 면하기 위하며, 또한 교회를 교도(教導) 치리할 자의 능력을 알기 위하여 성경에 명한 대로 목사 지원자를 먼저 시험하는 것이 가하다(딤전 3:6, 딤후 2:2). 이러므로 총회가 신학 졸업생을 고시하고, 노회가 강도사로 인허한 후, 그 강도사는 특별한 이유가 없으면 총회 고시 합격 후 1개년 이상 노회 지도 아래서 본직의 경험을 수양한 후에야 목사 고시에 응할 수 있다.

제2조 관할

목사 후보생 지원자는 소속 본 노회에 청원하여 그 노회 관하에서 양성을 받는다.

1. 혹 편의(便宜)를 인하여 멀리 있는 다른 노회 아래서 양성을 받고자 하면 본 노회 혹 본 노회 관할 아래 있는 무흠 목사 2인의 천서를 얻어 그 노회에 제출한다.
2. 천서는 그 사람의 무흠 교인 된 것과 모범적 신앙과 기타(其他) 목사 됨에 합당한 자격 유무(有無)를 증명한다.
3. 누구든지 총회가 인정하는 어느 신학교에 입학코자 할 때에는 마땅히 본 노회에 청원을 제출하여 노회 관할 아래 속한 목사 후보생이 되고, 대한예수교장로회 노회의 지도 아래서 수양 받지 아니한 자는 신학 졸업 후 노회 관할 아래 후보생으로 1년간 총회 신학교에서 신학과 교회 헌법을 수업한 후에 강도사 고시 자격을 얻을 수 있다.

제3조 강도사 고시 및 인허

강도사 인허를 청원하는 자는 반드시 총회가 그 덕행(德行)이 단정함과 지교회의 무흠 회원 됨을 증명하는 당회 증명과 노회 추천서 및 지원서와 이력서를 제출하게 할 것이요, 총회는 그 사람의 신덕과 종교상 이력을 시문(試問)하며 성역(聖役)을 구하는 이유를 묻되 그 고시는 신중히 하고 인허는 노회가 한다.

제4조 고시 종목

고시는 구두(口頭)와 필기 2종이 있으니 그 과목은 아래와 같다.

조직신학, 교회 헌법, 교회사, 논문, 주해(註解), 강도.

고시부장은 강도사 지원자의 실지 능력을 알아보기 위하여 고시 5개월 전에 아래와 같은 고시 문제를 준다.

논문, 주해(註解), 강도.

제5조 인허 서약

노회는 강도사 인허할 자에게 아래와 같이 서약한다.

1. 신구약 성경은 하나님의 말씀이요 신앙과 행위에 대하여 정확무오한 유일의 법칙으로 믿느뇨?
2. 장로회 신조와 웨스트민스터 신도게요 및 대·소요리 문답은 신구약 성경의 교훈한 도리를 총괄한 것으로 알고 성실한 마음으로 받아 자기의 사용할 것으로 승낙하느뇨?
3. 교회의 화평과 연합과 성결함을 도모하기로 맹세하느뇨?
4. 주 안에서 본 노회 치리를 복종하고 다른 노회에 이거할 때는 그 노회의 치리를 복종하기로 맹세하느뇨?

제6조 인허식

그 지원자가 전조와 같이 서약한 후에 회장이 기도하고 그 사람에게 아래와 같이 선언한다. "교회에 덕을 세우기 위하여 주신 권세와 주 예수 그리스도의 이름으로 우리가 하나님의 지도하시는 곳에서 복음을 전파하기 위하여 그대에게 강도사 인허를 주고, 이 일을 선히 성취하기 위하여 하나님께서 그대에게 복을 주시며, 그리스도의 성령이 충만하기를 바라노라. 아멘."

제7조 인허 후 이전

강도사 인허를 받은 후에 본 노회 허락을 얻어 다른 노회 지방에 이거하게 되면 강도사 이명 증서를 받아 그 노회에 드린다.

제8조 인허 취소

강도사가 4년간 강도하는 데 덕을 세우지 못하는 경우에는 노회가 결의에 의하여 인허를 취소할 수 있다.

제15장 목사 선교사 선거 및 임직

제1조 목사 자격

목사는 총신대학교 신학대학원 졸업 후 총회에서 시행하는 강도사 고시에 합격되어 1개년 이상 교역에 종사하고 노회 고시에 합격되고 청빙을 받은 자라야 한다.

제2조 목사 선거

지교회에 목사를 청빙하고자 하는 경우에는 당회의 결의로 공동의회를 소집하고, 임시 당회장이 강도한 후 공포하기를, 교회에서 원하면 목사 청빙할 일에 대하여 투표할 것이라고 그 의견(意見)을 물어 과반수가 찬성하면 즉시 투표한다.

제3조 청빙 준비

투표하여 3분의 2가 가(可)라 할지라도 부(否)라 하는 소수가 심히 반대하는 경우에는 회장은 교우에게 연기하라고 권고하는 것이 가하다.

투표가 일치하든지 혹 거의 일치하든지 혹 대다수가 양보하지 아니하는 경우에는 회장은 합동하도록 권면한 후 규칙대로 청빙서를 작성(作成)하여 각 투표자로 서명 날인하게 하고 회장도 날인하여 공동의회의 경과 정형을 명백히 기록(반대자의 수와 그 사람들의 형편도 자세히 기록한다)하여 청빙서와 함께 노회에 드린다. 단, 청빙서에는 투표자뿐 아니라 무흠 입교인 과반수의 날인을 요한다.

제4조 청빙 서식

○○곳 ○○교회 교인들은 귀하께서 목사의 재덕과 능력을 구비하여 우리 영혼의 신령적 유익을 선히 나누어주실 줄로 확신하여 귀하를 본 교회 담임 목사(혹 임시 목사)로 청빙하오며, 겸하여 귀하께서 담임 시무 기간 중에는 본 교인들이 모든 일에 편의와 위로를 도모하며, 주 안에서 순복하고 주택과 매삭 생활비 ○○를 드리기로 서약하는 동시에 이를 확실히 증명하기 위하여 서명 날인하여 청원하오니 허락하심을 바라나이다.

년　　월　　일

각 교인 연서 날인

증인, 공동의회장 서명 날인

귀하

제5조 청빙 승낙

어느 목사나 강도사에게든지 청빙서를 드리면 그 교회가 원하는 줄로 인정할 것이요, 그 목사나 강도사가 그 청빙서를 접수하면 승낙하는 것으로 인정한다. 강도사가 청빙서를 받아 목사로 임직하게 될 경우에는 노회는 구애되는 것이 없으면 동시에 위임식까지 행한다.

제6조 청빙서 제정(提呈)

청빙서는 청빙 받은 자를 관할하는 노회에 드릴 것이요, 그 노회가 가합(可合)한 줄로 인정할 때는 청빙 받은 자에게 전함이 옳으니 목사 혹 강도사가 노회를 경유하지 아니하고 직접 청빙서를 받지 못한다.

제7조 서약 변경

청빙할 때에 약속한 목사의 봉급을 변경하고자 할 때에 목사와 교회가 승낙하면 노회에 보고하고 만일 승낙치 아니하는 경우에는 그 사유를 노회에 보고하되 반드시 정식으로 공개한 공동의회를 경유한다.

제8조 다른 노회 사역자 청빙

지교회가 청빙서를 노회 서기에게 송달한다. 노회 서기는 즉시 해 노회에 통보하며 노회는 해당 사역자의 이명서를 접수하고 청빙을 허락한다.

제9조 임직 준비

노회는 청빙 받은 자가 성직(聖職)을 받을 만한 자격자인 줄 확인하면 편의를 따라 임직식을 교회나 노회 당석에서 행하고 위임식은 그 시무할 교회에서 거행하되 그 교회 교인들은 이것을 위하여 준비 기도를 할 것이다(행 13:2, 3).

제10조 임직 예식

1. 서약

노회는 예정한 회원으로 임직에 적합하도록 강도한 후 회장이 정중히 취지를 설명하고 청빙 받은 자를 기립하게 한 후 다음과 같이 서약한다.

① 신구약 성경은 하나님의 말씀이요, 신앙과 본분에 대하여 정확 무오한 유일의 법칙으로 믿느뇨?

② 본 장로회 신조와 웨스트민스터 신도게요 및 대·소요리 문답은 신구약 성경의 교훈한 도리를 총괄한 것으로 알고 성실한 마음으로 받아 신종하느뇨?

③ 본 장로회 정치와 권징 조례와 예배 모범을 정당한 것으로 승낙하느뇨?

④ 주 안에서 같은 직원 된 형제들과 동심 협력(同心協力)하기로 맹세하느뇨?

⑤ 목사의 성직을 구한 것이 하나님을 사랑하는 마음과 그 독생자 예수의 복음을 전포(傳布)하여 하나님의 영광을 나타내고자 하는 본심(本心)에서 발생한 줄로 자인(自認)하느뇨?

⑥ 어떠한 핍박이나 반대를 당할지라도 인내하고 충심으로 복음의 진리를 보호하며 교회의 성결과 화평을 힘써 도모하여 근실히 역사하기로 작정하느뇨?

⑦ 신자요 겸하여 목사가 되겠은즉 자기의 본분(本分)과 모든 사람에 대한 의무와 직무에 대한 책임을 성실히 실행하여 복음을 영화롭게 하며 하나님께서 그대에게 명하사 관리하게 하신 교회 앞에 경건한 모본을 세우기로 승낙하느뇨?

교회 정치

2. 안수

회장이 전항에 의하여 서약을 마친 후에 청빙 받은 자를 적당한 곳에 꿇어 앉게 하고 사도의 규례에 의하여 노회 대표자의 안수와 함께 회장이 기도하고 목사로 임직한 후 악수례를 행하여 말하기를 "성역(聖役)에 동사자가 되었으니 악수로 치하하노라." 한다(갈 2:9, 행 1:25).

3. 공포

4. 권유

회장 혹은 다른 목사가 신임 목사에게 권면할 것이요(딤후 4:1~2) 노[illegible]히 기록한다.

제11조 위임 예식

노회는 예정한 날짜와 장[illegible]서 노회 전체로나 혹은 위원으로 예식을 다음과 같이 행한다[illegible]

1. 목사의[illegible]약

① [illegible]하가 청빙서를 받을 때에 원하던 대로 이 지교회의 목사 직무를 담임하기로 작정하느뇨?

② 이 직무를 받는 것은 진실로 하나님께 영광 돌리며 교회에 유익하게 하고자 함이니 본심으로 작정하느뇨?

③ 하나님의 도와주시는 은혜를 받는 대로 이 교회에 대하여 충심으로 목사의 직분을 다하고 모든 일에 근신 단정하여 그리스도의 복음의 사역에 부합하도록 행하며 목사로 임직하던 때에 승낙한 대로 행하기를 맹세하느뇨?

단, 전임하는 목사를 위임할 때에도 위와 같이 서약한다.

2. 교인의 서약

본 교회 교인들을 기립하게 한 후에 다음과 같이 서약한다.

① ○○교회 교우 여러분은 목사로 청빙한 ○○씨를 본 교회 목사로 받겠느뇨?

② 여러분은 겸손하고 사랑하는 마음으로 그의 교훈하는 진리를 받으며 치리를 복종하기로 승낙하느뇨?

③ 목사가 수고할 때에 위로하며 여러분을 가르치고 인도하며 신령한 덕을 세우기 위하여 진력할 때에는 도와주기로 작정하느뇨?

④ 여러분은 저가 본 교회 목사로 재직(在職) 중에 한결같이 그 허락한 생활비를 의수(依數)히 지급(支給)하며 주의 도에 영광이 되며 목사에게 안위가 되도록 모든 요긴한 일에 도와주기로 맹세하느뇨?

⑤ 공포-내가 교회의 머리 되신 주 예수 그리스도의 이름과 노회의 권위로 목사 ○○씨를 본 교회 목사로 위임됨을 공포하노라.

이같이 서약을 마친 후에 회장이나 다른 목사가 신임 목사와 교회에게 정중히 권면한 후에 축도로 폐식한다.

제12조 시무 목사 권한

1. 특별한 이유가 있으면 노회 허락으로 조직 교회는 1년간 시무 목사로 시무하게 할 수 있고 만기 후에는 다시 노회에서 1년간 더 승낙을 받을 것이요, 미조직 교회는 3년간 시무 목사로 시무하게 할 수 있고 만기 후에는 다시 노회에 3년간 더 승낙을 받을 것이요, 노회 결의로 당회장권을 줄 수 있다.

2. 교회 각 기관에 종사하는 목사는 지교회 위임 목사가 될 수 없고 임시로 시무할 수 있다.

제13조 다른 교파 교역자

다른 교파에서 교역하던 목사가 본 장로교회에 속한 노회에 가입하고자 하면 반드시 본 장로회 신학교에서 2년 이상 수업한 후 총회 강도사 고시에 합격하여야 한다. 한국 이외 다른 지방에서 임직한 장로파 목사도 같은 예(例)로 취급한다.

또한 본장 10조에 규정한 각 항의 서약을 하여야 한다.

제16장 목사 전임(轉任)

제1조 전임 승인

목사는 노회의 승낙을 얻지 못하면 다른 지교회에 이전하지 못하고 또 전임 청빙서를 직접 받지 못한다.

제2조 본 노회 안에 전임

본 교회의 결의로 청빙서와 청원서를 노회 서기에게 송달하고 노회 서기는 그 청빙 사유를 청빙 받은 목사와 해교회에 즉시 통지할 것이요 합의하면 노회는 그 교회를 사면케 하고 청빙을 허락한다.

제3조 다른 노회로 전임

다른 노회 소속 교회의 청빙을 받은 목사가 해교회와 합의되면 본 노회는 그 교회를 사면케 하고 이명서를 본인에게 교부한다.

제17장 목사 사면 및 사직

제1조 자유 사면

목사가 본 교회에 대하여 어려운 사정이 있어 사면원을 노회에 제출하면 노회는 교회 대표를 청하여 그 목사의 사면 이유를 물을 것이니 그 교회 대표가 오지 아니하든지 혹 그 설명하는 이유가 충분하지 못하면 사면을 승낙하고 회록에 자세히 기록할 것이요 그 교회는 허위 교회가 된다.

제2조 권고 사면

지교회가 목사를 환영하지 아니하여 해약하고자 할 때는 노회가 목사와 교회 대표자의 설명을 들은 후 처리한다.

제3조 자유 사직

목사가 그 시무로 교회에 유익을 주지 못할 줄로 각오할 때는 사직원을 노회에 제출할 것이요 노회는 이를 협의 결정한다.

제4조 권고 사직

목사가 성직에 상당한 자격과 성적이 없든지 심신(心身)이 건강하고 또 사역할 곳이 있어도 5년간 무임으로 있으면 노회는 사직을 권고한다.

제5조 목사의 휴양

시무 목사가 신체 섭양(攝養)이나 신학 연구나 기타 사정으로 본 교회를 떠나게 되는 경우에는 본 당회와 협의하며 2개월 이상 흠근(欠勤)

교회 정치

하게 될 때는 노회의 승낙을 요하고 1개년이 경과할 때는 자동적(自動的)으로 그 교회 위임이 해제된다.

제18장 선교사

제1조 선교사

총회는 교회를 설립하기 위하여 내외(內外)지를 물론하고 다른 민족에게 선교사를 파송할 수 있나니 이런 일을 위하여 노회에 위탁하여 지교회의 청빙이 없는 이라도 선교사로 임직할 수 있으나 원하지 아니하는 자를 강권하지 못하고 자원하는 자라야 파송함이 옳고 선교사의 봉급과 기타 비용은 파송하는 치리회가 담당한다.

제2조 외국 선교사

외국 선교사는 곧 본 총회와 관계 있는 선교사를 가리킴이다.

1. 외국 장로파 선교사가 본 총회 관하(管下) 노회 구역 안에서 선교하게 되는 경우에는 그 선교사는 이명 증서를 그 노회에 제출하여 접수한 후에야 그 노회의 회원이 된다.
2. 각 노회는 이명 증서를 받은 선교사에 대하여 지교회 일을 맡긴 때에만 그 노회에서 가부 투표권이 있다.
3. 본 노회가 직무를 부담하게 아니한 선교사와 파견 증서만 받은 선교사는 투표권은 없으나 언권이 있고 위원회에서는 투표권도 있고 상회 총대권도 있다.
4. 본 총회 산하 노회에서 파견 증서로 시무하는 선교사는 대한예수교장로회 율례를 준행할 의무가 있으니 만일 도덕상 품행에 관

한 범과(犯過)나 본 신경 정치 성경에 위반되는 때는 소관 노회가 심사한 후에 언권 회원권을 탈제(奪除)한다.

5. 외국 선교사는 본 총회에서 정한 서약서에 서명하여야 한다.

6. 외국 선교사에 대한 서약문

① 사도신경은 성경 말씀의 진리를 옳게 진술한 것으로 알며 또 그대로 믿느뇨?

② 본 대한예수교장로회의 12신조와 웨스트민스터 신도게요 및 대·소요리문답을 정당한 것으로 믿느뇨?

③ 귀하는 신학상으로 말하는 신신학 및 고등 비평이나 신정통주의 내지 자유주의 신학을 잘못된 것으로 알며, 역사적 기독교의 전통을 항시 이와 투쟁적인 처지에서 진리를 수호해야 하는 줄 생각하느뇨?

④ 귀하는 본 대한예수교장로회의 헌법에 배치되는 교훈이나 행동을 하지 않기로 서약하느뇨?

⑤ 귀하는 1959년 제44회 본 총회가 의결한 본 총회의 원칙 및 정책을 시인하며 이러한 조치는 W.C.C. 및 W.C.C.적 에큐메니칼 운동이 비성경적이고 위태로운 것이므로 이에서 순수한 복음 신앙을 수호하려는 것인 줄 생각하느뇨?

⑥ 귀하는 신앙 보수는 의논이나 체계적뿐만 아니라 그 생활도 응분적이어야 할 줄 알며 따라서 우리 총회의 음주 흡연 및 속된 생활 등을 금지하는 의도를 잘 이해하며 잘 순응하겠느뇨?

⑦ 귀하는 본 총회 산하 노회 및 기관에서 봉직하는 동안 소속 치리회에 복종하며 순종하기로 맹세하느뇨?

제19장 회장과 서기

제1조 회장

교회 각 치리회는 모든 사무를 질서 있고 신속하게 처리하기 위하여 회장을 선택할 것이요 그 임기는 그 회의 규칙대로 한다.

제2조 회장의 직권

회장은 그 회가 허락하여 준 권한 안에서 회원으로 회칙을 지키게 하고 회석의 질서를 정돈하며 개회, 폐회를 주관하고 순서대로 회무를 지도하되 잘 의논한 후에 신속한 방법으로 처리하고 각 회원이 다른 회원의 언권을 침해하지 못하게 하며 회장의 승낙으로 언권을 얻은 후에 발언하게 하되 의안(議案) 범위 밖에 탈선하지 않게 하고 회원 간에 모욕 혹은 풍자적 무례한 말을 금하며 회무 진행 중에 퇴장을 금하며 가부를 물을 의제(議題)는 회중에 밝히 설명한 후에 가부를 표결할 것이요 가부 동수인 때는 회장이 결정하고 회장이 이를 원하지 않으면 그 안건은 자연히 부결된다.

회장은 매사건에 결정을 공포할 것이요 특별한 일로 회의 질서를 유지할 수 없는 경우에는 회장이 비상 정회를 선언할 수 있다.

제3조 서기

각 치리회는 그 회록과 일체 문부를 보관하기 위하여 서기를 선택하되 그 임기는 그 회의 규칙대로 한다.

제4조 서기의 임무

서기는 회중 의사 진행을 자세히 기록하고 일체 문부 서류를 보관하고 상당한 자가 회록의 어떤 부분에 대하여 등본을 청구하면 회의 허락으로 등본하여 줄 수 있다. 서기가 날인한 등본은 각 치리회는 원본과 같이 인정한다.

제20장 교회 소속 각 회의 권리 및 책임

제1조 속회(屬會) 조직

지교회나 혹 여러 지교회가 전도 사업과 자선 사업이나 도리를 가르치는 것과 은혜 중에서 자라기 위하여 여러 가지 회를 조직할 수 있다.

제2조 속회 관리

어느 지교회든지 위에 기록한 대로 여러 회가 있으면 그 교회 당회의 치리와 관할과 지도를 받을 것이요 노회나 대회나 온 총회 지경 안에 보급(普及)하게 되면 그 치리회 관할 아래 있다. 당회원이나 다른 직원으로 각 기관에 고문을 정하여 연락 지도할 수 있다.

제3조 속회 권한

이런 각 회가 그 명칭과 규칙을 제정하는 것과 임원 택하는 것과 재정 출납하는 것을 교회 헌법에 의하여 그 치리회의 검사와 감독과 지도를 받는다.

제21장 의회(議會)

제1조 공동의회

1. 회원

본 교회 무흠 입교인은 다 회원 자격이 있다.

2. 소집

공동의회는 당회가 필요로 인정할 때와 제직회의 청원이나 무흠 입교인 3분의 1 이상 청원이나 상회의 명령이 있는 때에 당회의 결의로 소집한다.

3. 임원

지교회의 당회장과 당회 서기는 공동의회의 회장과 서기를 겸한다. 당회장이 없는 경우에는 그 당회가 임시 회장을(본 노회 목사 중) 청할 것이요 회록은 따로 작성(作成)하여 당회 서기가 보관한다.

4. 회집

당회는 개회할 날짜와 장소와 의안(議案)을 1주일 전에 교회에 광고 혹은 통지하고 그 작정한 시간에 출석하는 대로 개회하되 회집 수가 너무 적으면 회장은 권하여 다른 날에 다시 회집한다.

5. 회의(會議)

연말 정기 공동의회에서는 당회의 경과 상황을 들으며 제직회와 부속 각 회의 보고와 교회 경비 결산과 예산서를 채용하며 그 밖에 법대로 제출하는 사건을 의결하나니 일반 의결은 과반수로 하되 목사 청빙 투표에는 투표수 3분의 2의 가와 입교인 과반수의 승낙을 요하며 장로, 집사 및 권사 선거에는 투표수 3분의 2 이상의 가로 선정한다.

제2조 제직회

1. 조직

지교회 당회원과 집사와 권사를 합하여 제직회를 조직한다. 회장은 담임 목사가 겸무하고 서기와 회계를 선정한다. 당회는 각각 그 형편에 의하여 제직회 사무를 처리하기 위하여 서리 집사에게 제직 회원의 권리를 줄 수 있다.

2. 미조직 교회 제직회

미조직 교회에서는 목사, 전도사, 권사, 서리 집사, 전도인들이 제직회 사무를 임시로 집행한다.

3. 재정 처리

① 제직회는 교회에서 위임하는 금전을 처리하고 부동산은 노회 소유로 한다(행 6:3~5).

② 구제와 경비에 관한 사건과 금전 출납(出納)은 모두 회에서 처리하며 회계는 회의 결의에 의하여 금전을 출납한다.

③ 제직회는 매년 말 공동의회에 1년간 경과 상황과 일반 수지(收支) 결산을 보고하며 익년도(翌年度) 교회 경비 예산을 편성 보고하

교회
정치

여 회에 통과하며 회계는 장부의 검사를 받는다.

4. 제직회 개회 성수

회원 과반수의 출석으로 개회 성수가 되나 통상적인 사무 처리는 출석하는 회원으로 개회하여 처리할 수 있다.

5. 정기회

매월 1회 또는 1년에 4회 이상 정기회를 정함이 편하다.

제3조 연합 제직회

1. 조직

각 지방 내에 편리한 대로 연합 제직회를 조직할 수 있다. 회원은 그 지방 내에 목사, 전도사와 지교회 제직회에서 파송한 총대 1인 이상으로 조직하되 임원은 투표로 선정한다.

2. 직무

본 회에 치리권은 없으나 그 지방 내 합동 재정과 전도 기타 부흥 사업과 주일학교 및 기독교 교육에 관한 일을 의정(議定)할 수 있고 그 지방 내 교회 및 전도 상황 보고를 접수하며 남녀 전도사와 전도인을 선정하되 전도사는 노회의 승인을 받는다.

제22장 총회 총대

제1조 총회 총대 자격

1. 총회 총대는 총회 전 정기 노회에서 선택할 것인데 총회 개회 6개월 이상을 격하여 택하지 못한다.
2. 새로 조직한 노회 총대는 개회 후 임원 선거 전에 그 노회 설립 보고를 먼저 받고 총대로 허락한다.
3. 총대 될 장로 자격은 그 회에 속한 장로 회원으로 한다.

제2조 총대 교체

총회 원총대가 출석하였다가 자기 임의로 부총대와 교체하지 못할 것이나 부득이한 때에는 총회의 허락으로 부총대와 교체할 수 있다.

제3조 언권 회원

1. 본 총회의 파송으로 외국에서 선교하는 선교사
2. 파견 증서만 가지고 와서 본 총회 산하에서 선교에 종사하는 외국 선교사
3. 본 총회의 증경 총회장

제4조 총대 여비

총대 여비는 그 노회에서 지급한다.

제23장 헌법 개정

제1조 정치, 권징 조례, 예배 모범을 변경하고자 할 때는 총회는 각 노회에 수의하여 노회 과반수와 모든 노회의 투표수 3분의 2 이상의 가표를 받은 후에 변경할 것이요 각 노회 서기는 투표의 가부를 총회 서기에게 보고하고 총회는 그 결과를 공포 실행한다.

제2조 신조와 요리문답을 개정하고자 할 때는 총회는 그 의견을 제출하고 각 노회에 수의하여 노회 중 3분의 2와 모든 투표수 3분의 2의 가표를 받고 그 다음 회가 채용하여야 한다. 각 노회 서기는 투표의 가부수를 서면으로 총회 서기에게 보고한다.

제3조 총회는 신조나 요리문답을 개정하는 의안(議案)을 각 노회에 보내기 전에 특별히 위원 15인 이상(목사와 장로)을 택하여 1년간 그 문제를 연구하게 한 후 총회 때에 보고하도록 할 것이요 그 위원은 1노회에 속한 회원 2인 이상 됨을 금한다.

제4조 소속 노회 3분의 1 이상이 헌법을 개정하자는 헌의를 총회에 제출하면 총회는 그 의안을 각 노회에 보내고 그 결정은 위의 제1, 제2조를 준용(準用)한다.

교회 정치 예상문제

1 장로회 정치란 어떤 것인지 설명하시오.

답 지교회 교인들이 장로를 선택하여 당회를 조직하고 그 당회로 하여금 치리권을 행사하게 하는 주권이 교인들에게 있는 민주 정치이다.

2 장로회 정치의 특색은 무엇입니까?

답 ① 주권이 교인들에게 있는 민주 정치이다.
② 삼심 제도로 당회, 노회, 총회의 세 치리회가 있다.

3 교회 정치의 형태에 대해서 설명하시오.

답 ① 교황 정치-로마 가톨릭, 희랍 정교회
② 감독 정치-감리교회, 감독교회
③ 자유 정치-각 지교회가 자유로 행정(行政)하는 정치
④ 조합 정치-각 지교회의 대표로서 조직
⑤ 장로회 정치-주권이 교인들에게 있는 민주 정치
※지교회 교인들 → 장로 선택 → 당회 → 치리권 행사

4 1912년에 총회가 조직되고 1917년(제6회 총회)때 총회의 헌법을 제정할 때에 어떤 헌법을 기초로 하였습니까?

답 웨스트민스터 헌법(1643년 영국에서 120명의 목사와 30명의 장로들이 초안한 것)

5 당회의 조직을 설명하시오.

답 당회는 목사(강도와 치리)와 장로(치리)로 조직된다.

6 하나님께서 어떤 자유를 주사 신앙과 예배에 대하여 성경에 위반되거나 과분(過分)한 교훈과 명령을 받지 않게 하셨습니까?

답 양심의 자유

7 양심의 자유에 관해서 설명하시오.

답 양심의 주재는 하나님뿐이다. 누구도 이 권리를 침해하지 못한다.

8 양심의 자유 원리를 침해하는 정치 형태를 쓰시오.

답 ① 교황 정치 ② 감독 정치

9 예수교 장로회 정치의 원리 8개항을 쓰시오.

답 ① 양심의 자유 ② 교회의 자유
③ 교회의 직원과 그 책임 ④ 진리와 행위의 관계
⑤ 직원의 자격 ⑥ 직원의 선거권
⑦ 치리권 ⑧ 권징

10 교회의 직원에 대해 설명하시오.

답 ① 창설 직원-12사도와 선지자들

② 항존직-장로(강도와 치리를 겸한 목사와 치리만 하는 장로), 집사(안수 집사)

③ 임시 직원-전도사, 전도인, 권사, 남녀 서리 집사

④ 준직원-강도사, 목사 후보생

11 교인을 정의하시오.

답 교인이란 지교회에 등록하여 성부, 성자, 성령의 삼위일체이신 하나님을 믿는 자인데 그리스도인이라고 부른다.

12 교인의 권리는 무엇입니까?

답 ① 교인은 교회 헌법대로 순서를 따라 청원(請願), 소원(所願), 상소(上訴)할 권리가 있다.

② 교인은 지교회에서 법규대로 선거 및 피선거권이 있다. 그러나 무고히 6개월 이상 본 교회 예배 회에 계속 출석치 아니한 교인은 위의 권리가 중지된다.

③ 무흠 입교인은 성찬에 참례하는 권한이 있다.

④ 교인은 그리스도의 몸 된 교회를 위하여 분량(分量)에 따라 일할 특권이 있다.

13 교인의 신급 종류를 쓰시오.

답 ① 원입교인 ② 학습교인

③ 유아세례 ④ 세례교인(입교인)

14 교회의 정의를 설명하시오.

답 ① 만민 중에서 하나님께 택함을 받은 백성의 무리가 교회이며,

② 이 무리를 하나님의 교회, 예수님의 몸 혹은 성령의 전이라 한다.

15 교인의 의무는 무엇입니까?

답 ① 교인은 교회의 정한 예배 회와 기도회와 모든 교회 집회에 출석해야 한다.

② 교인은 노력과 협력과 거룩한 교제로 교회 발전에 진력하며 사랑과 선행으로 하나님을 영화롭게 하여야 한다.

③ 교인은 교회의 경비와 사업비에 대하여 성심 협조하며 자선과 전도 사업과 모든 선한 일에 노력과 금전을 아끼지 않아야 한다.

④ 성경의 도리를 힘써 배우며 전하고 성경 말씀대로 실행하기를 힘쓰며 예수 그리스도의 정신을 우리 생활에서 나타내어야 한다.

⑤ 교회의 직원으로 성일을 범하거나 미신(迷信) 행위나 음주, 흡연, 구타하는 등의 행동이나 고의(故意)로 교회의 의무(義務)금을 드리지 않는 자는 직임(職任)을 면(免)함이 당연하고 교인으로는 의무를 이행하지 않는 자로 간주한다.

⑥ 교인은 진리(眞理)를 보수하고 교회 법규(法規)를 잘 지키며 교회 헌법에 의지하여 치리함을 순히 복종하여야 한다.

16 교회의 구별에 대해서 쓰시오.

답 ① 유형 교회 : 전 세계에 흩어져 있는 교회이며 교인은 삼위일체 하나님을 믿는 그리스도인이다.

② 무형 교회 : 하나님만 아시는 교회로서 하나님과 신앙고백을 통하여 영적으로 연결되어 있는 교회이다.

17 지교회 설립의 5대 요건은 무엇입니까?

답 ① 교인 즉 예수를 믿는다고 공언하는 교인들이 모여야 한다.

② 일정한 장소가 있어야 한다.

③ 하나님을 경배하고 거룩한 생활을 해야 한다.

④ 하나님 나라 확장을 위해 힘써야 한다.

⑤ 성경에 교훈한 대로 교회 시간을 정하여 공동 예배로 회집해야 한다.

18 조직 교회와 미조직 교회를 비교하시오.

답 조직 교회란 당회가 조직된 교회요, 미조직 교회란 당회가 조직되지 않는 교회이다.

19 교회의 항존직의 직원을 설명하시오.

답 ① 목사 : 말씀 전파와 진리의 수호 그리고 치리를 담당한다.

② 장로 : 목사를 도와 치리에 참여한다.

③ 집사 : 구제와 봉사에 참여한다.

20 교회의 임시 직원은 누구입니까?

답 전도사, 전도인(유급), 권사, 남녀 서리 집사

21 교회의 직원(임시직 및 항존직)의 시무 연한은 만 몇 세입니까?

답 70세

22 목사 후보생에 대하여 쓰시오.

답 ① 목사 되기를 자원하는 자는 목사 후보생의 서류를 구비하여 소속 노회에 제출한다.

② 노회는 목사가 되기에 합당한가를 면밀히 시험한 후에 가하면 허락한다.

③ 노회가 지정하는 신학교에 목사 후보생 추천서를 발급하여 입학하게 하고 소정의 신학 교육을 받게 한다.

23 목사 후보생, 전도사, 강도사의 소속에 대하여 쓰시오.

답 교회의 준직원으로서 개인은 소속 교회의 당회 치리 하에 있고 직무상으로는 노회 치리를 받는다.

24 남녀 서리 집사에 대하여 설명하시오.

답 교회 혹은 당회가 신실한 남녀로 선정하여 집사 직무를 하게 하는 자니 그 임기는 1년이다.

25 집사의 자격에 대해 쓰시오.

답 집사는 선한 명예와 진실한 믿음과 지혜와 분별력이 있어 존

중을 받고 행위가 복음에 합당하며 그 생활이 다른 사람의 모범이 될 만한 자 중에서 선택한다.

26 집사의 직무에 대해 쓰시오.

답 ① 당회의 감독과 지배를 받는다.

② 교회에서 수납된 구제비와 일반 재정을 관리 지출한다.

③ 빈핍, 곤궁한 자, 환자, 갇힌 자, 고아와 과부 등 모든 환난당한 자를 돌본다.

27 장로의 직무에 대해서 말하시오.

답 ① 교회의 신령적 관계를 총괄한다.

② 도리오해(道理誤解)나 도덕상 부패를 방지한다.

③ 교인의 신앙을 살피고 위하여 기도한다.

④ 특별히 심방할 자를 목사에게 보고한다.

⑤ 교우를 심방하여 위로, 교훈, 간호한다.

교회 정치

Tip 딤전 3:8~13

8이와 같이 집사들도 정중하고 일구이언을 하지 아니하고 술에 인박히지 아니하고 더러운 이를 탐하지 아니하고 9깨끗한 양심에 믿음의 비밀을 가진 자라야 할지니 10이에 이 사람들을 먼저 시험하여 보고 그 후에 책망할 것이 없으면 집사의 직분을 맡게 할 것이요 11여자들도 이와 같이 정숙하고 모함하지 아니하며 절제하며 모든 일에 충성된 자라야 할지니라 12집사들은 한 아내의 남편이 되어 자녀와 자기 집을 잘 다스리는 자일지니 13집사의 직분을 잘한 자들은 아름다운 지위와 그리스도 예수 안에 있는 믿음에 큰 담력을 얻느니라

28 장로의 자격에 대해 쓰시오.

답 ① 만 35세 이상, 입교인 남자

② 흠 없이 5년 경과

③ 상당한 식견 , 통솔력

④ 디모데전서 3장 1~7절에 해당하는 자

29 장로의 권한은 무엇입니까?

답 ① 강도와 교훈은 그의 전무 책임이 아니며,

② 치리회에서 목사와 같은 권한으로 각 항 사무를 처리한다(딤전 5:17, 롬 12:7~8).

30 장로 권고, 시무 사면, 휴직과 사직에 대하여 쓰시오.

답 장로가 범죄는 없을지라도 교회에 덕을 세우지 못하게 되는 경우에는 당회가 협의 결정하여 권고, 시무 사면, 휴직 혹 사직케 하고 그 사실을 회의록에 기록한다. 본인이 원하지 아니하면 상소할 수 있다.

Tip 딤전 3:1~7

1미쁘다 이 말이여, 곧 사람이 감독의 직분을 얻으려 함은 선한 일을 사모하는 것이라 함이로다 2그러므로 감독은 책망할 것이 없으며 한 아내의 남편이 되며 절제하며 신중하며 단정하며 나그네를 대접하며 가르치기를 잘하며 3술을 즐기지 아니하며 구타하지 아니하며 오직 관용하며 다투지 아니하며 돈을 사랑하지 아니하며 4자기 집을 잘 다스려 자녀들로 모든 공손함으로 복종하게 하는 자라야 할지며 5(사람이 자기 집을 다스릴 줄 알지 못하면 어찌 하나님의 교회를 돌보리요) 6새로 입교한 자도 말지니 교만하여져서 마귀를 정죄하는 그 정죄에 빠질까 함이요 7또한 외인에게서도 선한 증거를 얻은 자라야 할지니 비방과 마귀의 올무에 빠질까 염려하라

31 원로 장로에 대해 설명하시오.

답 한 교회에서 20년 이상 시무하던 장로가 노후에 시무를 사면할 때 교회가 그의 명예를 보존코자 하면 공동의회의 결의로 원로 장로로 추대할 수 있다.

32 협동 장로는 당회의 언권이 있습니까?

답 언권만 있고 결의권은 없다.

33 권사의 자격을 말하시오.

답 ① 여신도 중 만 45세 이상 된 입교인

② 무흠 입교인으로 다년간 교회를 섬겨야 하고

③ 공동의회에서 투표하여 투표 3분의 2 이상의 찬성을 얻은 자

34 권사는 임시 직원입니까 아니면 항존 직원입니까?

답 임시 직원

35 권사의 직무에 대해 쓰시오.

답 당회의 지도대로 빈핍, 곤궁한 자, 환자, 갇힌 자, 고아와 과부 등 환난 당한 자를 돌본다.

36 명예 권사의 자격은 무엇입니까?

답 ① 당회가 임명할 수 있다.

② 다년간 교회에 봉사해야 한다.

③ 60세 이상 된 입교인이어야 한다.

④ 행위가 성경에 적합하고 모범 되어야 한다.

37 전도사의 자격은 무엇입니까?

답 신학교 재학생 및 신학 졸업자 혹은 총신대학교 신학대학원을 졸업한 자로 노회가 고시 인가한 사람이다.

38 전도사의 권한은 무엇입니까?

답 특별한 이유가 있으면 당회장의 허락으로 미조직 교회의 시무와 제직회 임시 회장이 될 수 있다.

39 목사 후보생과 강도사는 어디에 속하는지 쓰시오.

답 개인적으로는 당회에, 직무상으로는 노회에 속한다.

40 강도사 고시 및 인허는 어디에서 합니까?

답 고시는 총회에서, 인허는 노회에서 한다.

41 목사의 자격을 쓰시오.

답 ① 총신대학교 신학대학원 및 총회 신학원을 졸업해야 한다.

② 학식이 풍부하고 행실이 선량해야 하고 신앙이 진실해야 한다.

③ 교수에 능해야 한다.

④ 모든 행위가 복음에 적합해야 한다.

⑤ 범사에 존절함과 성결함이 있어야 한다.

⑥ 가정을 잘 다스려야 한다.

⑦ 다른 사람에게도 칭찬을 받아야만 한다.

⑧ 만 30세 이상 되어야 한다.

단, 군목과 선교사는 만 27세 이상인 자로 한다.

42 목사의 직무는 무엇입니까?

답 ① 지교회를 관리하는 일(예배 인도, 당회장권 행사, 성례, 치리, 교육, 심방)

② 종교상 도리와 본분을 교훈하는 일

③ 선교사로 나가 성례를 거행하고 교회를 설립하는 일

④ 복음 전파를 위해 기독신문과 서적을 출판하는 일

⑤ 기독교 교육 지도자로서의 하는 일

교회 정치

43 목사의 종류를 쓰시오.

답 ① 위임 목사 ② 시무 목사 ③ 부목사 ④ 원로 목사

⑤ 무임 목사 ⑥ 전도 목사 ⑦ 기관 목사 ⑧ 종군 목사

⑨ 교육 목사 ⑩ 선교사 ⑪ 은퇴 목사

44 목사 청빙의 절차에 대해서 쓰시오.

답 ① 당회의 결의로

② 공동의회를 일주일 전에 소집하고

③ 임시 당회장이 청빙에 대해 묻고

④ 투표수의 3분의 2 이상의 찬성을 얻어야 하며

⑤ 투표자는 서명 날인하여 청빙서를 작성하되 공동의회 회

장은 회의 경과 정황을 기록하여 노회에 제출한다.

45 위임 목사에 대해서 설명하시오.

답 ① 지교회 청빙으로 노회의 위임을 받은 목사

② 특별한 이유가 없으면 그 담임한 교회를 만 70세까지 시무하며

③ 위임 목사가 본 교회를 떠나 1년 이상 결근하게 되면 자동적으로 위임이 해제된다.

46 시무 목사란 누구입니까?

답 ① 공동의회에서 출석 교인 3분의 2 이상 가결로 청빙 받은 자

② 시무 기간은 1년

47 부목사는 누구입니까?

답 부목사는 위임 목사를 보좌하는 임시 목사로 당회의 결의로 계속 시무를 노회에 청원할 수 있다.

48 부목사에게 당회원권이 있는지의 여부를 말하시오.

답 부목사는 치리권이 없는 목사이므로 당회원이 될 수 없다.

49 원로 목사의 자격에 대해서 말하시오.

답 ① 동일한 교회에서 20년 이상 시무

② 공동의회에서 투표하여 노회에서 허락

③ 봉급을 정하고 청원하여 노회의 결정으로 원로 목사의 명예직을 준다.

50 목사의 사면과 사직에 관해서 설명하시오.

답 ① 자유 사면 : 목사가 본 교회에 대하여 어려운 사정이 있어 사면권을 노회에 제출하여 노회의 승낙으로 교회를 사면하는 경우

② 자유 사직 : 목사가 그 시무로 교회에 유익을 주지 못할 줄로 각오할 때는 사직원을 노회에 제출할 것이요 노회는 이를 협의, 결정한다.

③ 권고 사면 : 지교회가 목사를 환영하지 아니하여 해약하고자 할 때는 노회가 목사와 교회 대표자의 설명을 들은 후 처리한다.

④ 권고 사직 : 목사가 성직에 상당한 자격과 성적이 없든지 심신(心身)이 건강하고 또 사역할 곳이 있어도 5년간 무임으로 있으면 노회는 사직을 권고한다.

교회 정치

51 사직과 사면을 구별하여 설명하시오.

답 ① 사직 : 직이 없는 일반 신도가 되겠다는 뜻

② 사면 : 직은 그냥 두고 시무만 하지 않겠다는 뜻

52 교회 예배 의식에는 무엇이 있습니까?

답 기도, 찬송, 성경 봉독, 성경 해석과 강도, 세례, 성찬, 금식과 감사, 성경 문답, 헌금, 권징, 축복

53 치리회의 권한에 대해서 말하시오.

답 ① 치리의 대상은 도덕상, 신령상 사건에 대하여

② 불복하거나 불법한 자가 있으면 교인의 특권을 향유하지 못하게 하며, 교리에 패역한 자와 회개하지 아니한 자를 교인 중에서 출교함.

54 각 치리회(당회, 노회, 총회)의 범위에 대하여 설명하시오.

답 ① 당회 : 한 지교회를 치리하는 회로 회원은 지교회 목사와 치리 장로들이다.

② 노회 : 일정한 지방 내에 교회를 치리하는 회로 회원은 지방 내 목사와 각 교회에서 파송한 총대 장로들이다.

③ 대회 : 3개 노회 이상으로 조직된 회로 회원은 각 노회에서 파송하는 목사와 장로들이다.

④ 총회 : 최상급 치리회로 회원은 각 노회에서 파송하는 총대 목사와 장로들이다.

55 당회는 매년 몇 회 이상 회집해야 합니까?

답 1회 이상

56 당회 조직의 세 가지 요건은 무엇입니까?

답 ① 지교회의 목사 ② 치리 장로 ③ 세례교인 25인 이상

57 당회의 직무를 쓰시오.(8가지)

답 ① 교인의 신앙과 행위를 총찰

② 교인의 입회와 퇴회

③ 예배와 성례 거행

④ 장로와 집사 임직

⑤ 각 항 헌금 수집하는 일 주장

⑥ 권징하는 일

⑦ 신령적 유익을 도모하며 각 기관을 감독

⑧ 노회에 총대를 파송하며 청원과 보고

58 당회의 권한을 말하시오.

답 ① 예배 의식 전관

② 예배 회집 시간과 처소 작정

③ 교회에 속한 토지 가옥에 관한 일을 장리

※ 장로의 직무, 당회의 직무, 당회의 권한이 다르다.

59 당회의 소집 권한을 말하시오.

답 ① 본 교회 목사가 필요한 줄로 인정할 때

② 장로 과반수 이상의 청구

③ 상회의 명령

60 당회장은 지교회 담임 목사가 맡는데 대리 당회장을 세울 수 있습니까?

답 당회의 결의로 노회에 속한 목사로 대리 회장이 되게 할 수 있다.

61 목사가 공석 중인 교회에서 장로가 당회장이 될 수 있습니까?

답 없다.

62 당회에서 노회에 총대 장로 파송 규정은 몇 명입니까?

답 ① 세례교인 200명 미만 1인

② 세례교인 200명 이상 500명 미만 2인

③ 세례교인 500명 이상 1000명 미만 3인

④ 세례교인 1000명 이상 4인

63 노회는 몇 당회가 되어야 조직할 수 있습니까?

답 21당회 이상

64 노회에서 총대 장로는 언제부터 회원권이 있습니까?

답 서기가 천서를 접수 호명한 후부터 회원권을 갖는다.

65 목사의 휴양 절차는 어떠합니까?

답 시무 중에 있는 목사가 신체 휴양이나 신학 연구, 기타 사정으로 2개월 이상 휴양할 때 당회의 결의를 얻어 노회에 허락을 받아야 한다.

66 노회의 회집은 어떻게 합니까?

답 ① 정기 노회는 개회 14일 전에 소집 통지하고 예정된 시간과 장소에서

② 임시 노회는 시무처가 다른 목사 3인, 장로 3인의 소집

청원으로

③ 임시 노회는 10일 전에 소집 통지서를 보낸 후 통지한 안건만 처리

④ 노회장이 참석하지 못하면 부노회장이 사회한다.

67 노회의 개회 성수는 어떻게 이루어집니까?

답 예정한 장소와 날짜에 정회원 목사 3인 이상, 총대 장로 3인 이상 회집

68 노회의 직무를 쓰시오.

답 ① 노회 안의 당회, 지교회, 목사, 강도사, 전도사, 목사 후보생, 미조직 교회를 총찰

② 각 당회에서 제출하는 헌의, 청원을 접수 처리

③ 목사 후보생, 전도사 고시를 관장, 강도사 인허, 지교회 장로 선거 승인, 임직 허락

④ 지교회를 시찰한다.

⑤ 노회의 청원과 헌의를 상회에 헌의한다.

⑥ 목사 고시 시행

⑦ 지교회에 속한 부동산 사건을 처리한다.

⑧ 시찰 위원을 선택하여 노회의 치리를 보조하게 한다.

69 임시 노회는 어떤 안건만 다룹니까?

답 노회 통지서에 기재된 안건만 다룬다.

70 임시 노회는 개회 며칠 전까지 회원에게 통지해야 합니까?

답 10일

71 원로 장로와 은퇴 장로를 구분하시오.

답 ① 원로 장로 : 한 교회에 20년 이상 시무한 장로가 노회에 시무 사면할 때 그 명예를 보존하기 위하여 공동의회의 결의로 추대한다.

② 은퇴 장로 : 만 70세 정년이 되어 은퇴한 장로로 당회와 제직회의 언권 회원이 될 수 있다.

72 지교회가 목사 청빙안을 시찰회에 경유할 때 시찰회가 반대할 수 있습니까?

답 할 수 없다.

73 목사가 공석 중인 교회에, 시찰회에서 임시 당회장을 선택할 수 있습니까, 없습니까?

답 노회 개회 때까지 임시 당회장을 택할 수 있다.

74 임시 노회 청원은 어떻게 합니까?

답 ① 각 다른 지교회 목사 3인과 각 다른 지교회 장로 3인의 청원

② 회장이 소집한다.

75 노회에서 총회로 총대를 파송하고자 할 때 목사, 장로의 수는 어

떻게 되어야 합니까?

답 동수로 같아야 한다.

76 총대는 몇 당회에서 목사, 장로 1인씩 선출할 수 있습니까?

답 7당회

77 장로와 집사는 공동의회 투표의 얼마를 얻어야 합니까?

답 투표수의 3분의 2, 단 백지 표는 투표수에 계수하지 않는다.

78 휴직 장로의 복직 절차를 기록하시오.

답 휴직한 장로가 본 교회나 타 교회에 이명 후 복직 절차는 장로 장립하기까지의 절차와 동일하며 안수만 생략한다.

79 시무 장로의 임기는 어느 때까지입니까?

답 만 70세

80 당회의 성수는 어떻게 이루어집니까?

답 ① 당회에 장로 2인-장로 1인과 목사의 출석으로

② 장로 3인 이상-장로 과반수와 목사 1인

③ 장로 1인만 있는 경우에도 모든 당회 일을 행하되 그 장로 치리 문제나 다른 사건에 있어 장로가 반대할 때에는 노회에 보고하여 처리한다.

81 당회 성수가 될 수 없는 경우를 말하시오.

답 ① 당회장(목사)이 없을 때

② 장로 회원이 과반수 이상이 되지 않을 때

82 제직회의 정기회의 회집은 1년에 몇 번 이상 해야 합니까?

1년에 4회 이상 정기회를 정함이 편하다.

83 교회 직원 선거 방법은 어떻게 합니까?

답 ① 지교회 치리 장로와 집사는 각 지교회가 공동의회 규칙에 의하여 선거하되 투표 3분의 2 이상의 찬성을 요한다.

② 단, 당회가 후보를 추천할 수 있다.

84 담임 목사 청빙 투표는 투표수의 얼마를 받아야 합니까?

답 투표수의 3분의 2

85 담임 목사 청빙 시에 공동의회에서 통과하면 곧바로 목사를 청빙할 수 있습니까?

답 노회의 허락을 받아야 한다.

86 목사 위임식의 주관은 어디서 합니까?

답 노회가 주관하여 시행한다.

87 시무 목사의 시무 연한은 몇 년입니까?

답 1년간 시무할 수 있으며, 만기 후에는 노회의 허락을 받아 시무할 수 있다.

88 위임 목사가 아닌 시무 목사는 당회(혹은 공동의회)에서 결의만으로 청빙할 수 있습니까?

답 없다. 반드시 노회의 허락을 받아야 한다.

89 장로, 집사 선거에서 당회가 후보자를 추천할 수 있습니까?

답 추천할 수 있다.

※ 전에는 없었다. 그러나 헌법을 수정하여 할 수 있게 되었다.

90 교회 각 기관에 종사하는 목사(신학교 전임 교수, 총회 총무 등)는 지교회 위임 목사가 될 수 있습니까?

답 될 수 없고 임시로 시무할 수 있다.

91 목사와 장로의 다른 점은 무엇입니까?

답 ① 설교와 치리를 겸한 장로를 목사라고 하며, 목사는 노회 소속이다.

② 치리만 하는 자를 장로라고 하는 바 장로는 당회에 속한다.

92 시무 목사가 1년 이상 교회를 시무하지 못하면 그 목사의 위임은 어떻게 됩니까?

답 자동적으로 위임이 해제된다.

93 공동의회의 회원 자격은 어떻게 됩니까?

답 본 교회 무흠 입교인은 다 회원 자격이 있다.

94 공동의회는 어떤 조건으로 당회가 결의하여 소집할 수 있습니까?

답 ① 당회가 필요를 인정할 때
② 제직회의 청원이 있을 때
③ 무흠 입교인 3분의 1 이상 청원이 있을 때
④ 상회의 명령이 있을 때

95 지교회의 공동의회 의장과 서기는 어떻게 세웁니까?

답 당회장과 당회 서기가 된다.

96 공동의회에서 결의할 사항은 무엇입니까?

답 ① 당회가 제시한 사항 ② 예산 및 결산
③ 직원 선거 ④ 상회가 지시한 사항

97 장로의 선거와 고시에 대하여 설명하시오.

답 ① 공동의회에서 투표수 3분의 2 이상의 찬성을 받아야 한다.
② 당회에 반년 이상 지도와 교육을 받아야 한다.
③ 노회 고시에 응하여 합격하여야 한다.

98 공동의회는 개최 며칠 전에 광고해야 합니까?

답 일주일 전에 한다.

99 공동의회의 개회 성수는 얼마입니까?

답 개회 시간에 출석한 교인 수대로 한다.

100 공동의회 출석수가 적을 때도 바꿀 수 없고 반드시 안건을 처리해야 합니까? 미룰 수 있습니까, 없습니까?

답 회장이 권하여 다른 날에 다시 회집할 수 있다.

101 제직회의 조직에 대해서 설명하시오.

답 ① 지교회 당회원과 집사와 권사를 합하여 제직회를 조직한다.

② 회장은 담임목사가 겸무하고 서기와 회계를 선정한다.

③ 당회는 각각 그 형편에 의하여 제직회 사무를 처리하기 위하여 서리 집사와 전도사와 권사, 전도인들에게 제직회원 권리를 줄 수 있다.

102 제직회의 사무에 관한 것을 말하시오.

답 ① 제직회는 교회에서 위임한 금전을 처리한다.

② 제직회는 예·결산을 공동의회에 보고한다.

103 제직회의 직무를 말하시오.

답 ① 교회에서 위임하는 금전을 처리한다.

② 구제와 경비에 관한 사건과 금전을 출납한다.

③ 매년 말 공동의회에 수지 결산을 보고하고 익년도 교회 예산 편성을 보고한다.

104 제직회 개회의 성수를 설명하시오.

답 ① 회원 과반수의 출석으로 개회 성수가 된다.

② 통상적인 사무 처리는 출석 회원으로 개회하여 처리할 수 있다.

105 총회의 조직을 쓰시오.

답 ① 총회는 총회 산하 각 노회에서 파송하는 총대 목사와 장로로 조직한다.

② 총대 목사와 장로는 동수로 한다.

③ 각 노회에서 총대를 택하는 선출 방법은 총회 규칙으로 정한다.

106 총회의 성수에 대하여 쓰시오.

답 노회의 과반수 출석, 총대 목사의 과반수, 총대 장로의 과반수가 출석하면 개회 성수가 되어 일반 회무를 처리한다.

107 총회 언권 회원에 대해 설명하시오.

답 ① 본 총회의 파송으로 외국에서 선교하는 선교사

② 파견 증서만 가지고 와서 본 총회 산하에서 선교하는 외국 선교사

③ 본 총회의 증경 총회장

108 정치, 권징조례, 예배모범을 변경하고자 할 때 총회는 각 노회에 수의하여 노회 과반수와 모든 노회의 투표수 몇 분의 몇 이상의 가표를 받아 변경할 수 있습니까?

답 3분의 2

109 신조와 요리문답을 개정하고자 할 때 총회는 그 의견을 제출하고 각 노회에 수의하여 노회 중 몇 분의 몇과 모든 투표수 3분의 2의 가표를 받고 그 다음 회에 채용할 수 있습니까?

답 3분의 2

110 노회에서 헌법 개정안을 총회에 헌의할 수 있습니까?

답 있다. 소속 노회 3분의 1 이상이 개정하자는 헌의를 총회에 제출하면 총회는 그 의안을 각 노회에 보내어 그 결정은 법대로 준용한다.

111 별명부는 어떤 교인을 기록합니까?

답 1년 이상 실종된 교인

112 노회가 보관하는 각종 명부를 말하십시오.

답 시무목사, 무임목사, 원로목사, 공로목사, 전도사, 목사 후보생, 강도사

05
권징조례

권징조례에 대한 기본적인 이해

장로교 권징은 신적 기원(출 25:40, 레 24:11~16 등)을 가지며, 치리회의 성격이 재판권의 행사라 할지라도 그것은 전적으로 말씀의 판단을 받는 영적인 차원이다. 또한 교회의 권징은 기도와 권면 가운데 시행해야 하며 모든 교인들의 책임으로부터 출발한다는 것을 잊지 말아야 한다.

권징조례(헌법) 전문(全文)

제1장 총론

제1조 권징의 의의

권징은 예수 그리스도께서 그 교회에 주신 권을 행사하며, 설립하신 법도(法度)를 시행하는 것이니 교회에서 그 교인과 직원의 각 치리회를 치리하며 권고하는 사건이 일체 포함된다.

제2조 권징의 목적

진리를 보호하며 그리스도의 권병(權柄)과 존영을 견고하게 하며 악행을 제거하고 교회를 정결하게 하며 덕을 세우고 범죄한 자의 신령적 유익을 도모하는 것이다.

1. 이상 목적을 성취하려면 지혜롭게 하며 신중히 처리할 것이다.
2. 각 치리회는 권징할 때에 그 범행의 관계와 정형의 경중(輕重)을 상고하되 사건은 같으나 정형이 같지 아니함을 인하여 달리 처리할 것도 있다.

제3조 범죄

교인, 직원, 치리회를 불문하고 교훈과 심술과 행위가 성경에 위반되는 것이나 혹 사정이 악하지 아니할지라도 다른 사람으로 범죄하게 한 것이나 덕을 세움에 방해되게 하는 것이 역시 범죄이다.

第4조 재판 안건

성경에 위반으로 준거(準據)할 만한 일이든지 성경에 의하여 제정한 교회 규칙과 관례에 위반되는 일이든지 다른 권징 조례로 금지할 일이 아니면 재판 안건이 되지 아니한다.

第5조 재판건과 행정건

교인이나 직원에 대하여 범죄 사건으로 소송하면 하회(下會)와 상회를 불문하고 이런 사건은 재판건이라 하고 기타는 행정건이라 한다.

第6조 교인의 자녀

교회 입교인의 소생 자녀는 다 교인이니 마땅히 세례를 베풀고 교회의 보호 아래 두어 정치와 권징에 복종하게 할 것이요 또 그가 장성하여 지각 있는 나이가 되면 교인의 각 항 본분을 마땅히 이행할 것이다.

제2장 원고와 피고

第7조 누가 범죄하였다는 말만 있고 소송하는 원고가 없으면 재판을 열 필요가 없다. 단, 권징할 필요가 있는 경우에는 치리회가 원고로 기소(起訴)할 수 있다.

第8조 혹시 범죄 사건이 중대할지라도 이상한 형편을 인하여 판결하기 극난한 경우에는 차라리 하나님께서 공의의 방침으로 실증을 주시기까지 유안(留案)하는 것이 재판하다가 증거 부족으로 중도에 폐지하여 일반 권징의 효력을 손실하는 것보다 낫다.

제9조 누가 다른 사람에게 피해되었다 하여 소송할 때에 치리회는 그 원고로 하여금 마태복음 18장 15~17절에 있는 주님의 교훈에 의하여 먼저 피고인과 화목하게 하여 볼 동안에는 재판을 열지 말 것이다.

"네 형제가 죄를 범하거든 가서 너와 그 사람과만 상대하여 권고하라 만일 들으면 네가 네 형제를 얻은 것이요 만일 듣지 않거든 한두 사람을 데리고 가서 두세 증인의 입으로 말마다 확증하게 하라 만일 그들의 말도 듣지 않거든 교회에 말하고." 하였다.

제10조 치리회가 직접 기소하고자 할 때에는 전조를 준용할 것이 없으나 치리회나 피해자 이외의 제3자가 기소하고자 할 때에는 치리회는 쌍방으로 종용히 사화(私和)하게 하고 가급적 재판하는 데 이르지 않게 하는 것이 옳다.

제11조 치리회가 기소할 때에는 곧 대한예수교장로회가 원고와 기소 위원이 되며 이 밖에는 소송하는 자가 원고가 된다.

제12조 치리회가 기소하여 재판할 때에는 그 회원 중 한 사람이나 혹 두세 사람을 기소 위원으로 선정할 것이니 그 위원이 자초지종(自初至終) 원고가 되어 상회의 판결이 나기까지 행사할 것이다.

만일 소송 사건이 상회에 송달될 때에는 기소 위원은 지원대로 상회원 중에서 자기 방조자를 지명 청구할 수 있고 상회는 그 청구에 의하여 본 회원 중 한 사람 혹은 두 사람을 선정하여 방조할 것이다.

제13조 교인이 다른 사람의 훼방을 당하고 그 치리회에 대하여 그

일의 조사 변명을 구하는 경우에는 그 치리회가 상당한 줄로 인정하면 위원 일인 이상을 선정하여 조사 회보하게 할 것이요 그 치리는 그 위원의 회보를 접수하여 회록에 기재함으로 그 사건을 종결한다.

제14조 다음에 해당한 자의 제기(提起)하는 소송을 접수하려 할 때에는 신중히 고려함이 옳다.

1. 평소에 피고에게 대하여 혐의가 있는 자
2. 성격이 불량한 자
3. 재판 혹 처벌 중에 있는 자
4. 피고의 처벌을 인하여 이익을 얻을 자
5. 소송을 좋아하는 성질이 있는 자
6. 지각이 부족한 자

제15조 기소인이 치리회에서 선정한 위원이 아니요 자의(自意)로 소송한 자이면 개심(開審)하기 전에 치리회는 먼저 경계하되 "송사가 허망하여 너의 악의와 경솔한 심사가 발현되면 형제를 훼방하는 자로 처단하겠다." 언명할 것이다.

제3장 고소장과 죄증 설명서

제16조 소장에는 범하였다는 죄상을 밝히 기록하고 죄증 설명서에는 범죄의 증거를 상세히 기록하는 것이니 범죄의 날짜 및 처소와 정형과 각 조에 대한 증인의 성명을 자세히 기록할 것이다.

제17조 소장은 1조에 한 가지의 범죄 사건만 기록하되 한 사람에 대하여 여러 가지 범행을 동시에 고소할 수 있고 매사건에 죄증 설명서를 각기 제출할 것이며 치리회는 결의에 의하여 그 모든 사건을 일시에 재판하되 매사건을 축조(逐條)하여 가부 결정한다.

제18조 손해를 당한 사건에 피해자 측의 개인 혹 두 사람 이상이 직접 고소하고자 하면 그 소장과 마태복음 18장 15~17절에 기록한 바 주님의 교훈대로 행하여 보았다는 진술서까지 제출할 것이다.

제4장 각 항 재판에 관한 보통 규례

제19조 목사에 관한 사건은 노회 직할에 속하고 일반 신도에 관한 사건은 당회 직할에 속하나 상회가 하회에 명령하여 처리하는 사건을 하회가 순종하지 아니하거나 부주의로 처결하지 아니하면 상회가 직접 처결권이 있다.

제20조 치리회가 재판회를 회집하면 회장이 먼저 그 이유를 공포하고 정중히 처리하기를 선언한 후 그 고소장과 죄증 설명서를 한 번 낭독할지니 만일 원피고가 당석에서 심문함을 원하지 않고 연기를 청원하면 다음 몇 사건만 행한다.

1. 고소장과 죄증 설명서 1통을 피고에게 교부할 것(각 조에 대한 증인의 성명도 자세히 기록할 것).
2. 원피고와 그 관계자에게 다음 회에 출석하라는 소환장을 발할 것(10일 이상으로 정함).

3. 소환장에는 그 치리회의 명칭을 기록하고 회장 서기가 날인할 것.
4. 원고 혹 피고의 청구에 의하여 증인도 출석하게 할 것이요 피고는 자기 증인의 성명을 원고에게 알게 아니하여도 무방하다.

제21조 소환장은 그 치리회가 본인에게 전달할 것이니 본인에게 전달하지 못할 경우에는 최후 거주소에 송달하되 개심하기 전에 의식 송달(意識送達)한 증거가 있어야 합당하다.

제22조 피고가 소환장을 받고도 출석하지 아니하면 치리회는 재차 소환장을 발송하되 그 소환장에 대하여 천연적 고장이 없이 출석하지 아니하면 본 권징조례(34, 39, 47조)에 의하여 시벌하겠다고 밝힐 것이다.

피고가 두 번 소환을 받고 출석하지 아니하면 궐석한 대로 판결할 것이니 이런 경우에는 치리회가 피고를 위하여 변호할 자를 선정한다. 처음 소환할 때에는 재판 기일을 10일 이상으로 정할 것이나 재차 소환할 때에는 치리회가 형편에 의하여 기일을 정할 수 있고 증인 소환도 예에 준할 것이다.

제23조 피고는 소환장에 정한 기일대로 그 치리회에 출석할 것이요 사고가 있으면 대리인으로 출석하게 할 수 있다.

1. 피고는 아래와 같은 경우에 소원을 제출할 수 있다.
   (1) 그 치리회가 정규에 의한 집회가 아닌 줄로 인정하는 때
   (2) 소송 사건에 대하여 비법 간섭인 줄로 아는 때
   (3) 고소장이나 죄증 설명서가 양식에 위반되거나 헌법 적용이

부적당한 줄로 인정하는 때

(4) 기타 중요한 사건에 대하여

2. 치리회는 재판하기 전에 그 소원에 대하여 원고 및 피고의 변명을 듣고 그 직권에 의하여 다음과 같이 처단할 수 있다.

(1) 재판을 각하(却下)하는 일

(2) 공평 정직하기 위하여 그 고소장이나 재판 기록에 위반된 것을 그 사건의 본 성질을 변동하지 아니하는 범위 안에서 개정(改正)하기를 허락하는 일

3. 치리회는 그 고소한 사건이 적법적이요 고소장과 설명서가 재판할 가치가 있는 줄로 인정하면 피고에게 향하여 그 소송의 사실에 대하여 승인 여부를 심문할 것이요 그 공술은 유죄라든지 무죄라든지 부답(不答)이라든지 다 회록에 기록하고 재판하여 처리할 것이다.

권징조례

제24조 본 치리회는 재판하기 위하여 개회 날짜를 정하고 원피고에게 정식 통지를 발한 후에 다음 순서에 의하여 처리한다.

1. 증인을 심문하되 원고는 피고의 증인에 피고는 원고의 증인에 대하여 각각 대질(對質)할 수 있으며 그 밖에도 정당한 증거를 제출할 수 있고
2. 그 후에 원고나 피고는 증거를 반증(反證)하기 위하여만 새 증인이나 새 증거를 제출할 수 있다.
3. 재판 중에 쌍방의 새 증거가 발견되면 치리회가 채납할 수 있으

나 채납하기 전에 피고에게 증인의 성명과 증거의 성질을 통지하되 치리회가 상당한 유예 시간을 주기로 공평히 작정한다.

4. 증인의 말을 청취한 후에 원고·피고가 진술한다.
5. 치리회는 즉시 원고·피고와 변호인과 방청인을 일체 퇴석하게 하고 비밀회를 연다.
6. 본 치리회원만 합의(合議)한다.
7. 고소장과 설명서의 각 조에 대하여 일일이 가부 결정한다.
8. 본 안건 전부에 대하여 결정하고 그 최후 결정은 회록에 기록한다.

제25조 본 치리회는 고소장과 설명서와 피고의 답변과 최후 결정과 모든 처리 조건과 명령한 것과 그 이유를 회록에 밝혀 기록하고 상소될 때는 그 상소한다는 예고와 그 이유도 상세히 기록할 것이다. 쌍방의 구술(口述)과 각 항 서류도 수집하여 서기가 서명 날인하면 완전한 재판 기록이 된다.

제26조 최상급회를 제한 외에 다른 치리회에서 심리하는 안건에 대하여는 원고·피고가 반항할 수 있고 그 반항하는 것을 회록에 기재할 것이다.

제27조 원고와 피고는 변호인을 사용할 수 있고 구두(口頭) 혹 서면으로 답변을 제출할 수 있다.

1. 본 장로회 목사 혹 장로 아닌 자를 변호인으로 선정하지 못할 것이요 변호인 된 자는 그 재판 회합 의석에 참여하지 못한다.

2. 치리회가 소송의 원고가 될 때는 기소 위원(제12조에 말한 위원)과 상회에서 선정한 방조 위원이 치리회의 변호인이 된다. 단, 누구를 물론하고 변호 보수금을 받는 것은 불가하다.

제28조 재판 진행 중에 규칙 혹 증거에 대하여 쟁론이 발생하면 회장은 쌍방의 변명을 들은 후 직권으로 시비를 결정할 것이니 회원 중 누구든지 그 결정에 불복하는 자는 그 재판회에 항의할 것이요 그 항의에 대하여는 이의(異義) 없이 회장이 즉시 가부 취결할 것이다. 이런 결정은 원고 혹 피고의 지원에 의하여 회록에 기재한다.

제29조 재판할 때 처음부터 나중까지 출석하여 전부를 듣지 아니한 회원은 원고·피고와 그 재판 회원이 동의 승낙하지 아니하면 그 재판에 대하여 투표권이 없고 최상급 재판회를 제한 외에는 정회 혹 휴식을 불문하고 개회 때마다 호명하고 결석한 회원의 성명은 회록에 기재한다.

제30조 원고와 피고는 등사비를 제공하고 그 안건 기록 등본을 청구할 수 있다. 상소 안건은 판결한 후 기록과 상소 판결문을 원하회(原下會)에 내려 보낸다.

제31조 치리회가 시벌하거나 해벌하는 때에는 장로회 예배모범 제16, 17장의 규정한 바에 의하여 처리함이 옳다.

제32조 치리회는 회원 3분의 1의 가결로 비밀 재판회를 열 수 있다.

제33조 치리회가 교회의 덕을 세우기에 합당한 듯하면 재판이 귀결되기까지 피의자의 직무를 정지도 하고 성찬에 참여 못하게도 할 수 있으나 이런 경우에는 그 안건을 속히 판결함이 옳다.

제5장 당회 재판에 관한 특별 규례

제34조 당회는 피고가 재차 소환을 받고도 출석하지 아니하거나 대리 변호인도 파송하지 아니하거나 출석하였다 할지라도 심문에 대하여 응답하기를 불응할 때는 그 패려함을 회개하고 당회에 복종하게 될 때까지 시벌할 것이다.

제35조 당회가 정하는 책벌은 권계(勸誡), 견책(譴責), 정직, 면직, 수찬 정지, 제명, 출교니 출교는 종시 회개하지 아니하는 자에게만 한다. 단, 해벌은 그 회개 여하에 의하여 행하거나 이에 준할 수 없는 경우에는 그 치리회가 의정(議定)할 것이다.

제36조 그 죄에 대하여 작정한 것을 교회에 공포 아니하기도 하며 공포할지라도 그 교회에나 혹 관계되는 교회에서만 할 것이다.

제6장 직원에 대한 재판 규례

제37조 복음의 영예와 발전은 목사의 명성에 관계됨이 많으므로 노회는 마땅히 조심하여 소속 목사의 개인적 행위나 직무상 행위를 자세히 살필지니 그 목사 됨을 인하여 편호(偏護)하여 불공정한 판결을

하지 말며 혹 그 죄를 경하게 벌하지 말 것이나 또한 목사에 대하여 사소한 곡절로 소송하는 것을 경솔히 접수하지도 말 것이다.

제38조 목사가 본 주소에서 떠나 먼 곳에 있어 피소된 때 그 본 노회가 실정은 알 도리가 없고 그 소송 발생한 지방을 관할하는 노회가 유죄한 줄로 생각하면 그 사건의 성질이 어떠한 것을 당연히 그 본 목사의 노회에 통지할 것이요 본 노회는 그 통지를 접한 후에 그 사건이 종교상 명예에 관계되는 것이면 즉시 재판하는 것이 옳다.

제39조 피고된 목사가 재차 소환함을 받고 자기도 출석하지 아니하고 변호인도 파송하지 아니하면 노회는 그 거역함을 인하여 정직함이 옳고 삼차 소환에도 출석하지 아니하거나 대리할 변호인도 파송하지 아니하면 수찬 정지에 처할 것이다.

제40조 어느 치리회를 물론하고 소송 중에 있을 동안에는 그 치리회의 결의에 의하여 일반 의사에 언권과 투표권을 정지하게 할 수 있다.

제41조 피고를 정죄하게 되면 권계나 견책이나 정직이나 면직(정직이나 면직할 때에 수찬 정지를 함께 할 때도 있고 함께 하지 아니할 때도 있다)이나 출교할 것이요 정직을 당한 지 1년 안에 회개의 결과가 없으면 다시 재판할 것 없이 면직할 수 있다.

단, 해벌할 때는 제35조의 단항(但項)을 적용한다.

제42조 목사가 이단을 주장하거나 불법으로 교회를 분립하는 행동

을 할 때에 그 안건이 중대하면 면직할 것이다(그 행동이 교리를 방해하려 하여 전력으로 다른 사람을 권유하는 형편이 있는지 지식이 부족한 중에서 발생하고 도에 별로 해되지 아니할 것인지 심사 후에 처단함이 옳다).

제43조 노회가 심사한 결과 그 안건이 사소한 사건이요 교인들도 그의 반성을 족한 줄로 알고 목사 시무에도 구애됨이 없으면 그 사건이 다시 발생하지 않도록만 처리하고 그 소송 사건을 취하(取下)하게 할 것이다.

제44조 악행을 인하여 목사직 해직을 당한 자가 깊이 회개할지라도 오랫동안 특별히 모범될 만한 겸손과 덕을 세우는 행위가 뚜렷하여 그 소재지 치리회의 관찰에, 교역에 종사함이 도에 방해가 되지 아니할 줄로 확인할 때는 목사로 임직하되 당초 면직한 치리회가 직접 행사하든지 그 회의 결의대로 위탁 받은 치리회가 행사할 것이다.

제45조 지교회에 담임 목사 된 자가 면직을 당하고 출교는 되지 아니하였으면 노회는 그 해직됨을 선언할 것이요 이런 경우에는 그에게 평교인의 이명서를 주어 원하는 지교회로 보내되 이명서에는 그 정형을 자세히 기록할 것이다. 담임 목사를 정직할 때는 그 담임까지 해제할 수 있으나 상소한다는 통지가 있으면 그 담임을 해제하지 못한다.

제46조 노회는 교회에 덕을 세우기 위하여 피소된 목사의 직무를 임시 정지할 수 있으나 이런 경우에는 그 재판을 속결함이 옳다.

제47조 장로 및 집사에 대하여 재판할 사건이 있으면 본 장 각 조에 해당한 대로 적용할 것이다.

제7장 즉결 처단의 규례

제48조 누구든지 치리회 석상에서 범죄하거나 다른 곳에서 범죄한 것을 자복할 때는 치리회가 먼저 그 사실을 청취한 후 즉시 처결할 수 있다.

1. 치리회 석상에서 범죄한 자는 그 재판에 대하여 2일 이상의 연기를 청구할 권이 있다.
2. 이런 경우에는 범죄 사실과 결정한 이유를 회록에 상세히 기록할 것이요 다른 안건과 같이 상소할 수 있다.

제49조 재판할 만한 범죄가 없는 입교인이 당회에 자청하기를, 자기는 성찬에 참여할 자격이 없노라 자인할 때는 당회가 이 사건을 신중히 고려하여 그 청원이 도리에 대한 오인(誤認)이 아닌 줄로 확인하면 그 청원을 임시로 허락하고 그 사실을 당회록에 상세히 기록함이 옳다.

제50조 어떠한 입교인이든지 다른 지방에 옮겨가면 본 교회 목사나 당회 서기는 그 거주를 그 지방 교회 목사 혹은 당회 서기에게 통지할 것이다.

1. 다른 지방에 옮겨간 교인이 상당한 이유 없이 2년이 경과하도록 이명서를 청구하지 아니하면 본 당회는 재삼 탐문하여 그 회보를 접하기까지 그 성명을 별명부에 옮겨 기록(연월일을 상세히 기

권징
조례

록)할 것이다.

2. 어떠한 교인을 불문하고 다른 곳에 옮긴 지 3년간 실종된 경우에도 당회는 전 항을 준용하되 그 사유를 회록에 상세히 기록할 것이다.
3. 책벌인 명부에는 시벌한 자를 기입하고 별명부에는 전 1, 2항에 해당한 자를 기입하고 노회에 제출하는 통계표에는 이를 완전한 교인으로 셈하지 말 것이다.
4. 당회는 매년 노회에 통계표를 제출하기 전에 일반 교인의 명부에 일일이 검사하여 권징조례에 의하여 정리하되 거주가 분명한 자에게는 먼저 통지함이 옳고 또 시벌된 자에게는 해벌되도록 힘쓸 것이다.

제51조 본 지방에 거주하는 본 교회 입교인이 뚜렷한 범과가 없이 교회 각 항 의식을 행하는 회석에 출석하지 아니하면 당회는 그 교인을 출석하도록 권면할 것이요 1년이 경과하도록 일향 듣지 아니하면 당회는 그 교인에게 먼저 통지한 후 책벌할 것이다. 그후 교인에게 대하여 아무 비난이 없고 다시 교회의 종교 의식에 출석하면 해벌한다.

제52조 무흠한 목사가 정치 제17장 제1조, 제3조에 의하여 노회에 청원을 제출하면 그 목적과 이유를 상세히 알아 결정하되 제3조의 경우에는 상당한 방법으로 만 1년간 유예를 지난 후 노회 관할에 그 목사가 단 마음으로 유익하게 시무하지 못할 줄로 인정하면 사직을 허락할 것이요, 그 성명을 노회 명부에서 제거하고 입교인의 이명서를 주어 소원하는 지교회로 보낼 것이다.

第53조 어떠한 입교인이든지 본 교회의 이명서 없이 다른 교파에 가입하면 이는 무례한 일이니 본 당회는 제명하고 그 사건을 본 당회록에 기재할 뿐이요 그 교인에 대하여 착수한 송사 안건이 있으면 계속 재판할 수 있다.

第54조 뚜렷한 범과 없는 목사가 본 장로회의 관할을 배척하고 그 직을 포기하거나 자유로 교회를 설립하거나 이명서 없이 다른 교파에 가입하면 노회는 그 성명을 노회 명부에서 삭제만 하고 그 사유를 회록에 기재하되 그 사람에 대하여 착수한 송사 안건이 있으면 계속 재판할 수 있고 만일 이단으로 인정하는 교파에 가입하면 정직이나 면직 혹 출교도 할 수 있다.

제8장 증거조(證據調) 규례

第55조 치리회가 증거를 채용할 때에 마땅히 주의하여 공평하게 할지니 증인 될 자 중에는 다 증인의 자격이 있는 자가 아니요 증인의 자격이 있는 자 중에도 다 믿을 만한 자가 못 된다.

第56조 하나님의 존재를 믿지 아니하는 자와 후세 상벌을 믿지 아니하는 자와 선서의 책임을 이해하지 못하는 자 외에는 채용할 만한 증인이 된다. 원피고는 각기 상대방의 증인 제출에 대하여 어떤 사람을 물론하고 거절할 수 있고 치리회는 그 증인에 대하여 채용할 가부를 결정할 것이다.

제57조 어떤 증인이든지 가히 믿을 만한 것과 어느 정도까지 시인할 만한 것은 다음 경우들을 참작할 수 있다.

1. 원피고의 친척 되는 경우
2. 소송 판결에 직접 이해 관계가 있는 경우
3. 나이가 어린 경우
4. 지력이 부족한 경우
5. 품행이 악하거나 사나운 성품이 있는 경우
6. 본 교회 책벌 아래 있는 경우
7. 성질이 조급하고 판별력이 없는 경우
8. 어떠한 형편을 불문하고 그 소송 사건에 바른 말 할 여부와 알 수 있는 여부와 간접으로 이해(利害) 받을 관계가 있는 여부를 인하여 치우칠 폐가 있는 경우

제58조 지아비는 아내에 대하여, 아내는 지아비에 대하여 증거할 수 있으나 치리회가 강권하지는 못할 것이다.

제59조 증거는 구두(口頭)로 하고 필기한 서면이나 인쇄한 문자로도 하고 직접으로 하며 형편을 따라 간접으로도 할 수 있다.

범죄 안건에는 한 사람의 증거뿐이요 다른 증거가 없으면 소송 안건을 확실히 결정하기 어려우나 소장 한 통에 같은 종류의 죄를 열거하였는데 매사건에 대하여 각각 다른 증인이 한 사람씩만 있을지라도 가히 믿을 만한 실증이면 그 소장은 전부 결정할 수 있다.

제60조 본회 회원 외에 선후(先後) 심문할 증인의 동석을 허락하지

않는다.

제61조 증인을 심문하는 차서는 치리회가 심문한 후 그 회의 허락을 받아 증인을 제출한 편에서 묻고 후에 상대자가 그 증인에 대하여 묻고 그 후에 그 재판회 위원이 심문할 것이나 그 사건에 관계 없는 말이나 희롱의 일을 묻지 아니할 것이요 필요한 사리만 나타내기 위하여 재판회의 특허를 얻는 것밖에는 증인을 제출한 자가 그 증인에게 증언을 암시하는 말로 묻지 못한다.

제62조 증인을 심문하기 전에 회장은 증인에게 대하여 다음과 같이 선서하게 한다. "후일에 산 자와 죽은 자를 심판하시는 하나님 앞에 문답할 것같이 지금 알지 못함이 없으사 사람의 마음을 감찰하시는 하나님 앞에서 이 소송안의 증인으로 출석하였으니 사실대로 직언(直言)하며 사실 전부를 말하며 사실밖에 덧붙이지 아니하기로 선서하느뇨."

제63조 증인에게 심문하는 말은 청구하는 자가 있을 때에만 필기할 것이요 원고·피고나 재판회가 필요로 인증할 때에는 증인에게 문답을 일일이 기록하고 회석에서 낭독하여 증인의 확인 날인을 받는다.

제64조 치리회 서기(서기가 별세하였거나 출타하였거나 그 밖의 사고로 인하여 시무하지 못할 때에는 회장이 대행함)가 기록의 원본(原本)이나 초본(抄本)에 서명 날인하면 상회 및 다른 회에서 족히 신용할 증거로 인정한다.

第65條 어느 회를 물론하고 전조와 같이 작성한 증인의 공술은 본회의 수집한 증거와 같게 인정한다.

第66條 재판 중에 원고 혹은 피고나 증인의 사정에 의하여 부득이 한 경우가 있으면 그 쌍방의 청원에 의하여 본 치리회가 목사 혹 장로 몇 명을 증거 조사국 위원으로 선정할 수 있다.

1. 위의 증거 조사국 위원은 본 치리회 회원 아닌 다른 회원으로 선정할 수 있다.
2. 위의 조사국은 쌍방의 제출한 증거를 받을 것이요 조사에 착수하기 전에 조사하기 위하여 각 관계자에게 회집하는 날짜와 처소를 통지하고 조사할 때에는 본 치리회의 법규대로 구두로 문답하든지 필기한 서면으로 제출하게 하되 증인에게 대한 원피고의 직접 문답과 교환 문답을 진행한다.
3. 어떻게 수합한 증거가 본건에 대한 관계 유무와 신용의 족부족(足不足)은 본 재판회가 결정한다.
4. 증거 조사국은 수취한 증거안에 서명 날인하여 본 재판회 서기에게 교부한다.

第67條 본 치리회가 재판회를 열 때에 본 치리회 회원이라도 입증하게 할 수 있으니 그 회원도 다른 증인과 마찬가지로 선서 입증한 후에 여전히 본회 사무를 처리할 수 있다.

第68條 아무 교회 교인 중 누구를 막론하고 증인 소환을 받고도 출석하지 아니하거나 혹 출석하였을지라도 증언하기를 불응하면 그 형편

대로 거역하는 행위를 징벌할 것이다.

제69조 어느 치리회의 종국 결안에 상소 기간이 끝난 후라도 피고를 면죄할 만한 새 증거가 발현되면 피고는 재심을 청구할 수 있고, 그 수소(受訴) 재판회는 재심에서 공의가 나타날 줄로 알면 허락할 수 있다.

제70조 상회에 상소하여 재판 중에 긴중(緊重)한 새 증거가 발현되면 상회는 재심하기 위하여 하회로 환송할 수 있고 쌍방이 상회에서 직결하기를 원하면 상회가 그 증거를 조사하여 판결할 수 있다. 단, 재심하는 경우에는 제100조를 적용한다.

제9장 상소하는 규례

제71조 당회나 노회에서 처리한 사건을 각기 차서에 의하여 상회에 상소하는 방법은 다음과 같다.

1. 검사와 교정 2. 위탁 판결 3. 소원 4. 상소

검사와 교정

제72조 본 교회와 부속회에서 처리한 사건은 그 당회에 보고할 것이요, 그 당회는 그 사건을 검사한 후에 접수하여 당회 문부에 편입할 것이다.

당회 이상 각 상급회는 각기 관하 각 회록을 매년 1차씩 검사할 것이요, 각 하회가 그 회록을 올려 보내지 아니하면 상회는 편의대로 올

권징조례

려 보내라든지 날짜를 정하여 올려 보내라든지 독촉 명령을 발할 수 있다.

제73조 상회가 하회 회록을 다음에 의하여 검사한다.

1. 경과 사건을 사실대로 기록한 여부
2. 처리한 사건을 교회 헌법에 의하여 결정한 여부
3. 사실을 지혜롭고 공평하게 덕을 세우게 처리한 여부

제74조 상회가 하회 회록에 대하여 가부를 결정할 때에 그 하회 총대에게는 가부권이 없다.

제75조 상회가 하회 회록을 검사하여 착오된 사건이 있으면 계책(戒責)하는 것을 본회 회록과 하회 회록에 기록하는 것이 항례이나 하회에 오착이 중대하여 위해(危害)가 있게 되면 상회는 부득이 하회에 명령하여 개정하게 하거나 변경하게 하되 기한을 정하여 준행 여부를 회보하게 할 것이다.

단, 재판 사건은 상고를 접수 처리하기 전에는 하회 판결을 갑자기 변경하지 못한다.

제76조 상회는 어느 때를 물론하고 그 소속 하회가 헌법에 위반되게 처리한 사건이 있는 줄을 확인하면 하회로 하여금 정한 처소에 그 문부를 가지고 와서 처리한 형편을 보고하게 할 것이요, 그 착오된 사실이 명백히 발견되면 상회가 직접 변경하든지 하회에 환송하여 처단할 것을 지도할 수 있다. 혹시 어떠한 소원이나 상소를 불문하고 본 치리

회나 혹 그 재판국에서 재판하는 중 판결 언도 전에 피고 혹 원고가 상회원에게나 일반 민중에게 대하여 변론서나 요령서를 출간 혹 등사하여 직접 혹 간접으로 선전하면 치리회를 모욕하는 일이니 그 행동을 치리하고 그 상소를 기각할 수 있다.

제77조 하회가 각기 책임을 이행하지 아니하므로 이단과 부패한 행위가 성행하며 뚜렷한 행악자가 징벌을 면하게 되며, 처결한 사건을 회록에 누락하였든지 잘못 기록하였을 때 상회는 이런 사실을 확인하면 하회로 하여금 회록의 검사를 받게 한 후 문부의 잘잘못을 물론하고 그 사건을 처리하되 76조를 적용한다.

위탁 판결

제78조 위탁 판결은 하회가 상회에 서면으로 제출하는 것인데 본회에서 결정하기 어려운 재판 사건에 대하여 지도를 구하는 것이나 보통 각 회는 자체의 판별력으로써 각기 사건을 판단하는 것이 교회에 더 유익이 된다.

제79조 하회가 전례 없는 사건이나 긴중한 사건이나 판결하기 어려운 사건이나 형편상 상관하기 어려운 사건이나 하회 결정이 공례(公例)나 판결례가 될 듯하거나 하회 회원의 의견이 한결같지 아니하거나 혹 어떤 사고로 인하여 마땅히 상회에서 선결하는 것이 합당한 안건은 위탁 판결을 구한다.

권징
조례

第80條 위탁 판결은 본회보다 한층 높은 회에 대하여 청구하는 것이니 (1) 하회가 결정하기 전에 준비 재료로 상회의 지도를 구하기도 하며, (2) 직접 상회의 심사와 판결을 구한다. 지도만 구하는 안건이면 하회는 그 결정을 임시로 정지하고, 심사 판결을 구하는 것이면 그 사건은 상회에 전부 위임한다.

第81條 상회가 위탁 사건에 대하여 의논할 때에 그 하회 총대도 참석하여 협의하며 투표할 수 있다.

第82條 상회가 하회 수탁(受託) 사건에 대하여 심사 판결을 책임으로 할 것이 아니니 그 사건에 대하여 지시만 하든지, 혹 지시 없이 그 회에 환송하든지 상회의 결의대로 한다.

第83條 하회의 위탁으로 상회가 수리할 때는 그 안건 기록을 즉시 상회에 올려 보낼 것이요, 상회가 접수할 때에는 원고·피고의 진술도 청취한다.

소원

第84條 소원(訴願)은 서면으로 상회에 제출하는 것이니 하회 관할에 속하여 그 치리권에 복종하는 자 중 1인 혹 1인 이상이 행정 사건에 대하여 하회가 그 책임을 이행하지 아니하거나 위법한 행동이나 결정에 대하여 변경을 구하는 것이다. 폐회 후 그 회를 대리하는 재판국에서 결정한 행정 사건에 대하여도 본회 결정에 대한 것과 같이 상회

에 소원할 수 있고, 그 재판국에서 결정할 때에 참여한 회원 중 3분의 1이 소원하는 일을 협의 가결하였으면 상회가 그 소원을 조사 결정할 때까지 그 위원회의 결정을 보류한다.

제85조 소원에 대한 통지서와 이유서는 하회 결정 후 10일 내로 작성하여 그 회 서기에게 제출할 것이요(서기가 별세하였거나 있지 않거나 혹 시무하기 불능한 때는 회장에게 제출한다), 그 회 서기는 상회 정기회 개회 다음 날 안에 그 소원 통지서와 이유서와 그 안건에 관한 기록과 일체 서류를 상회 서기에게 교부한다.

제86조 재판 사건 외 행정 사건에 대하여 하급 치리회에서 결정할 때에 참석하였던 자 중 3분의 1이 연명하여 소원을 선언하면 그 사건을 상회가 결정할 때까지 하회 결정을 중지한다.

제87조 소원하기로 성명한 자는 상회 그 다음 정기회 개회 다음날 안에 소원 통지서와 이유서를 상회 서기에게 제출한다.

제88조 상회는 그 소원장이 규정대로 되고 소원할 만한 이유가 있는 줄로 인정할 때에는 피소한 하회의 전 결정과 그에 관계되는 기록을 낭독 후 쌍방의 공술을 청취한 후 그 사건을 판결한다.

제89조 상회가 그 소원이 적법인 줄로 인정할 때에는 하회의 작정한 사건이나 결정의 전부 혹 일부를 변경할 것이니 이런 경우에 상회는 하회에 대하여 처리 방법을 지시한다.

제90조 소원을 제출한 자는 소원자가 되고 소원을 당한 자는 피소원자가 되는데 피소원자는 보통 하회가 되나니 그 하회는 회원 중 1인 이상을 대표로 정할 것이요 그 대표자는 변호인의 방조를 청구한다.

제91조 소원이나 피소원자 된 하회 회원 등은 그 사건 심의 중에는 상회의 회원권이 정지된다.

제92조 소원자나 피소원자는 그 상급회에 상고할 수 있다.

제93조 피소원자 된 하회는 그 사건에 관계되는 기록 전부와 일체 서류를 상회에 올려 보냄이 옳고 혹 올려 보내지 아니하면 상회는 반드시 가책(加責)할 것이요 기록과 서류를 올려 보낼 때까지와 그 사건을 심리 처결할 동안에 상회는 관계되는 쌍방의 권리를 의구히 보존하게 한다.

상소

제94조 상소(上訴)는 하회에서 판결한 재판 사건에 대하여 서면으로 상회에 제출하는 것이니 원피고를 불문하고 다 상소를 제기하는 자는 상소인이라 하고 상소를 당한 자는 피상소인이라 한다. 소송 사건에 대하여 판결을 취소하거나 변경하고자 하면 상소하는 것 밖에는 다른 길이 없고 상소가 제출되면 하회 회원은 그 본회의 판결에 대하여 이의(異議)나 항의나 의견서를 제출할 뿐이요 언권이 없다.

1. 폐회 후 그 회를 대리한 재판국의 판결에 대하여도 본회에서 행

한 판결과 같이 원고·피고는 다 상회에 상소할 수 있다.

2. 공소심에는 부득이한 경우에만 증거조(調)를 취급할 수 있고 상고심에서는 증거조를 폐한다.

제95조 상소를 제기할 사유는 다음과 같다.

1. 하회가 재판을 불법하게 하는 때.
2. 하회가 상소하는 것을 불허하는 때.
3. 하회가 어떤 한 편에 대하여 가혹히 취조하는 때.
4. 불합당한 증거를 채용하는 때.
5. 합당하고 긴중한 증거 채용을 거절하는 때.
6. 충분한 증거 조사 전에 급속히 판결하는 때.
7. 소송 취급상에 편견이 드러나는 때.
8. 판결 중에 오착이나 불공평이 있는 때.

제96조 상소인은 하회 판결 후 10일 이내에 상소 통지서와 상소 이유 설명서를 본회 서기(서기가 별세하였거나 부재 혹 시무하기 불능할 때에는 회장에게 제출한다)에게 제출할 것이요 그 서기는 그 상소장과 안건에 관계되는 기록과 일체 서류를 상회 다음 정기회 개회 다음날 안에 상회 서기에게 교부한다.

제97조 상소인 자기나 대리할 변호인은 상회 정기회 개회 다음날에 상회에 출석하여 상소장과 상소 이유 설명서를 상회 서기에게 교부한다. 상소인이 전기 기일에 출석하지 못한 때에는 불가항력의 고장을 인하여 위의 기간 안에 출석하지 못한 믿을 만한 증거를 제출하지 못하

면 그 상소는 취하한 것으로 인정하고, 본 하회의 판결은 확정된다.

제98조 상소인과 피상소인 되는 하회 회원은 그 사건 심의하는 상회 석에 회원권이 정지된다.

제99조 상소인이 상소 통지서와 상소장과 상소 이유 설명서를 예정 기일 안에 제출하였으면 상회는 규례대로 재판한다.

1. 상회는 하회의 판결과 상소 통지서와 상소장과 상소 이유 설명서를 낭독하고 당사자 쌍방의 설명을 청취한 후에 상소 수리 여부를 결정한다.
2. 상회는 상소를 처리하기로 작정한 후에는 다음의 순서대로 처리한다.
   (1) 상소 사건에 관한 하회 기록 전부를 자초지종 낭독한다(당사자 쌍방의 승낙으로 필요하지 아니한 부분은 묵과할 수 있다).
   (2) 당사자 쌍방이 구두로 진술하되 시작과 종결은 상소인으로 하게 한다.
   (3) 당사자 쌍방을 퇴석하게 하고 상회 회원이 합의(合議)한다.
   (4) 상소 이유 설명서에 기록한 각 조를 회장이 토론 없이 축조 가부하여 각 조에 상소할 이유가 없고 또 하회 처리도 착오가 없는 줄로 인정하면 상소는 하회 판결이 적합한 줄로 인정할 것이요, 각 조 중 1조 이상이 시인할 만한 이유가 있는 줄로 인정하면 상회는 하회 판결을 취소하든지 변경하든지 하회로 갱심(更審)하게 하든지 편의대로 작정할 것이요 상회가 하회 판결을 변동할 때에는 그 결정과 이유를 회록에 기재하고 필

요로 인정하는 때는 그 판결 해석의 대요를 회록에 기재한다.

제100조 상소를 제기한다 할 때에는 하회에서 결정한 것이 권계나 견책이면 잠시 정지할 것이요 그 밖의 시벌은 상회 판결 나기까지 결정대로 한다.

제101조 상소가 제기되면 하회는 그 사건에 관한 기록 전부와 일체 서류를 상회에 올려 보낼 것이니 만일 올려 보내지 아니하면 상회는 하회를 책하고 이를 올려 보낼 때까지 하회의 결정을 정지하게 한다.

제10장 이의와 항의서

(본 치리회 회원 상호 간에 행하는 일)

제102조 이의(異議)라 함은 어느 치리회에서든지 의안 결정할 때에 회원 중 1인 이상 되는 소수(小數)가 대수(大數)의 결정에 동의하지 아니함을 표시한다.

제103조 항의라 함은 이의보다 더 엄중히 하는 것인데 회원 중 1인 이상 되는 소수가 그 회의 행사나 작정이나 판결에 대하여 과실되는 것을 증명하는 것이니 그 이유서도 첨부한다.

제104조 이의와 항의서가 합식(合式)이요 또 언사가 정당하며 다수에 대한 무리한 풍자가 없으면 회록에 기입한다.

제105조 항의가 본 치리회의 인용한 공례와 의사를 오해한 것이 있으면 본회는 항의에 대하여 답변서를 작성하여 회록에 기재할 수 있으며 답변서를 작성한 후 항의서를 제출한 자가 항의서를 개정할 수 있고, 본 치리회가 답변서를 또한 개정함으로 그 사건을 끝낸다.

제106조 본 치리회 내 결의 사건에 대하여 투표권이 없는 자는 이의서와 항의서를 제출하지 못하고 재판 안건은 부편 투표한 자밖에는 이의서와 항의서를 제출하지 못한다. 단, 재판국에서 판결한 사건에 대하여 본회 회원도 이의서와 항의서와 답변서를 제출할 수 있다. 본회 폐회 중 본회를 대리하는 재판국에서 판결한 사건에 대하여는 판결 언도 후 10일 이내에 본회 회원이나 재판국 위원은 이의와 항의서를 작성하여 재판국 서기에게 교부하며 그 재판국 혹 재판국 위원은 판결 후 20일 이내에 답변서를 작성하여 재판국 서기에게 교부할 것이다. 재판국 서기는 이의서와 항의서와 답변서를 일일이 등본하여 본회 서기에게 교부하여 본회 회록에 기재하게 한다.

제11장 이명자 관리 규례

제107조 목사나 교인은 어느 때와 어느 지방에서 범죄하였든지 그 소속 치리회의 재판을 받는다.

제108조 교인이 다른 지교회에 이명서를 받은 후에 그 지교회에 가입하기까지는 여전히 본회 관할에 속하고(이명서 수취한 후에는 시무하던 직분은 즉시 해제되고 본 교회 공동의회에서 언권과 투표권이 없다) 받은

이명서를 1년 이내에 본 교회로 환부하면 당회는 받은 후에 회록에 기재할 것이나 전날 시무하던 직분을 계속할 수 없다.

제109조 목사도 전조와 같이 다른 회에 옮길 이명서를 수취한 후에 그 노회에 가입하기까지 여전히 본 노회 관할에 속하고(이명서 수취일로부터 본 노회 안에서 언권과 투표권이 없다) 1년 내로 이명서를 본 노회에 환부하면 노회는 이 사건을 회록에 기입하고 그 회원권은 여전히 지속한다.

제110조 목사, 강도사, 목사 후보생에게 이명서를 교부할 때에 그 지정한 노회의 명칭을 분명히 기입할 것이요 지정한 노회가 현존한 동안에 다른 노회는 그 회원을 받지 못한다.

제111조 지교회가 폐지될 때에 그 소관 노회가 그 교인을 직할하여 다른 지교회에 속한 이명서를 교부한다. 그 폐지된 당회에서 착수하였던 재판 사건이 있으면 노회가 계속 처리한다.

제112조 노회가 폐지되면 대회가 그 노회 회원을 직할하여 다른 노회에 옮길 이명서를 교부할 것이요 그 폐지된 노회에서 착수하였던 재판 사건이 있으면 대회가 계속 처리한다.

제12장 이주(移住) 기간에 관한 규례

제113조 교우가 다른 지교회에 옮기는 경우에 특별히 이유가 없으면

그 받은 회원증과 이명서를 1년 내로 옮기는 교회에 납부한다.

1. 부모가 옮길 때에 세례 받은 유아(수찬 연령 미만자)가 있으면 그 이명서에 함께 기록한다.
2. 이명서에는 옮기는 교회를 분명히 기록할 것이요 그 교회는 이명서를 접수 처리한 후에는 즉시 이명서 발송한 교회에 통지한다.

제114조 목사, 강도사, 목사 후보생도 전조와 같이 옮기는 경우에 이명서에 기입한 대로 그 노회에 가입하되 특별한 이유가 없으면 그 받은 이명서를 1년 내로 옮기는 노회에 교부할 것이요 입회를 허락한 노회는 즉시 이명서를 발송한 노회에 통지한다.

제115조 교인이 본향과 교회에서 떠난 지 2개년 이후에 이명서를 청구하면 본 당회는 이명서에 그 사실을 기입한다.

제116조 범죄 안건은 범죄 발각 후 1년 내에 개심할 것이요, 교회에 중대한 영향을 미치게 할 범행이 아니면 3년을 경과한 후에 개심할 수 없다.

제13장 재판국에 관한 규례

노회 재판국

제117조 노회는 본 관내 목사와 장로 중에서 재판국원을 투표 선정할 수 있으니 노회 재판국의 국원수는 7인 이상으로 정하되 그 중 과

반수는 목사로 선택한다. 노회는 재판 사건을 직할 심리하거나 재판국에 위탁할 수 있고 재판국은 위탁 받은 사건만 심리 판결할 수 있다.

제118조 재판국은 본 국원 중에서 국장과 서기를 택할 것이요, 위탁을 받은 안건에 대하여는 권한이 본회와 동일하여 교회 헌법과 노회에서 적용하는 규칙을 사용하되 처리 후에 보고한다.

제119조 재판국원의 성수는 국원 3분의 2의 출석으로 하되 반수 이상이 목사가 되어야 한다.

제120조 재판국원의 회집 날짜와 처소는 본 노회가 결정하거나 노회의 결정이 없으면 재판국이 결정한다.

제121조 재판국이 본 노회 개회 시무 중에서 위탁 받은 안건을 판결하였으면 그 판결을 즉시 보고할 것이요 보고한 후에는 본 노회의 판결로 인정한다.

1. 노회가 재판국의 보고를 전부 채용 혹 취소할 수 있고 취소할 때는 그 안건 전부를 재판 규칙대로 직접 심리 처결할 수 있다.
2. 본 치리회가 폐회한 후 본회를 대리한 재판국에서 재판한 안건은 공포 때로부터 본 노회의 판결로 인정한다.

제122조 재판국 서기는 재판 사건의 진행 전말과 판결에 대하여 상세한 기록을 조제(調製)하고 회장과 서기는 그 기록의 정확을 증명하기 위하여 이를 등본 날인하여 원피고와 본 노회 서기에게 각 한 통

권징
조례

씩 교부한다.

제123조 재판국은 그 판결을 본 노회 서기에게 위탁 보고하든지 친히 보고할 것이요 본 노회 서기는 그 기록과 본회 회록을 함께 상회에 올려 보내어 검사를 받는다.

대회 재판국

제124조 대회는 상설 재판국을 두고 목사 5인 장로 4인을 국원으로 하되 상비 국원제로 3조에 나누어 매년 3인씩 개선한다.

1. 대회 중에 재판국의 결원이 있으면 대회가 보결하고 대회 폐회 후에 결원되었으면 대회장이 자벽하여 대회 개회 때까지 시무하게 한다.
2. 대회는 재판 사건을 직할 심리하거나 재판국에 위탁할 수 있고 재판국은 위탁받은 사건만 심리 판결한다.

제125조 재판국은 국장과 서기를 본 국원 중에서 매년 선거할 것이요 위탁 받은 사건에 대하여는 권한이 본회와 동일하여 교회의 헌법과 대회에서 적용하는 규칙을 사용하되 대회에 보고한다.

제126조 대회 재판국의 성수는 4분의 3 출석으로 하되 그 중 목사가 반수 이상이라야 한다.

제127조 대회 재판국의 집회 날짜와 처소는 대회가 정하거나 대회의

결정이 없으면 재판국이 정한다.

第128條 대회 재판국의 판결은 대회가 채용할 때까지 당사자 쌍방을 구속할 뿐이다.

第129條 재판국 서기는 재판 사건의 진행과 심리 판결한 것을 상세히 조서에 기재하고 국장 서기는 그 조서의 정확을 증명하기 위하여 등본 날인하여 원피고와 대회 서기에게 각 한 통씩 교부한다.

第130條 재판국은 그 판결 사건을 대회 서기에게 보고할 것이요 대회 서기는 접수한 등본을 본 회록과 같이 보관한다.

第131條 대회는 재판국의 판결을 검사하여 채용하거나 환부하거나 특별 재판국을 설치하고 그 사건을 판결 보고하게 할 수 있다.

대회가 재판국 판결에 대하여 검사하지 않거나 검사할지라도 변경이 없으면 대회 폐회 때부터 그 판결은 확정된다.

第132條 재판국 비용은 대회가 부담한다.

第133條 대회가 필요로 인정할 때는 그 결의대로 특별 재판국을 설치하고 상설 재판국 규칙을 적용한다.

총회 재판국

제134조 총회는 상설 재판국을 두고 목사 8인, 장로 7인을 국원으로 선정하되 한 노회에 속한 자 2인을 초과하지 못한다. 국원은 상비 위원제로 3조에 나누어 매년 5인씩 개선하여 개회 때부터 시무할 것이요 임기 만료한 국원은 향후 1년간 재선되지 못할 것이며 총회의 다른 상비 위원으로 재직한 자도 재판 국원이 되지 못한다.

1. 총회 개회 중에 재판국의 결원(缺員)이 있으면 총회가 보결하고 총회 폐회 후에 결원이 되었으면 총회 회장이 자벽하여 총회 개회 때까지 시무하게 한다.
2. 총회는 재판 사건을 직할 심리하거나 재판국에 위탁할 수 있고 재판국은 위탁 받은 사건만 심리 판결한다.

제135조 재판국은 회장과 서기를 본 국원 중에서 매년 선거할 것이요 위탁 받은 사건에 대하여는 권한이 본회와 동일하여 교회의 헌법과 총회에서 적용하는 규칙을 사용하되 총회에 보고한다.

제136조 총회 재판국원의 성수는 11인으로 정하되 그 중 6인이 목사됨을 요한다.

제137조 재판국의 회집 날짜와 처소는 총회가 의정하거나 재판국이 의정한다.

제138조 총회 재판국의 판결은 총회가 채용할 때까지 당사자 쌍방

을 구속할 뿐이다.

제139조 재판국 서기는 본국 재판 사건의 진행과 예심 판결을 상세히 조서(調書)에 기재하고 국장 서기는 그 조서의 정확을 증명하기 위하여 등본 날인하여 원피고와 총회 원서기에게 각 한 통씩 교부한다.

제140조 재판국은 판결 사건을 총회 서기에게 위탁하게 하든지 친히 보고할 것이요 총회 서기는 접수한 등본을 본회 회록과 같이 보관한다.

제141조 총회는 재판국의 판결을 검사하여 채용하거나 환부하거나 특별 재판국을 설치하고 그 사건을 판결 보고하게 한다.

총회가 재판국 판결에 대하여 검사하지 않거나 검사할지라도 변경이 없으면 총회 폐회 때부터 그 판결은 확정된다.

제142조 재판국 비용은 총회가 지불한다.

제143조 총회가 필요로 인정할 때는 그 결의대로 특별 재판국을 설치하고 상설 재판국 규칙을 적용한다.

제14장 치리회 간의 재판 규례

제144조 어느 회든지 그 동등된 회를 상대로 소원할 일이 있으면(제84조, 제93조 참조) 한층 높은 상회에 기소할 것이나 이런 경우에 사건

발생 후 1년 이내에 피고된 회의 서기와 그 상회 서기에게 통지한다.

제145조 어느 회든지 전조와 같이 기소하고자 하면 대리 위원을 선정하여 초심(初審)부터 종심(終審) 판결까지 위임할 수 있다.

제146조 소원을 접수한 상회는 그 사건을 조사하여 이유가 상당하면 피고 회의 결정 전부 혹 1부를 취소하거나 변경하고 그 피고 회에 대하여 처리할 방법을 지시할 것이요, 원고나 피고 회는 또 그 상회에 상소할 수 있다.

목사·강도사 고시

권징조례 예상문제

1 권징의 의의를 기술하시오.

답 권징은 예수 그리스도께서 그 교회에 주신 권(權)을 행사하며 설립하신 법도를 시행하는 것이니 교회에서 그 교인과 직원과 각 치리회를 치리하며 권고하는 사건 일체가 포함된다.

2 권징이란 무엇입니까?

답 권징은 예수 그리스도께서 그 교회에 주신 권(權)을 행사하며 설립하신 법도(法度)를 시행하는 것이다.

3 권징의 범위를 말하시오.

답 교회에서 그 교인과 그 직원과 각 치리회를 치리하며 권고하는 일체의 사건이 포함된다.

4 권징의 목적을 기록하시오.

답 ① 진리를 보호하며
② 그리스도의 권병(權柄)과 존영을 견고하게 하며
③ 악행을 제거하고
④ 교회를 정결하게 하며
⑤ 덕을 세우고

⑥ 범죄한 자의 신령적 유익을 도모하는 것이다.

5 권징에서 말하는 범죄란 무엇인지 기록하시오.

답 ① 교훈과 심술과 행위가 성경에 위반되는 것

② 악하지 아니할지라도 다른 사람으로 범죄하게 한 것

③ 덕을 세움에 방해되게 하는 것

6 어떤 일이 재판 안건이 되는지 기술하시오.

답 ① 성경에 위반으로 준거할 만한 일

② 성경에 의하여 제정한 교회 규칙과 관례에 위반되는 일

③ 권징조례로 금지할 일에 관련된 일

7 재판건과 행정건의 차이점을 기록하시오.

답 ① 재판건 : 교인이나 직원에 대하여 범죄 사건으로 소송하면 하회와 상회를 불문하고 이런 사건을 재판건이라 하며

② 행정건 : 재판건 이외의 모든 것을 말한다.

8 신약에서 범죄자를 치리하는 절차에 관하여 언급한 본문은 무엇입니까?

답 마태복음 18:15~17

9 치리회가 재판 안건을 열기 전에 해야 할 일은 무엇입니까?

답 주님의 교훈대로 먼저 화목하게 한다. (마 18:15~17)

10 만일 형제가 죄를 범하거든 어떻게 하라고 예수님께서 말씀하셨습니까?

답 ① 그 사람과만 상대하여 권고한다.

② 그래도 말을 듣지 않으면 한두 사람을 데리고 가서 두세 증인의 입으로 말하게 한다.

③ 그래도 말을 듣지 않으면 교회에 말한다.

11 소송을 접수하려 할 때 어떤 사람에 대하여 접수를 신중히 고려해야 합니까?

답 ① 평소에 피고에게 대하여 혐의가 있는 자

② 성격이 불량한 자

③ 재판 혹 처벌 중에 있는 자

④ 피고의 처벌을 인하여 이익을 얻을 자

⑤ 소송을 좋아하는 성질이 있는 자

⑥ 지각이 부족한 자

12 소장이 무엇입니까?

답 범하였다는 죄상을 밝히 기록한 것

13 죄증 설명서는 무엇입니까?

답 범죄의 증거를 상세히 기록한 것이다.(범죄의 날짜, 장소, 정형, 증인의 설명 등)

14 고소란 무엇입니까?

답 책벌을 구하는 소송이다.

15 고소장이란 무엇입니까?

답 범죄하였다는 죄상을 기록하여 재판과 책벌을 요구하는 소송 문서의 일종이다.

16 기소란 무엇입니까?

답 권징의 필요가 있어서 치리회가 원고가 되는 고소와 피해자 외에 제3자의 원고가 되는 책벌 요구 소송이다.

17 소원이란 무엇입니까?

답 소원은 서면으로 상회에 제출하는 것이니 하회 관할에 속하여 그 치리권에 복종하는 자 중 1인 혹은 1인 이상이 행정 사건에 대하여 하회가 그 책임을 이행하지 아니하거나 위법한 행동이나 결정에 대하여 변경을 구하는 것이다.

18 가중시벌이란 무엇입니까?

답 수찬 정지 당한 자가 2년 내에 회개의 증거가 없을 때에는 치리회가 재판과 관계없이 출교를 결의할 수 있는 것을 가중시벌이라고 한다.

19 손해를 당한 사건에 피해자 측의 개인 혹 두 사람 이상이 직접 고소할 때 제출할 서류는 무엇입니까?

답 ① 소장

② 마태복음 18장 15~17절에 기록한 바 주님의 교훈대로 행하여 보았다는 진술서

20 재판은 어떻게 하는가를 기록하시오.

답 ① 범죄의 소송은 삼심제로 하되 재판은 각급 치리회가 관장한다.

② 노회는 재판국을, 총회는 상설 재판국과 특별 재판국을 설치하여 심리 판결할 수 있다.

21 치리회가 기소할 때는 누가 원고가 됩니까?

답 대한예수교장로회가 원고와 기소 위원이 된다. 이 밖에는 소송하는 자가 원고가 된다.

권징조례

22 재판건 성립의 세 가지 요인을 말하시오.

답 ① 원고의 고소

② 책벌할 만한 범죄

③ 권면해도 불응하는 악심자(마태복음 18장 15~17절)

23 재판 안건이 되지 못할 것은 무엇입니까?

답 ① 성경에 의하여 제정한 교회 규칙과 관례에 위반되지 않거나

② 권징조례로 금지할 일이 아니면 재판 안건이 되지 못한다.

24 치리회가 재판회를 회집하면 회장이 먼저 그 이유를 공포하고 정중히 처리하기를 선언한 후 무엇을 낭독합니까?

답 고소장과 죄증 설명서

25 만일 원피고가 당석에서 심문함을 원하지 않고 연기를 청원하면 치리회에서 할 일은 무엇입니까?

답 ① 고소장과 죄증 설명서 1통을 피고에게 교부한다.
② 원피고와 그 관계자에게 다음 회에 출석하라는 소환장을 발부한다.
③ 소환장에는 그 치리회의 명칭을 기록하고 회장과 서기가 날인한다.
④ 원고 혹 피고의 청구에 의하여 증인도 출석하게 한다.

26 피고가 두 번 소환을 받고 출석하지 아니하면 궐석 재판할 수 있습니까?

답 있다.

27 처음 피고를 소환할 때 재판 기일을 며칠 이상으로 정해야 합니까?

답 10일 이상

28 재판회와 재판국의 차이를 말하시오.

답 ① 재판회는 일반 행정을 치리하는 치리회가 재판 사건이 있을 때 재판회로 모이자고 가결지을 때 재판 사건을 다루는 당석 재판이다.

② 재판국은 재판국을 조직하여 몇 사람에게 맡겨 재판 사건을 처리하게 하는 것이다.

29 고소·고발은 취소할 수 있습니까?

답 취소될 수 있으나 기소된 후에는 치리회의 허가가 있어야 한다.

30 기소의 결정은 어떻게 합니까?

답 치리회가 기소 결정을 하되 신중히 하여야 한다.

31 재판 위원에 대한 기피 신청은 어떠한 때 할 수 있습니까?

답 ① 재판 위원 중 원고 또는 피고와 친족 관계가 있을 때

② 그 판결로 인하여 이해 관계가 생기게 되는 재판 위원이 있을 때

32 치리회가 시벌하거나 해벌하는 때 장로회 예배 모범 제 몇 장과 몇 장의 규정한 바에 의하여 처리함이 옳습니까?

답 16, 17장

33 치리회는 회원 몇 분의 몇의 가결로 비밀 재판회를 열 수 있습니까?

답 3분의 1

34 재판 관할을 설명하시오.

답 ① 노회 : 소속 목사, 목사 후보생, 강도사

② 당회 : 장로, 집사, 전도사, 권사, 서리 집사(목사 후보생, 강도사)

※ 목사 후보생과 강도사는 교적은 당회에 있고 양성을 받는 노회에서는 신분상의 관할을 받는다.

35 원피고와 증인 등을 처음 소환하는 방법은 어떠합니까?

답 ① 10일 이상의 기간을 두고 소환할 것

② 소환장은 후일 송달서가 남도록 할 것(배달 증명 혹 등기 우편)

③ 피고에게 고소장과 죄증설명서 각 1통씩을 소환장에 동봉할 것

36 원고와 피고 간에 화해한 사건도 재판할 수 있습니까?

답 화해한 사건이라도 범죄가 뚜렷하면 이를 심리 재판할 수 있다.

37 변호인과 대리인을 비교 설명하시오.

답 ① 변호인 : 원고 혹 피고를 위해 변호하는 사람으로 본 장로회 목사, 장로이어야 한다.

② 대리인 : 사건 당사자를 대리하는 자니 피고가 유고 시 출석하게 한다.

38 변호인에 관한 조항을 말하시오.

답 ① 원고, 피고 모두 다 사용할 수 있다.
② 본 장로회 목사와 장로만 할 수 있다.
③ 변호인은 보수를 받을 수 없다.

39 변호인의 변론 방법을 말하시오.

답 ① 서면 변론 ② 출석 변론

40 당회 재판에 관한 특별한 규례를 설명하시오.

답 ① 피고가 재차 소환을 받고도 출석하지 않거나
② 대리 변호인도 파송하지 않거나
③ 출석하였다 할지라도 심문에 대하여 불응할 때 그 잘못을 회개하고 당회에 복종할 때까지 시벌하는 규례이다.

권징
조례

41 해벌하는 법적 근거는 무엇입니까?

답 해벌은 그 회개 여하에 의하여 할 수 있다.

42 피고된 목사가 재차 소환을 받고 출석하지 않고 변호인을 파송하지 않으면 어떤 벌을 내릴 수 있습니까?

답 정직

43 피고된 목사가 3차 소환에도 불응하고 변호인을 파송하지 않으면 어떤 책벌에 처할 수 있습니까?

답 수찬 정지

44 정직된 자가 1년 내에 회개의 결과가 없으면 어떻게 합니까?

답 다시 재판할 것 없이 면직할 수 있다.

45 목사를 면직할 만한 죄를 말하시오.

답 ① 이단을 주장

② 불법으로 교회를 분립하는 행동

46 담임 목사가 정직을 당하여 상소할 경우 즉시 담임을 해제할 수 있습니까?

답 상소하면 담임을 해제하지 못한다.

47 노회는 교회에 덕을 세우기 위해 피소된 목사의 직무를 임시 정지할 수 있습니까?

답 있다.

48 어떤 경우 즉결 처단 할 수 있습니까?

답 ① 치리회 석상에서 범죄 사건

② 타처에서 범죄한 것을 본인이 자복했을 경우

49 증인이 될 수 없는 자는 누구입니까?

답 ① 하나님의 존재를 안 믿는 자

② 후세 상벌을 믿지 않는 자

③ 선서의 책임을 이해 못하는 자

50 노회 재판국의 국원 수를 말하시오.

답 노회는 본 관내 목사와 장로로 재판국원을 투표 선정할 수 있으며 노회 재판국의 국원수는 7인 이상으로 정하되 그 중 과반수는 목사로 정한다.(예 : 목사 4인, 장로 3인)

51 재판국의 성수를 말하시오.

답 ① 국원 3분의 2 출석으로 하되

② 반수 이상이 목사가 되어야 함

52 재판국이 다룰 수 있는 사건의 범위는 어디까지입니까?

답 재판국은 위탁받은 사건만 심리 판결할 수 있다.

53 재판국의 결의는 어느 정도의 효력을 갖고 있습니까?

답 ① 노회 폐회 후 재판국이 위탁받은 안건을 판결하였으면 그 판결을 즉시 보고할 것이요, 보고한 후에는 본 노회의 판결로 인정한다.

② 회기 중 판결은 흡사 상비부의 결정과 같다. 그러므로 본회에 보고하여 채택할 때까지 효력이 없다.

54 대회나 총회 재판국 판결의 효력을 설명하시오.

답 대회나 총회가 채택할 때까지는 미결 상태이니 당사자 쌍방을 현상 동결하게 하는 효력이 있다.

55 대회나 총회 재판국 판결에 대하여 총회는 어떻게 처리합니까?

답 ① 검사하여 판결대로 채택하든지

② 다시 재판국으로 환부하여 재심하게 하든지

③ 특별 재판국을 설치하여 위탁한다.

④ 혹 대회나 총회 폐회 시까지 검사하지 않거나 변경이 없으면 대회나 총회 폐회 시부터 각각 그 치리회의 판결로 확정한다.

56 대회나 재판국 판결 후에 총회에 보고하기까지 당사자 쌍방을 구속한다 함은 무슨 뜻입니까?

답 당사자 쌍방에 대하여 임명, 사면, 사직, 청빙, 임직 등 신분상 변경을 일체 허용하지 않고 판결 이전 상태로 동결한다는 뜻으로 봐야 한다.

57 담임 목사가 총회 재판국에 의해 면직되거나 정직 판결을 받으면 즉시 그 담임이 해제됩니까?

답 아직은 예심이 끝난 정도이므로 법적으로 그 판결 효력이 미치기 이전이니 교회 시무에 구애될 것이 없다.

58 노회가 어떤 경우에 다시 발생하지 않도록 권고하고 소송 사건을 취하하게 할 것입니까?

답 ① 사소한 사건

② 교인들이 목사가 한 반성을 족한 줄로 알고 목사 시무에도 구애되지 않는 경우

59 노회가 교회에 덕을 세우기 위하여 피소된 목사의 직무를 얼마 동안 정지할 수 있습니까?

답 임시 동안

60 상설 재판국이란 무엇입니까?

답 대회나 총회 재판국이 합법적으로 해마다 국원 3분의 1씩을 개선하는 재판국으로 사건의 유무에 불구하고 항상 조직해 두는 재판국이라는 뜻이다.

61 총회 상설 재판국원의 수는 몇 명입니까?

답 ① 총회는 상설 재판국을 두고 목사 8인, 장로 7인을 국원으로 선정한다.

② 총회 재판국원의 성수는 11인으로 정하되 그 중 6인이 목사 됨을 요한다.

62 임시 재판국이란 무엇입니까?

답 노회 재판국으로, 곧 사건이 재판을 필요로 할 때만 조직하는 재판국이다.

63 특별 재판국의 임무는 무엇입니까?

답 총회 재판국은 본회가 판결을 취소한 사건을 맡아 심리 판결하여 본회에 보고하여야 한다.

64 증거 조사국이란 무엇입니까?

답 원고, 피고, 증인 등에게 부득이한 사정이 있을 때 원·피고의 청원으로 본 치리회의 목사, 장로에게 증거 조사를 위탁하는 제도이다.

65 노회 및 총회 재판국원의 임기는 몇 년입니까?

답 ① 노회 재판국원 : 위임받는 사건의 처리 보고 시까지
② 총회 재판국원 : 3년(매년 3분의 1명씩 개선된다.)

66 범죄 사실이 중대할지라도 판결하기 어려운 경우에는 어떻게 처리함이 좋습니까?

답 하나님께서 공의의 방침으로 실증을 주시기까지 유인하는 것이 재판하다가 증거 부족으로 중도에 폐지하여 일반 권징의 효력을 손실하는 것보다 낫다.

67 재판국의 절차를 쓰시오.

답 ① 고소, 고발장 및 죄증 설명서의 낭독
② 기소 이유 설명 ③ 원고 및 피고 심문
④ 증거 조사 및 증인의 채택과 심문
⑤ 변론 ⑥ 판결

68 재판국원이 그 재판에 대하여 투표권을 상실하게 되는 경우를 말하시오.

답 ① 재판할 때에 결석한 회원(국원)

② 지각이나 조퇴로 자초지종 임석하지 못한 회원(국원)

③ 원·피고와 재판회(국)의 동의 승낙을 얻지 못한 회원(국원)

69 재판국이 직접 재판하지 아니하고 임의로 증거 조사국을 설치하여 위탁할 수 있습니까?

답 원·피고의 공동청원으로 가능하며 재판국이 임의로 하지 못한다.

70 치리회가 재심 청구를 거절할 수 있습니까?

답 재심에서 면죄할 만한 새 증거가 나타날 것이라 여겨지지 아니하면 재심을 거절할 수 있다.

71 정직되었던 장로의 직무는 어떻게 회복할 수 있습니까?

답 ① 회개하며

② 당회의 결의로 교인의 가부를 기다릴 것 없이 복직할 수 있다.

72 면직 당한 장로는 어떤 절차를 거쳐서 복직됩니까?

답 ① 회개하면 당회의 결의로 해벌하고 성찬에 참여케 한다.

② 교회가 다시 투표하여 장립 예식을 행한 후에 임직이 가능하다.

73 면직 당한 목사는 어디에서 복직할 수 있습니까?

답 면직한 치리회 앞에서 복직하거나 그 회의 결의대로 위탁받은 치리회에서 할 수 있다.

74 담임이 해제된 자가 상소하면 그에게 처한 정직 시벌에도 불구하고 그 교회를 계속 시무할 수 있습니까?

답 ① 정직된 자이므로 목사 직무를 시행할 수 없어 시무가 불가능하나

② 다만 담임 해제가 유보된 상태인 교회는 마땅히 드렸던 생활비를 계속 지급할 것이요, 다른 목사를 청빙하거나 노회가 그것을 허락할 수 없다.

75 당회가 재판 없이 처리할 수 있습니까? 있다면 어떤 경우입니까?

답 누구든지 치리회 석상에서 범죄하거나 다른 곳에서 범죄한 것을 자복할 때는 치리회가 먼저 그 사실을 청취한 후 즉시 처결할 수 있다.

76 당회나 노회가 처리할 사건을 상회에 상소하는 방법을 기술하시오.

답 ① 검사와 교정 ② 위탁 판결 ③ 소원 ④ 상소

77 위탁 판결이란 무엇입니까?

답 위탁 판결은 하회가 상회에 서면으로 제출하는 것인데 본회의에서 결정하기 어려운 재판 사건에 대하여 지도를 구하는

것이다.

78 상소란 무엇입니까?

답 하회에서 판결한 재판 사건에 대하여 서면으로 상회에 제출하는 것이다.

79 고소와 상소는 어떻게 다른가를 기록하시오.

답 ① 고소란 처음 재판을 받는 경우로 범죄 사실을 두어 책벌을 요구하는 내용이며

② 상소는 하회 재판에 대하여 상회에 서면으로 제출하는 것을 말한다.

80 상소를 할 수 있는 사유는 무엇입니까?

답 ① 하회가 재판을 불법하게 하는 때

② 하회가 상소하는 것을 불허하는 때

③ 하회가 어떤 형편에 대하여 가혹히 취조하는 때

④ 불합당한 증거를 채용하는 때

⑤ 합당하고 긴중한 증거 채용을 거절하는 때

⑥ 충분한 증거 조사 전에 급속히 판결하는 때

⑦ 소송 취급상 편견이 드러나는 때

⑧ 판결 중 오착이나 불공평이 있는 때

81 공소와 상고는 어떻게 다릅니까?

답 ① 공소 : 당회 재판에 대하여 노회에서 상소하는 것을 말

한다.

② 상고 : 노회 재판에 대하여 총회에 상소하는 것을 말한다.

82 피고가 소원을 제출할 수 있는 경우를 기술하시오.

답 ① 행정 사건에 대하여 하회가 그 책임을 이행하지 아니할 때

② 위법한 행동이나 결정에 대하여 변경을 구할 때

83 원고, 피고 및 증인 소환의 합법적 방법을 말하시오.

답 재판회가 소환하되 구두 또는 서면으로 하며 재판 개정 10일 전에 전달되어야 한다.

84 판결에 결의권이 없는 재판 위원은 누구입니까?

답 ① 시종여일하게 재판에 참여하지 않는 위원

② 원고 또는 피고 된 위원

③ 원고나 피고의 친족 또는 그 변호인 된 위원

85 재판 계류 중 변론서나 요청서를 작성하여 직간접적으로 선전할 때에 치리회는 어떻게 해야 합니까?

답 치리회를 모독하는 행위로 규정하고 그 행동을 치리하고 그 상소를 기각할 수 있다.

86 상소 방식은 어떠하며 언제까지 상소하여야 유효한가를 설명하시오.

답 ① 원심 판결 통고 접수 후 20일 이내에 원심 치리회에 상소

하겠다고 통지서를 제출하여야 한다.

② 같은 기일 내에 상소할 치리회에 상소장과 상소 이유서를 제출하여야 한다.

87 다음 상소에 대한 기간을 쓰시오.

답 ① 위탁 판결 : 기간에 구애 없이 아무 때든지 할 수 있다.

② 소원 : 결정 후 10일 이내에 해야 한다.

③ 상소 : 판결 후 10일 이내에 해야 한다.

88 소원에 대한 통지서와 이유서는 언제까지 누구에게 제출합니까?

답 ① 하회 결정 후 10일 이내 ② 노회 서기에게

89 소송 사건에서 판결을 취소하거나 변경하는 길은 무엇입니까?

답 상소하는 길뿐이다.

권징 조례

90 상소를 분류하고 약술하시오.

답 ① 검사와 교정 : 상회가 하회 회록을 검사하여 교정하는 것

② 위탁 판결 : 하회 관할 재판 사건을 하회 형편상 판결을 위탁하거나 그 준비 자료를 상회에 위탁하는 것

③ 소원 : 관할 치리회의 행정 처결에 대하여 상회에 변경을 구하거나 혹은 관할 치리회의 행정 처결을 상회에 촉구하는 행정 소송

④ 상소 : 관할 치리회의 판결에 대하여 상회에 취소나 변경을 구하는 송사

91 소원장에 의해서 책벌할 수 있는 벌은 무엇입니까?

답 소원이란 요구서가 아니라 행정 처리의 취소나 변경이나 촉구를 요구하는 행정 소송이니 책벌할 수 없다.

92 판결문과 결정서는 어떻게 다릅니까?

답 ① 판결문 : 고소나 상소 등 책벌 요구에 대한 재판국의 최후 결정이다.

② 결정서 : 행정 처결의 촉구, 변경, 취소 등을 요구하는 소원에 대한 최후 결정이다.

93 소원장을 받은 치리회의 최종 결정문을 무엇이라고 합니까?

답 결정서

94 고소장을 받은 치리회의 최종 결정문을 무엇이라고 합니까?

답 판결문

95 소원에 대한 통지서와 이유서는 하회 결정 후 며칠 내에 작성하여 그 회의 서기에게 제출해야 합니까?

답 10일 내에

96 항의란 무엇입니까?

답 ① 양심 자유 원리에 의한 소수 판결 존중 규정이다.

② 회원 중 1인 이상 되는 소수가 관할회의 행사, 작정이나 판결에 대하여 과실이 있는 것을 증명하는 것으로 그 이

유서를 첨부해야 한다.

97 항의서에는 반드시 답변서로 답변해야 합니까?

답 본 치리회가 인용한 공례와 의사를 오해한 것이 있으면 답변서로 답변하고 회록에 기록할 수 있다.

98 이의와 항의서의 차이점을 말하시오.

답 이의 : 결정에 동의하지 아니함
항의 : 과실 되는 것을 증명함

99 범죄에 대하여 고소를 제기할 수 있는 기간은 어느 정도입니까?

답 ① 발각 후 1년
② 교회에 중대한 영향을 끼칠 만한 사건은 발각 후 3년

권징
조례

100 교인이 본 교회의 이명 없이 타 교회에 등록하면 어떻게 해야 합니까?

답 제명하고 당회록에 기록함

101 증인 심문의 원본과 초본에 누구의 서명이 있어야 신임 받을 수 있습니까?

답 치리회 서기(서기 유고 시 회장)

102 증인의 자격은 어떠해야 합니까?

답 증인은 증인 선서의 책임을 아는 교인이라야 한다. 교인인

증인이 없을 때에는 재판회의 결의로 비교인을 증인으로 채택할 수 있다.

103 교적이란 무엇입니까?

답 일종의 호적이다.

104 이명이란 무엇입니까?

답 호적을 옮기는 전적과 같다.

105 이명해 간 범죄자는 어떻게 관리합니까?

답 목사나 교인은 어느 때 어느 지방에서 범죄했든지 그 소속 치리회의 재판을 받는다.

106 어떻게 판결이 확정됩니까?

답 ① 당회, 노회 재판의 판결은 상소 기간이 지난 후 즉시 확정된다.

② 총회 재판의 판결은 판결 채용 즉시 확정된다.

107 헌법상 제명의 두 종류를 말하시오.

답 ① 출교하는 책벌로서의 제명

② 사망, 전출 등의 사유로 교적부에서 이름을 지우는 행정 조치

108 피고인을 위해 그 배우자가 증인으로 나서기를 거절하면 어떻게

합니까?

답 마땅히 용인하며 강요하지 못한다.

109 재판국의 회집 날짜와 처소는 본 노회가 결정하거나 노회의 결정이 없으면 누가 결정합니까?

답 재판국

110 노회 재판국 판결의 효력을 말하시오.

답 노회 폐회 후의 판결은 공포일로부터 곧 그 노회 판결로서의 효력이 있다.(즉 노회와 동등) 회기 중 판결은 흡사 상비부의 결정과 같으므로 본 회의에 보고하여 채택할 때까지 아무 효력이 없다.

권징
조례

111 면직된 목사의 복직은 아무 노회에서나 할 수 있습니까?

답 아니다. 반드시 면직한 노회 앞에서 복직할 수 있다.

112 면직된 목사가 복직하는 절차를 기술하시오.

답 면직 목사의 복직이란 그를 다시 안수하고 장립하는 일이니 이는 중대한 일인즉 반드시 조심하며 행할 것이다. 면직한 노회 앞에서 복직할 수 있다.

113 노회가 목사를 어떠한 벌에 처할 수 있습니까?

답 ① 노회가 목사에게 주는 벌은 권계, 견책, 정직, 면직, 수찬정지, 출교이다.

② 정직된 목사가 1년 안에 회개한 증거가 없으면 다시 재판할 것 없이 노회가 면직할 수 있다.

114 교회 권징의 종류 두 가지를 쓰시오.

답 ① 치리 ② 권고

115 어느 교회에서 불행하게도 분쟁이 발생하여 목사, 장로, 안수 집사가 재판을 받게 되었을 경우 각 치리회가 재판회로 변형되어 각자를 재판하게 되는데 각각 어느 치리회 관할 하에 재판을 받아야 합니까?

답 목사는 노회, 장로와 집사는 당회의 관할 하에 재판을 받는다.

116 당회가 정하는 책벌의 종류는 7가지가 있다. 가벼운 책벌부터 무거운 책벌까지 순서대로 기록하시오.

답 ① 권계 ② 견책 ③ 정직 ④ 면직 ⑤ 수찬 정지 ⑥ 제명 ⑦ 출교

권징조례 예상문제

1 권징의 의의를 쓰시오.

답 예수 그리스도께서 그 교회에 주신 권을 행사하며 설립하신 (법도)를 시행하는 것이니 교회에서 그 (교인)과 (직원)과 각 (치리회)를 치리하며 (권고)하는 사건이 일체 포함된다.

2 권징의 목적을 정리하시오.

답 진리를 보호하며, 그리스도의 (권병)과 존영을 견고하게 하며, (악행)을 제거하고, 교회를 정결하게 하며, 덕을 세우고 범죄한 자의 (신령적 유익)을 도모하는 것이다.

3 옳은 것을 고르시오. **답** ③

① 치리회는 교인의 세상 범죄 사건(민사, 행정 소송)도 다룬다.

② 치리회는 성경에 위배되는 것만 처리하고 다른 것은 못한다.

③ 치리회는 성경과 교회 규칙, 관례, 권징조례에 금지한 사건만 다룬다.

④ 치리회에서 임의로 결정할 수 있다.

4 재판건과 행정건을 구별하여 설명하시오.

답 재판건 : 범죄 사건으로 소송하는 것

행정건 : 재판건 외의 사건

5 옳은 것을 고르시오. **답** ①, ③

① 재판은 소송하는 원고가 있어야 열 수 있다.

② 치리회는 권징을 주관하는 실체이므로 원고가 될 수 없다.

③ 치리회는 사건을 소송하면 먼저 화해를 주선한다.

④ 치리회는 화해시킬 수 없다.

6 원고는 누가 됩니까?

답 소송하는 자

7 죄증 설명서에 관해서 말하시오.

답 범죄의 증거를 상세히 기록한 것

8 다음 문제에서 괄호 안에 들어갈 단어는 무엇입니까?

목사에 관한 사건은 (　　) 직할에 속하고 일반 신도에 관한 사건은 (　　)에 속한다. 단, 하회가 순종하지 아니하거나 부주의로 처리하지 아니하면 상회가 직접 (　　)이 있다.

답 노회, 당회, 처결권

Tip 마 18:15~17

15네 형제가 죄를 범하거든 가서 너와 그 사람과만 상대하여 권고하라 만일 들으면 네가 네 형제를 얻은 것이요 16만일 듣지 않거든 한두 사람을 데리고 가서 두세 증인의 입으로 말마다 확증하게 하라 17만일 그들의 말도 듣지 않거든 교회에 말하고 교회의 말도 듣지 않거든 이방인과 세리와 같이 여기라

9 옳은 것을 고르시오. **답** ①, ⑤, ⑥

① 피고가 두 번 소환을 받고도 출석하지 아니하면 궐석한 대로 판결하며 치리회가 변호할 자를 선정한다.

② 피고(목사)가 세 번 소환을 받고도 출석하지 아니하면 면직한다.

③ 피고가 출석하지 아니하면 재판을 할 수 없다.

④ 첫 소환할 때는 재판 기일을 7일 이상으로 정한다.

⑤ 첫 소환할 때는 재판 기일을 10일 이상으로 정한다.

⑥ 피고인은 사고가 있으면 대리인으로 출석하게 할 수 있다.

10 변호인에 관한 조항으로 옳은 것을 고르시오. **답** ②, ⑤

① 피고만 변호인을 사용할 수 있다.

② 원고, 피고 모두 다 사용할 수 있다.

③ 변호인은 목사만 할 수 있다.

④ 변호인은 장로만 할 수 있다.

⑤ 본 장로회 목사, 장로만 할 수 있다.

⑥ 변호인은 보수를 받을 수 있다.

11 치리회는 회원 얼마의 가결로 비밀 재판회를 열 수 있습니까? **답** ②

① 과반 ② 1/3

12 옳은 것을 고르시오. **답** ②, ③

① 당회는 재판 결과를 반드시 교회 앞에 공포해야 한다.

② 공포 안 할 수도 있다.
③ 공포할지라도 그 교회나 혹 관계되는 교회에서만 할 것이다.
④ 교계 신문을 통해서 반드시 공포해야 한다.

13 피고된 목사가 재차 소환을 받고 출석하지 않고 변호인을 파송하지 않으면 어떤 벌을 내릴 수 있습니까?

답 정직

14 피고된 목사가 3차 소환에도 불응하고 변호인을 파송하지 않으면 어떤 책벌에 처할 수 있습니까?

답 수찬 정지

15 옳은 것을 고르시오. **답** ②
① 소송 중에 있는 자는 자동적으로 언권과 투표권이 정지된다.
② 소송 중에 있는 자는 그 치리회의 결의에 의해 언권과 투표권을 정지하게 할 수 있다.

16 정직을 당한 사람이 1년 안에 회개의 결과가 없으면 어떻게 됩니까?

답 다시 재판할 것 없이 면직할 수 있다.

17 목사직을 면직 당한 사람이 깊이 회개하여 목사로 다시 세울 수 있다고 할 때 다시 목사직을 맡기는 절차는? **답** ①
① 다시 안수하여 임직해야 한다.

② 치리회가 허락한다는 선언만으로 가능하다.

③ 강도사 고시를 다시 치러야 한다.

18 담임 목사가 정직을 당하여 상소할 경우 즉시 담임을 해제할 수 있습니까?

답 상소하면 담임을 해제하지 못한다.

19 뚜렷한 범과 없는 목사가 본 장로회의 관할을 배척하고 그 직을 포기하거나 다른 교파에 가입한 경우는 어떻게 됩니까? 만일 이단으로 인정하는 교파에 가입하면 어떻게 됩니까? **답** ②, ③

① 노회는 명부에서 삭제하고 그 사유를 회록에 기록한다.

② 정직할 수 있다.

③ 면직, 출교도 할 수 있다.

20 증인이 될 수 없는 자에 대해 쓰시오.

답 ① 하나님의 존재를 안 믿는 자

② 후세 상벌을 믿지 않는 자

③ 선서의 책임을 이해하지 못하는 자

21 증거에 대하여 옳은 것을 고르시오. **답** ②

① 반드시 서면으로 해야 한다.

② 서면 또는 구두로도 가능하다.

22 위탁 판결 청구는 어떤 경우에 하는 것입니까?

답 ① 사건이 너무 긴중하여 판결하기 어려운 사건

② 형편상 상관하기 어려운 사건

23 위탁 판결을 받은 상황에는 그 사건을 어떻게 해야 합니까?

답 ②, ③

① 반드시 그 사건을 처리해야 한다.

② 그 사건에 대하여 하회에 지시할 수 있다.

③ 지시 없이 하회에 환송할 수 있다.(2, 3 모두 상회 결의대로 한다.)

④ 지시하고 하회에 환송할 수 없다.

24 소원이란 무엇입니까?

답 행정 사건에 대하여 하회가 그 책임을 이행하지 않거나 위법한 행동이나 결정에 대하여 상회에 서면으로 변경을 구하는 것

25 상소란 무엇입니까?

답 상소는 하회에서 판결한 재판 사건에 대하여 서면으로 상회에 제출하는 것

※ 소원은 행정 사건, 상소는 재판 사건

26 상소를 제기하면 하회에서 결정된 책벌은 어떻게 되는가?

답 ③, ④

① 상회에서 결정날 때까지 모두 무효이다.

② 상회에서 결정날 때까지 모두 잠시 정지된다.

③ 하회에서 결정한 건 중 권계, 견책은 잠시 정지된다.

④ 그 밖에 시벌은 상회 판결이 나기까지 결정대로 행한다.

27 항의서에 대하여 옳게 말한 것은? **답** ②, ③

① 항의서는 고소인이 제출하는 것이다.

② 항의서는 치리회 회원 중에서 제출하는 것이다.

③ 재판 안건에 대해 부편 투표한 자만 제출할 수 있다.

28 목사 교인이 과거 다른 치리회에서 범죄하였는데 지금은 치리회가 다르다면 재판 관할권은 어디에 있습니까? **답** ②

① 과거에 속한 치리회

② 현재 소속 치리회

29 노회 재판국의 조직은?

답 ① 목사와 장로 중에서 7인 이상으로 한다.

② 과반수는 목사로 선택한다.

30 옳은 것을 고르시오. **답** ②, ③

① 노회는 재판 사건이 있을 때 반드시 재판국을 설치하여 처리해야 한다.

② 노회는 재판 사건을 직접 심리하거나 재판국에 위탁할 수 있다.

③ 재판국은 위탁받은 사건만 심리한다.

④ 재판국은 위탁받지 않은 사건도 재판국 회의의 결의로 재판할 수 있다.

31 노회의 재판국 판결에 대한 처결로 옳은 것은? **답** ③, ④

① 노회는 재판국 판결을 무조건 수용해야 한다.

② 취소할 경우에는 무조건 전부 취소된다.

③ 전부 채용 혹 취소할 수 있다.

④ 취소 시에는 안건 전부를 재판 규칙대로 직접 심리 처결할 수 있다.

32 총회 상설 재판국 의원수와 성수를 쓰시오.

답 ① 목사 8인, 장로 7인

② 한 노회에 속한 자 2인을 초과하지 못한다.

③ 성수 11인으로 하되 그 중 6인이 목사여야 한다.

33 총회가 필요로 인정할 때는 결의로 (   ) 재판국을 설치하고 (   ) 재판국 규칙을 적용한다.

답 특별, 상설

34 면직 당한 장로가 회개할 때 복직 절차를 쓰시오.

답 ① 당회가 해벌하여 성찬에 참여하게 하고

② 교회가 다시 투표하여 장립 예식을 행한 후에 임직 가능하다.

35 교회 권징의 종류 두 가지를 쓰시오.

답 ① 치리 ② 권고

36 교인이나 직원의 범죄 사건을 재판함에 있어서 소송하는 원고가 없으면 재판이 성립되지 못하지만 반드시 피고의 범죄 사건을 권징해서 교회의 혼란을 막고 덕을 세울 필요가 있다고 인정될 경우 다음의 어떠한 회가 원고가 되어 기소할 수 있습니까? **답** ①

① 치리회 ② 공동의회 ③ 당회 ④ 제직회

37 원고가 피고를 고소할 경우에는 고소장과 죄증 설명서를 반드시 제출해야 재판건이 성립됩니다. 다음에서 고소장과 죄증 설명서를 바르게 연결한 것은 무엇입니까? **답** ①

① 고소장 : 죄상에 대한 기록
  죄증 설명서 : 범죄의 증거에 대한 기록

② 고소장 : 범죄에 증거에 관한 기록
  죄증 설명서 : 죄상에 대한 기록

38 어느 교회에서 불행하게도 분쟁이 발생하여 목사, 장로, 안수 집사가 재판을 받게 되었습니다. 이러한 경우 각 치리회가 재판회에 임하는 원고나 피고는 둘 다 공히 변호인을 선정하여 자신을 변호할 수 있는 권리가 있습니다. 이때 변호인의 선정에 맞는 것은? **답** ③

① 원고는 목사만 할 수 있고, 장로는 선정할 수 없으며, 피고는 목사, 장로 다 선정할 수 있다.

② 원고는 목사나 장로 다 할 수 있고, 피고는 장로만 선정할 수 있다.

③ 원고는 목사나 장로 다 할 수 있고, 피고도 목사, 장로 다 선정할 수 있다.

④ 원고는 목사나 장로 다 할 수 있고, 피고는 목사, 장로, 집사까지 선정할 수 있다.

39 당회가 정하는 책벌의 종류에는 7가지가 있다. 가벼운 책벌부터 무거운 책벌까지 순서대로 기록하시오.

답 ②-⑥-④-⑦-①-③-⑤

① 수찬 정지 ② 권계 ③ 제명

④ 정직 ⑤ 출교 ⑥ 견책 ⑦ 면직

40 소송 중에 있는 회원은 어느 치리회에서나 일반 의사 시에는 그 권한을 제한받는데 다음 중 제한받지 않는 권한은 무엇입니까?

답 ③

① 언권 ② 투표권 ③ 참여권 ④ 직무권

41 노회가 제출하는 교회 통계표에는 교회의 인원, 재산 및 신앙 활동상의 상세한 것까지 기록하여야 함이 각 지교회의 기본적인 임무입니다. 다음 보기에서 교회 통계표 인원수에 포함될 수 있는 것은? **답** ②

① 별명부에 기록된 자

② 입교인 명부에 기록된 자

③ 별세인 명부에 기록된 자

④ 책벌인 명부에 기록된 자

42 본 장로회에서 목사 안수를 받은 자가 장로회의 관할을 배척하고 이단으로 인정된 교파에 가입할 때 노회가 치리할 수 있는 범위는 어디까지입니까? **답** ④

① 권계, 견책까지 할 수 있다.

② 수찬 정지까지 할 수 있다.

③ 제명까지 할 수 있다.

④ 정직, 면직, 출교까지 할 수 있다.

43 당회나 노회에서 처리한 사건을 각기 상회에 상소하는 방법을 순서대로 정리하시오. **답** ②-④-①-③

① 소원 ② 검사와 교정

③ 상소 ④ 위탁 판결

44 평서노회 소속 A교회 목사가 강원노회 소속 B교회 장로와 강원노회 주최 어느 모임에서 심한 분쟁이 일어나 범죄 사건이 되어 재판에 임하게 되었습니다. 두 사람의 재판 관할에 대한 정확한 해답은 무엇입니까? **답** ④

① A교회 목사, B교회 장로 둘 다 강원노회 모임에서의 범죄 사건이므로 강원 노회의 재판을 받는다.

② A교회 목사는 평서노회에서 관할하여 재판하고, B교회 장로는 강원노회에서 관할하여 재판을 받는다.

③ A교회 목사는 A교회에서, B교회 장로는 B교회에서 재판을 받는다.

④ A교회 목사는 평서노회에서, B교회 장로는 B교회 당회에서 재판을 받는다.

45 다음에서 재판 안건 성립의 세 가지 요건이 아닌 것은 무엇입니까? **답** ③

① 성경 말씀에 대한 위반

② 교회 규칙과 관례에 대한 위반

③ 재판 판례에 대한 위반

④ 권징조례에 대한 위반

46 재판건과 행정건의 차이는 무엇을 가지고 결정합니까? **답** ②

① 조례 ② 소송

③ 치리 ④ 판례

47 이의와 항의의 차이는 다음의 무엇을 가지고 결정합니까? **답** ①

① 이유서 ② 이명서

③ 답변서 ④ 죄증 설명서

48 재판회와 재판국의 차이점에 대한 설명 중 틀린 것을 고르시오. **답** ③

① 재판회는 인원의 제한이 없지만, 재판국은 인원의 제한이 있다.

② 재판회는 재판 사건 전반을 심리할 수 있으나 재판국은 위탁 받은 사건만 한다.
③ 재판회는 3분의 2 이상의 참석으로 성수가 되나 재판국은 3분의 1의 참석으로도 된다.
④ 재판회는 재판 사건에만 열 수 있으나 재판국은 상설로 설치할 수 있다.

49 권징의 목적으로 옳지 않은 것은 무엇입니까? **답** ①
① 범죄자에 대한 경고를 목적으로
② 성경의 진리를 보호할 목적으로
③ 그리스도의 존영을 나타낼 목적으로
④ 교회에 덕을 세울 목적으로

50 교적과 이명에 관한 설명 중 옳은 것은 무엇입니까? **답** ③
① 교인이 다른 지교회에 가서 등록하면 그 즉시 회원이 된다.
② 교인이 다니던 교회에서 이명서를 받아가면 그 즉시 회원권을 상실한다.
③ 교인이 다른 지교회에 가서 이명서를 접수시켜 수취가 되면 그 즉시 그 교회의 회원권을 얻게 된다.

51 다음에서 원고가 될 수 없는 사람은 누구입니까? **답** ②
① 제3자 ② 가해자 ③ 피해자 ④ 치리회

52 공소와 상고를 바르게 설명한 것은 무엇입니까? **답** ②

① 공소는 최초의 범죄 사건을 당회 재판에 기소하는 것이요, 상고는 노회 재판이 부당하다 생각하여 노회 재판에 상소하는 것을 말한다.

② 공소는 당회 재판에 대하여 노회에 상소하는 것을 말하고, 상고는 노회 재판에 부당하다 생각되어 총회 재판에 상소하는 것을 말한다.

③ 공소는 노회 재판에 대하여 총회에 상소하는 것을 말하며, 상고는 총회 재판에 부당하다 생각하여 대법원 재판에 상소하는 것을 말한다.

④ 공소와 상고는 다같이 상회의 재판에 상소하는 것을 말한다.

53 다음의 재판 관할을 나누어보시오.(목사, 장로, 안수 집사, 권사, 서리 집사, 전도사, 전도인, 강도사, 목사 후보생)

답 노회재판 : 목사, 강도사, 목사 후보생

당회재판 : 장로, 안수 집사, 권사, 서리 집사, 전도사, 전도인, 강도사, 목사 후보생

54 면직된 목사의 복직 절차를 설명하시오.

답 다시 안수하고 임직해야 한다.

55 면직된 목사의 복직은 아무 노회에서나 할 수 있습니까?

답 아니다. 반드시 면직한 노회 앞에서 복직할 수 있다.

56 목사의 면직에 대하여 (　　　) 안을 채우시오.

목사가 (　　　)을 주장하거나 불법으로 (　　　)를 분립하는 행동을 할 때에 그 안건이 (　　　)하면 면직할 것이다.

답 이단, 교회, 중대

권징조례

06

예배모범

예배모범에 대한 기본적인 이해

교회를 아무리 열심히 다녀도 예배에 대한 이해의 부족은 바른 신앙생활을 할 수 없게 만든다. 예배의 모범을 따르는 것은 예배의 본질을 이해하고, 하나님께 더 가까이 나아가려는 것이다.

예배모범(헌법) 전문(全文)

제1장 주일을 거룩히 지킬 것

1. 주일을 기념하는 것은 사람의 당연한 의무이니 미리 육신의 모든 사업을 정돈하고 속히 준비하여 성경에 가르친 대로 그날을 거룩히 함에 구애가 없게 하라.
2. 이날은 주일인즉 종일토록 거룩히 지킬지니 공동 회집으로나 개체로 예배하는 일에 씀이 옳으며 종일토록 거룩히 안식하고 위급한 일 밖에 모든 사무와 육신적 쾌락의 일을 폐할지니 세상 염려와 속된 말도 금함이 옳다.
3. 먹을 것까지라도 미리 준비하고 이날에는 가족이나 집안 사환으로 공동 예배하는 일과 주일을 거룩히 함에 구애가 되지 않도록 함이 옳다.
4. 주일 아침에는 개인으로나 혹 권속으로 자기와 다른 사람을 위하여 기도하되 특히 저희 목사가 그 봉직하는 가운데서 복 받기를 위하여 기도하고 성경을 연구하며 묵상함으로 공동 예배에 하나님과 교통하는 것을 준비하라.
5. 개회 때부터 일심 단합함으로 예배 전부에 참여하기 위하여 정한 시간에 일제히 회집함이 옳고 마지막 축복 기도할 때까지 특별한 연고 없이는 출입함이 옳지 않다.
6. 이와 같이 엄숙한 태도로 공식 예배를 마친 후에는 이날 남은 시간은 기도하며 영적 수양서를 읽되 특별히 성경을 공부하며 묵상하며 성경 문답을 교수하며 종교상 담화하며 시편과 찬송과

예배 모범

신령한 노래를 부를 것이요 병자를 방문하며 가난한 자를 구제하며 무식한 자를 가르치며 불신자에게 전도하며 경건하고 사랑하며 은혜로운 일을 행함이 옳다.

제2장 교회의 예배 의식

1. 예배 시간이 되거든 예배당에 들어가 각기 좌석에 앉되 단정하고 엄숙하며 건강한 모양을 지키며 자기와 목사와 그 참석한 모든 사람과 참석하지 못한 사람들을 위하여 묵기도로 복을 빌라.
2. 예배 시간에는 모든 사람이 엄숙한 태도와 공경하는 마음으로 예배하고 목사가 낭독하거나 인증하는 성경밖에 다른 것을 읽지 말 것이다. 귓속말이나 출입하는 자에게 인사나 곁눈질이나 졸음이나 웃거나 그밖의 모든 합당치 못한 행동을 일체 하지 말 것이요 어린이들은 부모가 데리고 있는 것이 좋으니 한 가족이 하나님의 집에 같이 모여 앉는 것이 가장 마땅하며 유년 예배회로 따로 모일 때는 당회원이 반드시 출석 인도하라.

제3장 예배 때 성경 봉독

1. 예배 때에 성경 봉독은 공식 예배의 한 부분이니 반드시 목사나 그 밖의 허락을 받은 사람이 봉독한다.
2. 신·구약 성경은 청중으로 알아듣게 하기 위하여 한글 성경을 낭독한다.
3. 봉독할 성경 장절은 목사의 의향대로 작정할지니 유익한 줄로 생

각할 때는 그 읽는 중에 어떤 부분을 해석함도 옳으나 성경을 읽든지 찬송하든지 기도하든지 강도하든지 각 절차의 시간이 서로 적당하게 하고 결코 모든 것이 합하여 너무 짧든지 너무 지루하게 하지 말라.

제4장 시와 찬송

1. 예배당에서 공동으로나 혹 한 가족끼리나 시와 찬미로 하나님을 찬송하는 것은 모든 신자의 마땅한 본분이니 성경에 합한 말과 하나님께 영광 돌리는 언사를 사용하라.
2. 하나님을 찬송하는 노래를 부를 때는 정성으로 하며 그 뜻을 깨달으며 곡조에 맞추어 주께 우리 마음을 다해야 할지니 음악의 지식을 연습하여 우리의 마음으로 하나님을 찬양하는 동시에 또한 우리 음성으로도 하나님을 찬송하는 것이 옳고, 교우는 반드시 찬송책을 준비하여 함께 찬송하는 것이 마땅하다.
3. 공식 예배 때에 찬송은 찬송가에 한하여, 찬송하는 시간의 다소는 목사가 조심하여 정할 것이나 아무쪼록 적당하게 하여 교인 전체로 찬송하는 실력을 얻게 함이 옳다.

제5장 공식 기도

1. 교회당 공식 예배를 시작할 때는 간단한 기도로 함이 옳으니 겸비한 태도로 영생하신 하나님의 무한한 권위를 숭배하며 우리가 육정으로 인해 하나님께 멀리 떠났던 것과, 죄인이 되어 공로 없

는 것을 고하고 그의 은혜롭게 임하심을 겸손한 마음으로 간구하며 예배에 대하여 성령의 은조(恩助)와 우리 주 예수 그리스도의 공로로 우리를 용납하시기를 구하라.

2. 시나 찬송을 부른 후 강도하기 전에 신자의 일체 소원을 포함한 기도를 할지니
   (1) **영광을 돌림** 하나님께서 세상을 창조하시고 권고하시는 중에 나타내시는 것과 성경 말씀 가운데 분명하고 완전하게 나타내신 영광과 완전하심을 존중할 것.
   (2) **감사** 하나님의 주신 각양 은혜를 사례할지니 보통 은혜와 특별 은혜와 신령적 은혜와 육체적 은혜와 단체적 은혜와 개인적 은혜를 감사하되 모든 은혜 위에 초월한 은혜 곧 말할 수 없는 선물 되신 예수 그리스도와 그로 말미암아 영생의 소망을 얻는 것과 성령을 보내주심과 성령의 역사하시는 것을 크게 감사할 것.
   (3) **자복** 원죄와 자기 범행한 죄를 자복(自服)하되 함께 예배하는 모든 사람으로 하여금 죄라는 것은 그 성질이 하나님에게 분리되는 것이니 심히 악한 것으로 깨닫게 하며 또한 죄 뿌리에서 나는 각 죄를 말할 것이니 하나님을 거역하는 죄와 이웃을 해하는 죄와 자기를 해하는 죄와 사언행(思言行)으로 범하는 죄와 은밀한 죄와 참람한 죄와 우연히 범하는 죄와 습관으로 범하는 죄며 또 죄에 죄를 더하는 것도 말할지니 가령 짐짓 범하는 죄와 분별할 도리가 있는데 범하는 죄와 특별한 자비를 받고 범하는 죄와 특권을 받은 후 범한 죄와 맹세한

후 범한 죄들이다.

(4) 간구 여러 가지 간구할 것이 있으니 곧 구속하신 보혈의 공로로 죄사함을 받는 것과 하나님으로 더불어 화평을 얻는 것과 거기서 발생하는 중대하고 쾌락한 결과요 또 사람을 성결하게 하시는 성령과 우리의 직임을 성취하기 위하여 만족할 능력 주심과 인간이요 죄인인즉 마땅히 받을 고난 중에서 권고하시며 안위하심과 이 비참한 세상을 지내기 위하여 적당한 자비를 베푸시기 위하여 기도할 것이니 이 모든 것을 간구할 때에 이 은혜는 하나님의 언약하신 사랑에서 나는 것이요 우리의 신령적 생활을 보호하며 진보하게 하시기 위하여 주시는 것으로 알고 간구할 것.

(5) 간구할 근거 기도할 때에 우리의 간구하는 바를 응낙하실 연고는 온 신구약에 모든 허락한 원리와 우리의 부족함과 하나님의 풍성하심과 예수의 공로와 우리를 위하여 간구하심과 자기 백성의 위로와 희락에 나타낸 하나님의 영광을 위함이다.

(6) 다른 사람을 위하여 기도 다른 사람 곧 세계 모든 인류를 위하여 기도할 것이니 모든 인류에게 성령을 부어 주실 것과 하나님의 교회의 화평과 정결과 흥왕함을 위하여 기도하며 여러 목사와 각처에 있는 선교사를 위하여 기도하며 의를 인하여 해 받는 모든 사람과 본 교회와 우리와 교통하는 각 교회와 병인과 죽게 된 사람과 비참한 사정을 당한 사람과 가난하고 궁핍한 자와 나그네와 옥에 갇힌 이와 남녀 노소와 수륙(水陸)에 해당하는 사람과 본 교회 소재 지방과 각 관리와 군

인과 그 밖에 필요한 일을 위하여 기도할지니 이상에 기록한 제목 중에 어느 것을 더 말하고 덜 말할 것은 주장하는 기도자가 깊이 생각하여 작정한다.

3. 강도한 후에 하는 기도는 그 강도한 말씀에 관계되는 것을 들어 기도하고 그 밖의 모든 공식 기도는 그때 모든 정형에 의하여 한다.

4. 이상과 같이 기도 제목은 그 범위가 넓고 종류가 많으니 그 택하는 것은 당직한 목사의 충성과 생각에 맡긴다. 우리 장로회가 공식 기도의 일정한 모범을 좇을 것은 아니나 목사가 예배석에 나오기 전에 반드시 그 강도를 준비하는 것과 같이 또한 기도할 것도 준비하는 것이 옳다. 목사는 반드시 성경을 숙독하고 기도에 대한 서책을 연구하고 묵상하며 하나님으로 더불어 교통함으로 기도하는 능력과 정신을 얻을 것이요, 그뿐 아니라 아무 때나 공식 기도를 하려 할 때는 그 전에 자기 마음을 안돈하고 기도할 것 중 어떠한 말이 좋을지 마음 가운데 차례로 준비할 것이니 이렇게 하여야 기도하는 데 그 위엄과 예모를 갖추며 또 같이 예배하는 사람들에게도 유익이 될 것이요 무미하고 불규칙하며 부주의한 행동으로 중대한 예식을 오손(汚損)하지 말라.

5. 공식 기도에 참여한 모든 사람의 자세는 항상 경건한 태도를 가질 것이요 회중은 가급적 일정한 태도를 가지는 것이 당연하니 기립 기도하는 자세는 성경에 말하고 옛날 교회의 실행하던 일

이요 장로 교회의 예법이다. 그러나 기립하든 바로 앉든지 다 무방하다.

제6장 강도

1. 강도(講道)는 사람을 구원하는 하나님의 방침이니 크게 주의하여 행하여야 한다. 목사는 전심 전력하여 부끄럽지 아니한 일꾼이 될 만하게 힘써 진리의 말씀을 옳게 분해해야 한다.
2. 강도의 본문은 어떤 성경 한 절이나 혹 몇 절을 택할 것이요, 강도의 목적은 하나님의 진리 범위 중 한 부분을 해석하고 장편의 본문을 강론하여 그 진리를 가르치며 마땅히 행할 본분의 성질과 한계를 설명하며 혹시 변증도 한다.
3. 강도하는 자는 방법을 많이 연구하고 묵상하며 기도하고 조심하여 예비함이 옳으니 결코 주의(主義)와 예비 없이 하지 말고(삼하 24:24) 복음의 단순한 것을 따라 그 언어(言語)가 성경에 적합하고 듣는 사람 중 무식한 자라도 알아듣기 쉽게 말할 것이요 자기의 학문이나 재예(才藝)를 자랑하지 말고 자기 행실로 자기의 가르치는 도리를 빛나게 하고(딛 2:10) 생각과 말과 사랑과 믿음과 정결함으로 신자의 본이 되어야 한다.
4. 공식 예배에 가장 요긴한 것은 가장 높으신 하나님께 향하여 단체적 경의를 표하는 것이니 목사는 강도를 너무 길게 하여 요긴한 기도와 찬송을 못하거나 부족하게 하지 말고 적당한 비례로 시간을 사용하여 예배를 완전하게 함이 옳다.
5. 강도를 마친 후에는 목사가 기도하여 전능하신 하나님께 감사를

돌리고 그 다음에는 시나 찬미를 부르고 하나님을 대표하여 축복 기도로 폐회함이 옳다.(고후 13:13, 히 13:20~21, 유 1:24, 25, 엡 3:20~21, 살후 3:16, 17, 민 6:24~26)

6. 성경에 분명히 가르친 대로 교회의 비용을 부담하며 국내와 국외에 복음을 전하며 빈궁한 자를 구제하기 위하여 정기로 조리 있게 단 마음으로 헌금하는 것을 힘쓰되, 은혜 받을 목적과 예배의 한 부분으로 알고 행할 것이요, 시간은 당회에서 의정하여 예배 시간 중 편리한 때를 택하여 행함이 옳다.
7. 노회 관할 아래 있는 어느 지교회에서든지 노회에서 보낸 사람 외에는 아무를 막론하고 당회나 목사의 허락 없이는 강도함을 허락하지 않는다.

제7장 주일 학교

1. 주일 학교에서 적용하는 절차는 기도, 찬송, 성경, 신조, 교회의 요리(要理)와 헌법 등을 공부하고 종교상 목적과 국내와 국외에 전도 사업을 위하여 헌금하는 것이니 주일 학교로 인하여 주일 공식 예배에 출석하는 것과 또한 부모가 직접 자녀 교훈하는 책임이 거리낌이 되지 않게 할 것이요 항상 당회의 관할 및 감독 아래 있어야 한다.
2. 주일 학교 교장은 일정한 시간에 개회하고 시종 각 반을 살펴보아 각 반에 적당한 선생이 있으며 선생과 학생이 상당한 질서를 유지하며 학생으로 하여금 믿는 마음을 고무하여 공부에 열중하게 하는 동시에 또 경건한 태도를 가지게 해야 한다.

3. 주일 학교 선생은 마땅히 자기 할 일을 위하여 성경을 연구하며 묵상하며 기도함으로 힘써 예비할지니 담임한 학생 중 아직 믿지 않는 학생이 있으면 개인으로 권면하며 심방하고 특별히 병든 때와 무슨 사고가 있을 때에 심방을 하고 위하여 하나님께 복을 빌고 시간을 엄수하여 학생들로 하여금 시간을 지키도록 장려하는 것이 요긴하다.

제8장 기도회

1. 기도할 목적으로 모이는 회도 당회의 인도하는 대로 하되 가급적 주간 정기회로 계속 집회하며 각처에 흩어져 있는 교우들은 형편을 따라 특별히 어떠한 때를 정하여 모이게 할 수도 있다. 이와 같은 회는 목사나 당회 회원이나 혹 교회에 상당한 자격이 있는 형제가 인도할지니 기도, 찬송, 성경 낭독과 간단한 권면으로 행할 것이다.
2. 각 교우로 기도하게 하되 경건히 하고 너무 지루하게 하지 않도록 권면할 것이다.

제9장 유아 세례

1. 세례는 공연히 지체할 것도 아니요 어떠한 형편을 물론하고 평신도가 베풀 수 없고 반드시 하나님의 사역자로 부르심을 받은 그리스도의 목사가 베푼다.

2. 세례는 교회 안 모든 회중 앞에서 베푸는 것이 통례이다.

3. 자기 자녀가 세례 받기를 원하는 자는 그 뜻을 목사에게 예고하고 그 부모 중 한 사람이나 혹 두 사람이 다 그 세례 받을 어린이를 데리고 온다.

4. 세례 베풀기 전에 목사는 성례에 관한 성질과 소용과 이 예식의 목적을 다음과 같은 예사(例詞)로 설명한다.
이 예식은 그리스도께서 세우신 것이니 믿음으로 의롭다 하심을 얻은 인증(印證)이다. 구약 때에 아브라함의 자손이 할례를 받는 특권이 있던 것과 같이 복음의 은혜 아래 있는 성도의 자손에게 이 예식 행하는 특권이 있으니 그리스도께서 만국 백성에게 명하사 세례를 받으라 하셨고 어린이들에게 축복하사 천국의 백성은 이와 같다 하셨으며 복음의 허락은 성도와 및 그 집안에 미친다 하셨고 사도들도 이와 같이 집안 세례를 베풀었으니 우리의 성품은 죄과로 더럽게 된 것을 인하여 반드시 그리스도의 피로 씻으며 성령의 권능으로 성결함을 얻어야 한다고 할 것이다.
목사는 또한 다음과 같이 그 부모를 권면하여 삼가 부모의 직분을 다하라 하되 하나님의 말씀으로 자기의 자녀를 가르치며 신구약 성경에 가르친 거룩한 종교의 원리대로 가르칠 것이니 이 원리의 요령은 우리 교회 신경과 대·소요리 문답에 간단히 가르쳤은즉 이 모든 책은 부모의 직분을 도와주는 것이다. 자녀를 위하여 기도하며 친히 그 자녀와 함께 기도하며 이 아이 눈앞에 충성함과 경건함의 본을 보이고 하나님의 주시는 힘을 얻어 진력하여 주의 성품과 훈계 안에서 자라게 할 것이다.

5. 목사는 다음과 같이 묻는다.
   (1) 그대는 이 아이를 예수 그리스도의 피로 씻음과 성령의 새롭게 하는 은혜의 필요를 인식하느뇨?
   (2) 그대는 이 아이를 위하여 하나님의 언약의 허락을 앙모하며 자신의 구원을 위하여 진력하는 것과 같이 이 아이도 주 예수 그리스도를 신뢰함으로 구원 얻을 줄 믿느뇨?
   (3) 그대는 지금 완전히 이 아이를 하나님께 바치며 겸손한 마음으로 하나님의 은혜를 의지하며 친히 경건한 본분을 이 아이에게 보이기를 진력하며 이 아이를 위하여 기도하며, 이 아이와 함께 기도하며 우리 거룩한 종교의 도리를 가르치며 하나님의 지시하신 모든 기관에서 전력하여 이 아이를 주의 양육과 교훈에서 자라게 하기를 서약하느뇨?

6. 그 후에는 이 예식에 대하여 목사가 축복하는 기도를 올리고 아이의 성명을 불러 "성부와 성자와 성령의 이름으로 세례를 주노라. 아멘." 할 것이다. 목사가 이 말을 하면서 물론 그 아이의 머리에 세례를 주고 기도를 마친다. 세례는 회중 앞에서 베푸는 것이 당연하나 특별한 경우에는 사가(私家)에서도 행할 수 있으니 목사가 그 일에 대하여 결정한다.

제10장 입교 예식

1. 교회 교우에게서 출생한 자녀로 유아 세례를 받은 아이는 교회의 권고와 치리 아래 있고 글을 가르치며 요리 문답과 사도신경과 주기도문을 독습하게 하며 기도하는 것과 죄를 미워하는 것과 하나님을 경외하며 주 예수 그리스도를 사랑하고 순종하는 것을 가르칠 것이요, 성년(成年)이 된 후에는 힘써 권고하여 출생하면서부터 교회의 교우된 것을 알게 하고 개인으로 그리스도를 믿고 사람 앞에서 증거하며 성찬 참여함을 청원하는 것이 자기의 의무와 특권임을 기억하게 한다.

2. 소년의 성년 되는 연기(年期)는 확정할 수 없으나 일반 입교인의 자격을 살펴 작정하는 책임은 그 당회에 있은즉 이 일도 당회가 결정한다.

3. 세례 받지 아니한 성인이 입교하려고 하면 하나님을 아는 것과 충성함에 대하여 만족한 증거를 나타내고 교회 공중 앞에서 자기의 신앙을 선언하게 한 후에 세례를 주는 것이 통례이다.

4. 유아 세례 받은 자가 당회 허락을 받아 성찬에 처음 참여할 때에 정식으로 교회 앞에서 자기의 신앙을 선언함이 옳으나 그 사람은 출생 때부터 교회의 특별한 관계 있는 것을 명백히 인식하게 할 것이다.

5. 입교 문답은 아래와 같이 한다.

(1) 성년이 되어 공식 선언하는 날에 당회의 허락을 얻어 교회에 입회하는 자들이 회중 앞에 서면 목사는 그 사실을 아래와 같이 말한다.

"유아 세례를 받음으로 어린 때부터 교인이 되고 언약의 허락에 대하여 후사(後嗣)가 되어 그 부모의 엄중한 맹세로 하나님께 바친 중에 ○○○씨가 지금 믿음의 권속 중에서 자기 유업에 관한 책임과 특권을 부담할 자 되기를 원하므로 당회가 그리스도를 믿는 것과 성찬에서 주의 몸을 분별하는 지식을 문답하여 가납(可納)하였습니다."

(2) 유아 때 세례를 받은 자가 그 자리에 참여하였거든 목사가 설명하기를 "세례는 우리를 그리스도에게 접붙임과 주와 합하는 표와 인치는 것이니 세례를 받고 하나님의 교회에 입교하기를 원하는 ○○○씨를 당회가 거룩하신 은혜받은 일에 대한 저희의 경력과 그리스도를 받은 일을 살펴 인정하였으므로 지금 성도와 동반(同班)되는 것을 환영하며 감사히 여기는 바입니다." 할 것이다.

(3) 그 다음에는 목사가 이상 2항에 선서하는 자에게 다음과 같이 말하나니

"공식으로 신앙 고백을 하려고 이 자리에 참여한 그대들은 다음의 선언과 허락을 승인하여 하나님과 그의 교회로 더불어 엄중한 언약을 맺는 줄 알아야 할 것이다."

① 그대들이 하나님 앞에 죄인인 줄 알며 당연히 그의 진노를 받을 만하고 그의 크신 자비하심에서 구원 얻을 것밖에 소

예배 모범

망이 없는 자인 줄 아느뇨?

② 그대들이 주 예수 그리스도가 하나님의 아들 되심과 죄인의 구주 되시는 줄을 믿으며 복음에 말한 바와 같이 구원하실 이는 다만 예수뿐이신 줄 알고 그를 받으며 그에게만 의지하느뇨?

③ 그대들이 지금 성령의 은혜만 의지하고 그리스도를 좇는 자가 되어 그대로 힘써 행하며 모든 죄를 버리며 그의 가르침과 모범에 따라 살기를 작정하며 허락하느뇨?

④ 그대들이 교회의 관할과 치리를 복종하고 그 청결하고 화평함을 이루도록 힘쓰기로 허락하느뇨?

그 다음에 엄중한 의무가 요긴한 것을 담부한 자들에게 간단히 권면하고 목사가 기도하고 공포함으로 폐회한다.

6. 다른 교회에서 이명 증서를 가지고 온 자는 그 성명을 교회에 공포하고 그 신덕과 사랑을 소개한다.

제11장 성찬 예식

1. 성찬을 종종 베푸는 것이 좋으나 1년에 몇 회를 거행하든지 각 교회 당회가 작정하되 덕을 세우기에 합당한 대로 정한다.

2. 교리를 깨닫지 못하는 자와 교회를 부끄럽게 하는 자는 성찬에 참여할 수 없다.

3. 성례를 시행하려 할 때는 교회에 공식 광고를 함이 당연하니 적어도 1주일 전기(前期)하여 광고하되 그 광고하는 날에 혹 그 주간에 예비 예배를 보아 모든 성도로 하여금 성찬의 성질을 알게 하며 예비하게 하여 합당한 마음으로 이 성연(聖宴)에 참석하게 할 것이다.

4. 강도를 마친 후에는 목사의 할 일이 이러하니 "이는 그리스도께서 세우신 예식이라." 하고 편의대로 복음 중에서나 고린도전서 11장에서 이 예식에 관한 말씀을 낭독하고 설명하여 실제 유익을 말하되 "이는 그리스도를 기념하여 그의 재림하시기까지 그 죽으심을 기억하게 하는 예식이니 자기 백성에게 힘을 주사 죄를 대적하게 하며 모든 고난에서 저희를 견고하게 하심과 저희를 장려하고 격발하여 책임을 감당하게 하며 사랑과 열심으로 저희를 감화하며 믿음과 거룩한 주의를 일으키게 하며 양심의 평안함과 소망을 확정하게 하는 데 무한한 유익이 된다." 할 것이다.
성령을 거스르는 자와 교리를 모르는 자와 교회를 부끄럽게 하는 자와 무슨 은밀한 중에서 짐짓 범죄한 자들을 경계하여 참여하지 못하게 하고 한편으로는 죄에 빠져 할 수 없는 형편인 줄로 깨달아 죄 사함과 하나님의 허락하심을 얻기 위하여 그리스도의 구속하심을 의뢰하는 자와 복음의 도리를 학습하고 주의 몸을 분별하는 완전한 지식이 있는 자와 저들의 죄를 끊어버리며 거룩하고 경건한 생활을 하고자 작정하는 자들로 참여하게 한다.
주의 정하신 대로 이 성례는 성도의 연합함을 나타냄이니 목사는 이 예식을 시작하기 전에 참 종교를 신종하는 무리와 다른 예수교 무흠한 입교인으로 이 예식에 참여하게 할 것이요 세례인이 아니라도 이 예식 끝까지 특별히 머물러 있으라 청함이 옳다.

5. 성찬을 설비한 상은 단정히 덮고 포도즙을 예비한 후 참여할 신자의 자리를 정돈하여 장로는 편리한 장소에 있게 하고 목사가 감사와 기도를 함으로 떡과 포도즙을 성별한 후에 목사가 떡을 취하여 사람 앞에서 떼며 가로되 "주 예수 그리스도께서 잡히시던 날 밤에 떡을 취하며 축사하시고 떼어 주셨으니 나도 지금 그의 이름으로 이 떡을 나누어 주니 받아 먹으시오. 주께서 가라사대 '이것은 나의 몸이라 너희를 위하여 준 것이니 너희는 이것을 행하여 나를 기념하라.' 하셨다." 하고 장로에게 주어 나누게 한 후에 또 잔을 들고 말하기를 "우리 구주께서 또한 잔을 가지사 축사하신 후에 제자에게 주시며 가라사대 '이 잔은 나의 피로 세운 새 언약이니 많은 사람의 죄 사함을 위하여 흘림이라. 이것을 행하여 마실 때마다 나를 기념하라.' 하셨다." 하고 전과 같이 장로에게 주어 나누게 한다.
수찬 순서는 모든 교우가 받은 후에 목사가 받고 그 다음에 목사가 장로들에게 주는 것도 합당하며 목사가 먼저 받고 다음에 교우가 받고 그 다음에 목사가 장로에게 주는 것도 좋다.

6. 신자마다 각각 주로 더불어 약조하는 가운데서 행할지니 이 성찬을 분배하는 동안은 조용히 묵상하며 감사하며 간구하며 기도한다.

7. 목사는 몇 마디로 성찬에 참여한 회원에게 인상되도록 권면할 수 있으니 이 예식에서 예수로 말미암아 보여주신 하나님의 은혜와 자기가 하나님의 사랑으로 마땅히 행할 의무를 말하며 저희의 부르심을 입은 바 그 거룩한 직분을 만족히 행하며 저희가 이미 그리스도 예수를 주로 받았으니 마땅히 조심하여 그 안에서 행하며 착한 일을 행하도록 권면함이 옳다.
목사는 또한 방청하는 자들에게도 권면하는 말을 하여 다음과 같이 주의시키는 것이 옳다. "믿을 본분을 가르치고 그리스도를 순종하지 아니하면 거룩한 예식을 경홀히 여기는 가운데 생활함으로 저희 죄 되는 것과 위태한 것을 말하고 권면하여 후일 성례에 참여할 수 있도록 힘껏 준비하라."고 권한다.
그 다음에는 목사가 기도하되 이 성례로 말미암아 풍성하신 은혜와 무한한 자비를 하나님께 감사하고 이 예식 행한 가운데 결점된 일이 있으면 이를 용서함을 받기를 간구하며 저희의 몸과 행실을 받으시기를 위하여 기도하며 성령의 은혜로 도와주심을 입어 주 예수 그리스도를 받으며 그 안에서 행하며 저희로 하여금 이미 받은 것을 굳게 잡으며 저희의 면류관을 빼앗을 자가 없게 하며 저희의 언행이 복음에 합하게 하며 저희가 항상 예수의 죽으심을 몸에 짊어져 예수의 사시는 것도 저희의 육체에 나타나게 하며 사람 앞에 저희 빛을 비추어 사람으로 하여금 저희 선행을 보고 하늘에 계신 저희 아버지께 영광을 돌리게 하기를 빌 것이다.
빈궁한 자나 혹 그 밖의 영적 사업을 위하여 이 때에 헌금하되 그 순서는 당회의 결의로 정한다. 그 다음에는 시와 찬송을 부르고 아래와 같은 축복 기도나 혹 다른 축복 기도로 폐회한다.

"양의 큰 목자 되신 우리 주 예수를 영원한 언약의 피로 죽은 가운데서 이끌어 내신 평강을 주신 하나님이 모든 착한 일에 너희를 완전하게 하여 자기의 뜻을 행하게 하시고 그 앞에 즐거움을 예수 그리스도로 말미암아 우리 마음에 이루시기를 원하노라. 영광을 세세에 돌릴지어다. 아멘."

8. 어떤 지방 교회에서는 성찬 베풀기 전기에 금식을 행하는 습관도 있으니 이와 같은 때는 주일 외에 토요일과 월요일에 두세 목사를 청하여 강도회를 회집하여 큰 은혜를 받는 일이 많고 목사들이 더욱 친밀히 연합되는 힘이 나나니 이와 같이 하는 것을 옳지 않다 아니하고 원하는 대로 그 풍속을 따라 하라.

제12장 혼례식

1. 혼례는 성례도 아니요 그리스도 교회에만 있는 것도 아니나 하나님의 세우신 신성한 예법이다. 국가는 국민의 유익을 도모하기 위하여 혼인 규칙을 제정하여 모든 국민으로 지키게 한다.
2. 성도들은 마땅히 주 안에서 결혼할 것이니 혼례에 특별한 훈계와 적당한 기도로 행하기 위하여 목사나 그밖의 교역자로 주례(主禮)하게 함이 옳다.
3. 혼인은 다만 1남 1녀로 하고 성경에 금한 혈족과 친족 범위 안에서는 못한다.
4. 남녀가 각각 상당한 나이에 도달하여야 할지니 부모가 후견자의

동의를 얻고 목사 앞에 증명한 후에야 목사가 주례한다.

5. 부모는 그 자녀의 혼인을 강제로 하지 말며 또한 저희의 혼인을 상당한 이유 없이 금지하지 말라.

6. 혼인은 공동한 성질을 가진 것이다. 국민 사회의 복리와 가족상 행복과 종교상 명예에 깊은 관계가 있다. 그러므로 그 혼인 예식 거행할 일을 여러 날 전에 작정하고 널리 공포한다. 목사들이 이 일에 깊이 주의하여 하나님의 법을 범함과 국가의 법률에 저촉함이 없도록 하며 가정의 화평과 손상하지 않기 위하여 이 혼인에 반대되는 것이 없다 하는 쌍방의 증명을 요한다.

7. 혼인은 충분한 증인의 앞에서 행할 것이며 목사는 그 요구를 따라 혼인 증서를 준다.

8. 목사는 성례한 자의 씨명과 날짜를 혼인 명부에 상세히 기록하여 후일 요구하는 자의 열람에 편리하도록 한다.

제13장 장례식

1. 장례 때에 마땅히 행할 예식은 적당한 시나 찬송을 부르고 합당한 성경을 낭독하고 목사가 생각한 대로 합당한 설명을 하고 특별히 비참한 일을 당한 자로 하나님의 은혜를 받게 하며, 저희의 슬픔이 변하여 영원한 유익이 되게 하며 저희가 보호하심을 받아 비참한 가운데서 위로함을 받게 기도한다.

2. 이 장례식은 주례 목사의 의견대로 하는 것이 많으나 그 주요한 뜻을 잃지 말지니 경계함과 훈계함과 생존자 위로함을 주의하고 하나님의 말씀을 오용(誤用)하여 신앙 없이 생활하다가 별세한

자도 복음의 소망이 있다고 하는 일이 없도록 주의하여야 한다.

제14장 금식일과 감사일

1. 금식일과 감사일은 성경에 밝힌 바 없으나 형편에 따라 지킴이 성경 교훈에 합당하다.
2. 금식일과 감사일은 성도 개인이나 혹 한 가족이 사사로이 지키는 일도 있고 혹 한 지교회나 혹 친밀히 교제하는 교회의 교우들끼리 지키는 일도 있고 한 노회의 관하에 있는 모든 교회나 전국 교회가 지키는 일도 있다.
3. 금식일과 감사일은 편리한 때에 미리 공포하여 교우들로 하여금 육신의 일을 정돈하여 놓고 이날에 저희의 직분을 다하도록 준비하게 한다.
4. 이와 같은 날에는 공식 예배를 드리는 것이 옳으니 시나 찬송을 부르고 성경을 낭독하며 강도하되 모두 그날에 적용하게 한다.
5. 금식일에는 목사가 이날 지키는 일에 대한 이유와 특별한 형편을 설명한다. 이와 같은 때는 보통 예배일보다 시간을 넉넉히 하여 간절한 기도와 특별한 자복을 하며 종일토록 하나님 앞에서 통회하는 마음으로 지낸다.
6. 감사일에도 또한 목사가 이날 지키는 일에 대한 이유와 특별한 형편을 설명하되 시와 찬송을 부르며 감사를 돌려 그 시기에 적당하도록 한다. 이와 같은 날에는 거룩하며 쾌락한 마음으로 지내는 것이 당연하되 연락(宴樂)하는 중에서도 경외하는 마음으로 지낸다.

제15장 은밀 기도와 가정 예배

1. 교회 안에서 공식 예배를 드리는 것 외에 개인이 은밀히 기도하는 것과 한 가족이 사사로이 하나님께 경배하고 기도하는 것이 없지 못할 당연한 본분이다.

2. 은밀 기도는 우리 주께서 명백히 명령하신 것이니 사람마다 당연히 시간을 정하여 사사로이 기도하며 성경을 읽으며 거룩하게 묵상하며 엄숙히 자기를 살필지니 이와 같이 진실한 마음으로 행하는 사람들이 그 유익이 많은 것을 증명한다.

3. 가정 예배는 집집마다 행할지니 아침 저녁으로 기도하며 성경을 읽으며 찬송함으로 한다.

4. 인도하는 이는 이 직분을 거행하되 마땅히 주의하여 모든 권속으로 하여금 참여하게 하고 시작부터 끝까지 한 사람이라도 불참하는 일이 없도록 하며 성경을 읽을 때에 모든 보통 사무를 중지하고 엄숙히 예배하되 기도하며 찬송할 때와 같이 조심한다.

5. 인도하는 이는 마땅히 주의하여 기독교의 원리로 그 자녀와 집사람을 가르치고 적당한 기회를 얻는 대로 이 일을 힘쓸지니 그러므로 주일에는 구제할 목적이나 부득이한 경우 외에는 벗을 심방하거나 손님을 청하는 등 방해되는 일체 행사를 금지한다.

제16장 시벌

1. 교회의 책벌은 그 범과의 성질에 의하여 합당하게 베풀지니 개인 자신에 관한 죄 같으면 혹 재판석에서 비밀히 책벌하든지 혹 본 치리회 회원 2, 3인을 파송하여 대표로 시벌한다. 뚜렷이 범한 죄 같으면 본 치리회 공개석에서 책벌하거나 혹 교회 앞에서 공포한다. 드러난 죄라도 이상한 형편이나 특별한 이유가 있어 그 성질이 과히 중하지 아니한 때는 비밀히 권계하든지 혹 유기(有期) 책벌을 한다. 그러나 만일 무기(無期) 책벌이면 흔히 교회에 공포할 것이요 출교 및 면직은 교회 앞에서 직접 본인에게 언도하거나 혹 본 치리회의 의결대로 교회에 공포만 한다.

2. 교회 회원이나 직원이 당연히 벌을 받을 만한 범과가 있으면 본 치리회는 자비한 마음으로 그 일을 판단하고 온유 겸손한 뜻으로 그 사람을 경계하도록 하되 또 자성(自省)하여 자기도 유혹됨이 없도록 주의하여야 한다.

3. 권계는 고범(故犯)이 아니요, 또 비밀에 속한 경우에 본 치리회가 1, 2회원을 파송하여 비밀히 권계할 수 있으나 만약 그 과실이 발각될 때는 회장이 심판석에서 권계하고 또 공개회에 공포하는 것이 상례(常例)이다.

4. 유기 책벌은 다른 사람에게 감계(鑑戒)되는 벌인즉 본 치리회 공개 때에 본인에게 언도하든지 교회에 공포한다.

5. 무기 책벌은 심히 신중한 태도로 하되 그 범과자로 하여금 살아 계신 하나님 교회의 성례에 참여하지 못하는 처지에 있으므로 자기의 위태한 정형에 있음을 깨닫게 하며 성령의 감동하심으로 회개함을 얻도록 한다. 치리회에서 판결한 후에는 회장이 다음과 같이 범죄자에게 언도한다.

"지금 ○○씨는(목사나 장로나 집사나 보통 교인) ○○죄(죄명)를 범한 분명한 증거가 있으므로 노회(혹 당회)는 주 예수 그리스도의 이름과 그 직권과 그의 명의로 형제가 완전히 회개하여 만족한 증거를 나타내기까지 교회의 성찬에 참여하지 못하게 직분 시무 정지된 것을 언도한다." 할 것이다.

필요한 줄로 생각하는 때는 합당한 권고나 권계를 하고 전능하신 하나님이 이 권징한 것으로 복이 되기 위하여 기도함으로 폐회한다.

6. 출교하기를 결의한 후에는 당회 회장이 교회 앞에서 그 범죄한 형제를 심사한 전말을 공식으로 선언하고 교회 안에 둘 수 없는 사유를 설명한 후 마태복음 18장 15~18절, 고린도전서 5장 1~5절 교훈에 의거하여 부정한 교인을 출교할 만한 권이 있는 것을 보이고 이 벌의 성질과 유익과 결과를 설명하고 교우로 하여금 이 중대한 벌 아래 있는 자로 어떻게 교제할 것을 경계하여 가르치고 다음과 같이 사실을 선언한다.

"지금 이 교회의 회원 ○○씨는 ○○죄(죄명)를 범한 증거가 충분하여 여러 번 권고하고 기도하였으나 고집하여 교회의 권면을 듣지 않고 회개하는 증거를 나타내지 않으므로 주 예수 그리스도의 이름과 그의 직권으로 본 당회는 그로 성찬에 참여하지 못하며 성도 중에 교제가 단절됨을 선언하노라." 한다.

그 후에는 하나님께 기도하여 출교 당한 자로 하여금 죄를 깨닫고 회개하게 하며 또한 모든 진실히 믿는 사람들의 덕을 세우는데 유익이 되기를 구한다.

"본 노회의 목사(혹 본 교회의 장로, 집사) ○○씨는 ○○죄의 충분한 증거가 드러났기로 ○○(혹 당회)는 심사한 결과 ○○씨는 그리스도 교회의 목사(혹 장로, 집사)직을 행하는 것이 만만부당(萬萬不當)한 줄 확인하므로 지금 주 예수 그리스도의 이름과 그 직권으로 ○○씨의 목사(장로, 집사)직을 파면하고 또 그 직분 행함을 금한다."

만일 그 선언이 책벌 혹 출교까지 포함된 때는 회장은 계속하여 말하기를 "우리는 또한 같은 직권으로 ○○씨는 진실로 회개의 만족한 증거를 나타내기까지 교회의 성찬 참여 거절(출교할 때에는 성찬 참여 거절, 성도 교제 단절)을 공포하노라." 할 것이요 면직 선언도 전조 출교 선언과 같이 엄중히 할 것이다.

제17장 해벌

1. 교회 치리자들은 수찬 정지를 당한 자와 자주 교제하고 그로 더불어 같이 기도하며 그를 위하여 기도할 것이다.

2. 치리회에서 어느 책벌한 자의 회개의 진상을 만족히 아는 때는 본 치리회 결의에 의하여 그로 본 치리회 앞에서나 교회 공석에

서 자복하게 하고 교회의 성례에 다시 참여하는 권을 회복하여 혹시 복직할 수 있다. 이와 같은 본 치리회가 그에게 아래와 같이 선언한다.

"지금 성찬에 참여함을 정지 당한 자(복음 선전하는 목사직, 장로직, 집사직, 정직 당한 자) ㅇㅇ씨는 이제 회개하는 증거를 나타내어 교회를 만족하게 하므로 본 당회(노회)는 주 예수 그리스도의 이름과 그 직권으로 그대를 해벌하고 교회 예전에 참여하는 것을 회복(직분 있던 자는 혹 복직하고 그 직에 대한 일체 권리 회복)하여 준다." 하고 후에는 기도와 감사를 올린다.

3. 출교 당한 교인이 회개하고 교회에 다시 들어오기를 원하는 때는 당회는 그의 진실한 회개의 만족한 증거를 얻은 후에 허락할지니 이 일을 행하려면 당시 회장 된 목사는 그 본 교회에 해벌하는 이유와 당회에서 결의된 것을 공포한다. 회복하여 주기로 정한 때에는 출교 당한 교인을 청하여 교회 앞에서 아래와 같은 문답을 한다.

(문) 그대가 하나님을 배반하여 거역하는 죄와 그의 교회를 해한 큰 죄를 단 마음으로 자복하고 출교한 것이 공평하고 자비함으로 행한 줄 아느뇨?

(답) 예

(문) 지금은 그대의 죄와 고집한 것을 위하여 진실한 회개와 통회함을 원하는 마음으로 고백하며 겸손한 마음으로 하나님과 그의 교회의 용서하심을 구하느뇨?

(답) 예

(문) 하나님의 은혜를 힘입어 겸비한 마음과 근심 중에 살기를 허락하며 힘써 우리 구주 하나님의 교훈을 빛나게 하며 그대의 언행을 복음에 합당하도록 힘써 행하겠느뇨?

(답) 예

그 다음에는 목사가 통회한 자에게 적당한 권면을 하고 위로하며 아래와 같이 회복하는 선언을 공포한다.

"지금 성도와 절교되었던 ○○씨는 만족할 회개를 나타내었으므로 주 예수 그리스도의 명의와 그의 직권으로 우리 본 교회 당회는 전날 선언한 출교를 해제하여 영원한 구원을 성취하게 하며, 주 예수의 모든 은혜를 동참하게 하기 위하여 교회와 교통하는 권을 회복하게 하노라." 하고 기도와 감사로 폐회한다.

4. 면직을 당한 자가 전 항과 같이 공식 자복과 문답을 하였으면 임직식을 받는다.

5. 정직한 목사를 복직하며 면직한 자를 임직할 때는 노회는 극히 근신하여 행할 것이나 수찬 정지를 명하였으면 수찬을 허락하고 얼마 후에는 그 사람의 회개의 진실 여부와 유용한 희망 여부를 시험하기 위하여 임시 강도권을 허락하고 그 후에 비로소 복직 및 임직을 행할 것이나 이 선언을 완전히 하기까지는 유예 중에 있다.

6. 면직되었던 장로나 집사가 복직되었으나 그 교회에서 다시 피선되지 못하면 시무하지 못한다.

7. 벌 아래 있는 교인이 그 벌 당한 치리회 소재지에서 먼 거리 되는 지방에 옮길 때에 회개함을 선언하고 회복함을 얻기 원하는 때는 본 치리회 결의의 등록을 날인하여 그 회에 교부할 수 있고 그 회는 자체가 처벌한 자와 같이 해벌한다.

第18장 헌금

1. 교회의 각 신도는 주께로부터 받은 재물을 가지고 정칙대로 헌금하는 일을 배양할지니 이로써 주 예수 그리스도의 명하신 대로 복음을 천하 만민에게 전파하는 일을 도움이 옳으니 주일마다 이 일을 위하여 회중으로 헌금하는 기회를 정하는 것이 합당하고 매우 아름다운 일이다. 성경에 가르치신 대로 이와 같이 헌금하는 것은 전능하신 하나님께 엄숙히 예배하는 일부분으로 한다.

2. 헌금은 어느 예배회에서 할 것과 그 순서는 목사와 당회의 결의대로 할 것이요, 목사는 헌금하는 일을 예배의 한 부분이 되게 하기 위하여 헌금 전 혹 후에 특별히 간단한 기도로 복 주시기를 구하고 주의 물건으로 봉헌한다.

3. 그 수납금은 당회의 감독 아래서 교회 각 대리국과 그 밖의 자선 사업을 위하여 분배할 것이니 분배 다소와 일체 계획은 때때로 의결하되 혹 헌금하는 자가 특별한 소원이 있을 때에는 그의 원을 따라 삼가 실행한다.

주일 학교나 그 밖의 부속회와 기관에서 수납하는 헌금액은 정례로 교회 당회에 보고하여 인가를 얻을 것이요 당회의 허가 없이는 대한예수교장로회와 관계 없는 일에 무슨 사업을 물론하고 헌금이나 집금하지 못한다.

4. 목사마다 자기 교회가 단 마음으로 헌금하는 습성을 배양하는 것이 마땅하니 신도마다 다소를 물론하고 자기 사력(私力)대로 바치게 된다.

목사 고시

예배모범 예상문제

1 예배모범이란 무엇입니까?

답 하나님께 드리는 예배의 모범적 규범이다.

2 주의 날을 기념하는 것은 신자의 무엇입니까?

답 당연한 의무이다.

3 칼빈주의 예배관에 관해서 설명하시오.

답 하나님 중심, 예수 그리스도 중심, 성령 중심인 교회 공동체의 경배 행위를 말한다.

4 예배의 본질이 무엇인지 설명하시오.

답 예수 그리스도를 중보로 하여 죄인된 인간이 속죄함을 입어 하나님과 만나고 인격적으로 교제하고 경배함을 말한다.

Tip 요 4:23
아버지께 참되게 예배하는 자들은 영과 진리로 예배할 때가 오나니 곧 이 때라 아버지께서는 자기에게 이렇게 예배하는 자들을 찾으시느니라

5 예배의 목적이 무엇인지 설명하시오.

답 하나님의 은혜에 감사하며 몸과 시간과 물질을 바치며 세상 속에서 참된 그리스도의 증인 된 삶을 사는 것이다.

6 예배를 인도하는 목사의 자세는 어떠해야 합니까?

답 하나님이 기뻐하시는 예배가 될 수 있도록 하며 말씀을 전달하는 종으로서 최선을 다해야 한다.

7 주일을 거룩하게 지킬 일에 대하여 말하시오.

답 ① 주일을 거룩히 함에 구애가 없게 하라.

② 종일 사무와 육신적 쾌락을 폐지하고 세상 염려와 속된 말도 금함이 옳다.

③ 온 가족이 공동 예배하는 일과 거룩함에 구애 없도록 하라.

④ 기도와 성경연구와 묵상으로 하나님과 교통함을 준비하라.

⑤ 정한 시간에 참예하고 축도 시까지 출입을 삼가라.

⑥ 예배 후에는 성경을 공부하고 시와 찬송을 부르며, 병자를 방문하고 구제, 심방, 전도한다.

8 주일에 물건을 구입하는 일은 옳은 일입니까?

답 먹을 것까지도 미리 준비해야 한다.

9 주일 아침에는 어떤 기도를 힘써야 합니까?

답 ① 자기와 다른 사람을 위하여 기도한다.

② 특별히 자신의 목사를 위하여 기도한다.

③ 성경을 연구하며 묵상함으로 공동 예배에 하나님과 교통하는 것을 준비하는 기도를 한다.

10 주일을 지키는 데 유의하여야 할 사항은 무엇입니까?

답 육신의 사업을 정돈하고 육신적 쾌락과 세상 염려와 속된 말을 금하고 먹을 것까지 준비하여 주일을 지키는 데 구애됨이 없이하며 공식 예배에 참여하고 성경묵상, 기도, 찬양, 병자 심방, 구제, 전도, 은혜로운 일을 행한다.

11 주일을 거룩히 지켜야 할 이유를 설명하십시오.

답 ① 하나님의 명령

② 주님이 부활하신 날

③ 성령 강림하신 날

12 주일에 손님을 접대하기 위해 물건을 사는 것이 옳은 일입니까?

답 특별한 경우를 제외하고는 물건을 사지 않는 것이 옳다.

13 예배 시간에 어떤 태도를 가져야 합니까?

답 정한 시간에 단정히 앉되 목사와 참석자를 위하여 묵상 기도로 복을 빌고 목사가 인증하는 성경 외에 다른 것을 읽지 말고 졸음, 웃음, 귓속말, 출입 등을 삼간다. 유년 예배로 따로 드릴 때는 당회원이 필히 참석한다.

14 예배 시간에 해당 구절 외에 다른 성경 구절을 찾아 읽는 것은 옳습니까?

답 목사가 인증하거나 낭독하는 성경 외에는 읽지 말아야 한다.

15 구약의 안식일이 신약의 주일로 바뀐 이유를 말하시오.

답 안식일은 창조의 기념일이라면 주일은 구속함의 기념일이요, 예수 그리스도의 죽으심과 부활하심으로 구약이 완성되고 구속의 새 역사가 시작되며 예수님이 역사의 주인 되시는 주님의 날이기 때문이다.

16 예배 시 아는 자에게 인사하는 것이 옳습니까?

답 옳지 않다.

17 예배 때에 성경봉독은 누가 합니까?

답 반드시 목사나 그 밖에 허락을 받은 사람이 봉독한다.

18 예배 시 성경 봉독과 기도, 찬송, 강도는 어떻게 해야 합니까?

답 공식 예배의 한 부분이므로 목사나 허락 받은 사람이 봉독하고 청중이 알아 듣도록 한글 성경을 낭독하며 시간과 절차에 맞게 한다.

19 예배 시 시와 찬송은 어떻게 해야 합니까?

답 ① 성경에 합한 말과 하나님께 영광 돌리는 언사를 사용한다.

② 마음과 음성으로 곡조에 맞추어 그 뜻을 깨닫고 찬양한다.

③ 찬송책을 준비하여 공예배 시는 교인 전체가 찬송하는 실력을 얻게 한다.

20 찬송은 어떻게 불러야 합니까?

답 ① 찬송은 모든 신자의 마땅한 본분이다.

② 하나님을 찬송하는 노래를 부를 때에는 정성으로 하며 그 뜻을 깨달으며 곡조를 맞추어 주께 우리 마음을 다하여 하나님을 찬양하는 동시에 음성으로 찬송하는 것이 좋다.

21 기도의 여섯 가지 내용을 기술하시오.

답 ① 영광 돌림-하나님께

② 감사-하나님께서 주신 은혜를

③ 자복-원죄와 자범죄를

④ 간구-여러 가지 것들을

⑤ 간구할 근거-예수의 공로

⑥ 다른 사람을 위하여 기도(도고)-타인과 온 인류를 위하여

22 공식예배를 시작할 때 기도의 시간과 내용은 어떻게 하라고 했습니까?

답 간단하게 기도할 것이며, 겸비한 마음으로 하나님을 멀리 떠났던 죄를 고하고, 하나님의 은혜를 구하고, 예배에 대하여 성령의 은혜와 도움을 구해야 한다.

23 공식 기도시의 여섯 가지 순서를 기록하시오.

답 영광을 돌림-감사함-자복함-간구함-간구할 근거-다른 사람을 위하여 기도함

24 기도로 어떻게 하나님께 영광 돌려야 합니까?

답 세상을 창조하시고 권고하시는 중 나타나시는 것과 성경에 나타내신 영광과 완전하심을 존중할 것.

25 어떻게 기도로 하나님께 감사합니까?

답 하나님이 주신 각양 은혜를 사례할지니, 보통 은혜와 특별 은혜와 신령적 은혜와 육신적 은혜, 단체적 은혜, 개인적 은혜를 감사하되 모든 은혜 위에 초월한 은혜, 곧 예수 그리스도로 말미암아 영생의 소망을 주신 것과 성령을 보내 주심과 성령의 역사하시는 은혜를 감사함.

26 죄의 자복 기도는 어떻게 해야 합니까?

답 원죄와 자범죄를 자복하고 예배하는 모든 사람으로 죄의 성질을 깨닫게 하며 하나님을 거역하고 이웃을 해하는 언행심사, 은밀한 죄, 습관적인 죄, 짐짓 범하는 죄, 분별할 수 있음에도 범한 죄, 특별한 자비를 받고도 범한 죄를 자복한다.

27 간구할 근거는 무엇입니까?

답 우리의 부족함과 하나님의 풍성함, 예수 그리스도의 공로, 자기 백성에게 나타내시는 하나님의 영광을 위함이다.

28 다른 사람을 위한 기도는 어떻게 해야 합니까?

답 온 인류의 구원과 교회 화평과 부흥을 위하여, 여러 목사와 선교사를 위하여, 의를 위하여 핍박받는 이들을 위하여, 병자와 가난한 자 비참한 자와 옥에 있는 이들을 위하여, 군인 관리를 위하여, 기도자가 깊이 생각하여 간구한다.

29 공식 기도에 참여하는 자의 자세는 어떠해야 합니까?

답 공식예배 기도에 참여하는 자는 경건한 태도를 가져야 하며, 기립하는 것이 성경에도 언급된 장로회 예법이지만, 기립하든지 바로 앉든지 다 무방하다.

30 기도회는 어떻게 행하여야 옳습니까?

답 기도의 목적으로 모이는 회도 당회의 인도대로 하되 주간 정기회로 계속 집회하며 교우의 형편에 따라 특정한 때에 모이게 할 수 있다. 목사나 당회원이나 상당한 자격이 있는 형제가 인도할지니 기도, 찬송, 성경낭독, 간단한 권면으로 행할

Tip 딤후 2:15
너는 진리의 말씀을 옳게 분별하며 부끄러울 것이 없는 일꾼으로 인정된 자로 자신을 하나님 앞에 드리기를 힘쓰라

것이다.

31 설교를 아무나 할 수 있습니까?

답 당회나 목사의 허락 없이는 설교함을 허락하지 않는다.

32 강도의 중요성을 말하시오.

답 강도는 사람을 구원하는 하나님의 방침이니 전심전력하여 진리를 오도하는 일이 없이 미리 연구·묵상으로 준비하여 행하며, 자신이 본이 되는 삶을 살아 진리를 빛나게 하여야 한다.

33 강도권은 누구에게만 허락되어 있습니까?

답 노회 관할 아래 어느 지교회에서든지 노회에서 보낸 사람 외에는 아무를 막론하고 당회나 목사의 허락 없이 강도함을 허락하지 않는다.

34 강도란 무엇입니까?

답 사람을 구원하는 하나님의 방침이다.

35 강단권(설교)은 누구에게 있습니까?

답 강단권은 지교회 목사에게 있다. 그러므로 노회에서 보낸 사람 외에는 누구를 막론하고 당회나 담임목사의 허락 없이는 강도함을 허락하지 않는다.

36 노회의 관리 아래 있는(파송한) 사람이 당회의 허락 없이도 강도할 수 있습니까?

답 할 수 있다.

37 강도(설교)의 목적을 설명하시오.

답 하나님의 진리 범위 중 한 부분을 해석하고 장편의 본문을 강론하여 그 진리를 가르치며 마땅히 행할 본분의 성직과 한계를 설명하며 혹시 변증도 한다.

38 주일 학교에서 무엇을 가르쳐야 합니까?

답 주일학교는 기도, 찬송, 성경, 신조, 교회의 요리와 헌법 등을 공부하고 종교상 목적과 전도·선교를 위하여 헌금하는 것이니 당회의 관할 감독 아래서 행하여야 한다.

39 주일 학교 교장의 직무는 무엇인지 설명하시오.

답 ① 일정한 시간에 개회하도록 감독한다.

② 교사들과 학생들을 살펴보고 질서를 유지하도록 한다.

③ 학생으로 하여금 믿는 마음을 고무하여 공부에 열중토록 한다.

④ 경건한 태도를 가지게 한다.

40 유아 세례는 누가 베풀어야 합니까?

답 목사

41 유아 세례를 베푸는 근거를 말하시오.

답 그리스도께서 세우신 믿음으로 의롭다 하심을 얻는 인증이다. 아브라함의 자손에게 할례의 특권이 있는 것 같이 복음의 은혜 아래 있는 성도의 특권이다.

42 유아 세례의 목적을 쓰시오.

답 ① 이 예식은 그리스도께서 세우신 것으로 믿음으로 의롭다 하심을 얻는 인증이니 구약 시대 아브라함의 자손에게 할례의 특권이 있던 것 같이 복음의 은혜 아래 있는 성도의 자손도 이 예식의 특권이 있다.

② 우리의 성품은 죄과로 더럽게 된 것을 인하여 반드시 그리스도의 피로 씻으며 성령의 권능으로 성결함을 얻어야 하기 때문이다.

③ 이에 부모는 이 아이에게 신·구약 성경의 거룩한 종교의 원리를 가르치며 교회 신경과 대·소요리 문답을 가르치고, 자녀를 위하여 기도하며 친히 그 자녀와 함께 기도하며 그 아이 앞에 충성함과 경건함의 본을 보이고 하나님이 주신 힘을 얻어 진력하며 주의 성품과 훈계 안에서 자라게 하기 위한 것이다.

43 입교 예식에 대하여 말하시오.

답 유아세례 받은 자가 일정한 연령에 도달하여 당회의 허락 하에 문답에 응할 때 입교한다. 성인은 신앙을 고백하고 세례를 받을 때 입교한다.

44 성례는 무엇무엇이 있습니까?

답 세례와 성찬이다.

45 성례는 1년에 몇 회를 가져야 합니까?

답 종종 베푸는 것이 좋으나 그 횟수는 각 교회 당회가 정한다.

46 성찬에 참여할 수 없는 사람은 누구입니까?

답 ① 교리를 깨닫지 못하는 자

② 세례를 받지 아니한 자

③ 교회를 부끄럽게 한 자

47 성례를 시행할 때 공식적으로 광고는 언제 해야 합니까?

답 적어도 1주일 전에 광고한다.

48 성찬 예식의 제정자는 누구입니까?

답 예수 그리스도이시다.

49 성례에 대하여 쓰시오.

답 세례와 성찬을 말한다. 세례는 주께서 친히 받으신 것이요,

Tip 고전 11:24~25

24축사하시고 떼어 이르시되 이것은 너희를 위하는 내 몸이니 이것을 행하여 나를 기념하라 하시고, 25식후에 또한 그와 같이 잔을 가지시고 이르시되 이 잔은 내 피로 세운 새 언약이니 이것을 행하여 마실 때마다 나를 기념하라 하셨으니

성찬은 주께서 친히 베푸신 것으로 주님이 다시 오실 때까지 행하여 기념하라 하신 것이다. 세례는 죄 씻음과 하나님 자녀 됨의 인침이요, 성만찬은 예수님의 죽으심을 기념하는 예식이다.

50 성도는 마땅히 어떻게 결혼해야 하며 주례는 누가 해야 됩니까?

답 모든 성도는 마땅히 주 안에서 믿는 자와 결혼해야 하고, 주례는 목사가 해야 한다.

51 혼례식에 관하여 쓰시오.

답 ① 부모는 혼인을 강제로 하거나 상당한 이유 없이 금지하지 말라.

② 목사는 하나님의 법과 국법에 저촉되지 않는다는 쌍방의 증명을 요한다.

③ 목사는 충분한 증인 앞에서 이를 행하고 혼인증서를 준다.

52 장례식에서 주의할 점을 서술하시오.

답 유족의 슬픔을 위로하고 영원한 유익이 되도록 기도한다. 생존자를 위로함에 주의하여, 불신자가 별세하였을 때 하나님 말씀을 오용하여 별세한 자도 복음에 소망이 있다고 말하는 일이 없어야 하고, 고인을 위한 기도나 고인 영정 앞에 절하는 일이 없도록 하여야 한다.

53 고인이 불신자인 장례식에서 주의할 점은 무엇입니까?

답 기도와 설교의 내용에 주의해야 한다. 불신자에게 복음의 소망이 있다고 하는 일이 없도록 주의해야 한다.

54 책벌하는 이유와 해벌의 시기에 관하여 쓰시오.

답 책벌의 이유 : 죄를 깨닫도록 하고 성령의 감동으로 회개함을 얻도록 한다.

해벌의 시기 : 책벌한 자가 회개의 진상을 만족히 여기는 때 치리회의 결의에 따라 해벌한다.

55 유기 책벌은 무엇입니까?

답 다른 사람에게 감계되는 벌인즉 본 치리회 공개 때에 본인에게 언도하든지 교회에 공포한다.

56 책벌하는 이유는 어디에 있습니까?

답 범과자로 하여금 죄를 깨닫게 하며 성령의 감동하심으로 회개함을 얻도록 한다.

57 해벌이란 무엇입니까?

답 해벌이란, 책벌한 자의 회개의 진상을 만족히 알게 될 때에, 본 치리회 결의에 의하여 그로 본 치리회 앞이나 교회 공석에서 자복하게 하고 교회의 성례에 다시 참예하는 권을 회복 또는 복직하게 하는 선언이다.

58 수찬 정지란 무엇입니까?

답 성찬에 참여함을 정지 당하는 것이다.

59 출교 당한 교인이 회개하고 다시 교회에 들어오기를 원하는 때는 어떻게 합니까?

답 ① 당회는 그의 진실한 회개의 만족한 증거를 얻은 후에 허락한다.

② 회장 된 목사는 교회 앞에 해벌 이유와 당회의 결의를 공포한다.

60 면직된 장로나 집사가 교회에서 다시 시무하고자 할 때는 어떤 절차를 거쳐야 합니까?

답 그 교회에서 다시 피선되어야 한다.

61 헌금의 정신은 무엇입니까?

답 ① 주 예수 그리스도께서 명하신 대로

② 복음을 천하 만민에게 전파하는 일에 도움을 주려고

③ 주일마다 회중으로 헌금할 기회를 정한다.

④ 성경에 가르친 대로 한다.

⑤ 하나님께 예배하는 일부분으로 알아야 한다.

Tip 고후 9:7
각각 그 마음에 정한 대로 할 것이요 인색함으로나 억지로 하지 말지니 하나님은 즐겨 내는 자를 사랑하시느니라

62 헌금하는 것과 그 순서는 누가 정합니까?

답 목사와 당회의 결의대로 할 것이다.

63 각 성도가 드린 헌금은 어떻게 사용해야 합니까?

답 예수께서 명하신 대로 복음을 전파하는 일을 돕는 데 사용되어야 한다.

64 하나님 앞에서 헌금하는 태도를 설명하시오.

답 ① 목사는 즐거운 마음으로 헌금하는 습성을 지도해야 한다.
② 성도들은 다소를 물론하고 자기 사력대로 드려야 한다.

65 가정 예배는 어떻게 드려야 합니까?

답 ① 집집마다 드려야 한다.
② 아침저녁으로
③ 기도, 성경말씀, 찬송으로 드린다.

66 시벌이란 무엇입니까?

답 교회의 책벌로, 그 범과와 성질에 의하여 합당하게 베풀어야 하며, 개인 자신에 관한 죄 같으면 재판석에서 비밀히 책벌하거나 본 치리회 회원 2, 3인을 파송하여 대표로 시벌한다.

67 교회의 시벌 원칙은 무엇입니까?

답 교회의 책벌은 그 범과자가 회개할 수 있도록 신중히 해야 한다.

68 해벌의 과정을 기술하시오.

답 치리회에서 어느 책벌자의 회개의 진상을 만족히 아는 대로 본 치리회의 결의에 의하여 그로 본 치리회 앞에서나 교회 공석에서 자복하게 하고 본 치리회에서 선언으로 해벌한다.

69 교회 치리자들은 수찬 정지를 당한 자에게 어떻게 하여야 합니까?

답 수찬 정지를 당한 자와 자주 교제하고 그와 더불어 같이 기도하며, 그를 위하여 기도할 것이다.

예배모범 예상문제

1 예배모범에 대한 정의는 무엇입니까?

답 하나님께 모범적인 예배를 드리기 위한 규범이다.

2 예배모범에 대한 바른 정의를 말하시오. 답 ②

① 하나님께 모범적인 예배를 드리기 위한 순서이다.

② 하나님께 모범적인 예배를 드리기 위한 규범이다.

③ 하나님께서 받으시는 예배를 드리기 위한 방법을 규정한 것이다.

④ 하나님께서 받으시는 예배를 드리기 위한 순서를 규정한 것이다.

3 주일에 관한 다음 설명 중 틀린 것은 무엇입니까? 답 ②

① 육신의 사업이 주일을 거룩하게 지키는 데 방해가 되면 안 된다.

② 주일은 예배 시간만 거룩하게 지키는 것이다.

③ 가족이나 집안 사환도 주일을 지킬 수 있도록 해야 한다.

④ 예배 시작부터 마지막까지 출입하지 않아야 한다.

4 주일을 지키는 이유가 아닌 것은 무엇입니까? **답** ④

① 예수 그리스도의 구속을 기념하는 날이다.

② 주님이 부활하심으로 구원의 완성이 이루어졌다.

③ 초대 교회 사도들이 지켜 새 구원 역사를 알렸다.

④ 천지 창조의 기념일이다.

5 성경봉독에 관한 설명으로 옳은 것을 고르시오. **답** ③

① 봉독할 성경은 사회자의 의향대로 한다.

② 한글성경을 사용해야 하는 이유는 총회에서 공인한 것이기 때문이다.

③ 읽는 중에 해석하는 것이 유익할 때는 해석할 수 있다.

④ 공식 예배의 성경봉독은 목사만이 해야 한다.

6 예배모범에서, 공식예배를 시작할 때 하는 기도의 내용에 포함되지 않는 것은? **답** ①

① 죄를 용서받아 예배할 수 있음에 감사한다.

② 성령의 은혜와 예수 그리스도의 공로로 우리를 용납하시기를 간구한다.

③ 하나님을 멀리 떠났던 것을 고한다.

④ 영생하신 하나님의 무한한 권위를 숭배한다.

7 예배 시 성경, 기도, 찬송, 강도에 대하여 옳지 않은 것은? **답** ④

① 성경 봉독은 꼭 목사나 허락 받은 사람이 한다.

② 성경은 한글성경을 낭독하여야 한다.

③ 절차와 시간과 순서에 합당하게 해야 한다.

④ 어떤 부분도 해석하여 낭독함은 옳지 않다.

8 강도에 대한 사항으로 옳지 않은 것은 무엇입니까? **답** ③

① 사람을 구원하는 하나님의 방침이다.

② 강도는 당회나 목사의 허락 없이 할 수 없다.

③ 강도 하는 것과 강도자의 삶은 무관하다.

④ 정한 절차와 시간에 맞게 분배함이 옳다.

9 예배모범에 의하면 공식 기도의 내용으로 보다 적합한 것은? **답** ②

① 개인적인 죄를 회개하며 아뢴다.

② 간단한 기도로 한다.

③ 특별히 어려운 자의 형편을 아뢴다.

④ 기도할 때 회중은 반드시 기립해서 한다.

10 다음은 강도에 관한 내용이다. 틀린 것은? **답** ④

① 강도한 자는 가르친 대로 행하여 본이 되어야 한다.

② 듣는 사람이 알아듣도록 쉽게 해야 한다.

③ 자기의 행실로 자기의 가르치는 도리를 빛나게 해야 한다.

④ 강도하는 자는 방법을 연구하기보다 기도를 해야 한다.

11 하나님께 영광돌림에 합당치 않은 것은? **답** ④

① 창조의 권능을 찬양한다.

② 권고하시는 중에 나타난 은혜를 찬양한다.

③ 성경 가운데 나타난 영광을 존중한다.

④ 나의 선행(금식하고 십일조하고 다른 사람과 같지 않음)을 찬양한다.

12 하나님께 감사함에 합당치 못한 것은? **답** ④

① 각양 은혜를 감사한다.

② 예수 그리스도로 영생의 소망을 주신 것을 감사한다.

③ 성령을 보내시어 은혜 주심을 감사한다.

④ 은사 받은 것을 자랑한다.

13 기도와 간구의 근거가 아닌 것은? **답** ①

① 우리 개인의 선한 감정에 근거한다.

② 우리의 부족함에 근거한다.

③ 하나님의 풍성함에 근거한다.

④ 예수 그리스도의 공로에 의지한다.

14 주일학교 선생이 해야 할 일 중 적당하지 않은 것은? **답** ②

① 성경을 연구하며 묵상하며 기도함으로 예비하여야 한다.

② 아직 믿지 않는 아이가 있으면 목사에게 의뢰하여 신앙을 확인해야 한다.

③ 병든 때와 사고가 있으면 심방을 해야 한다.

④ 시간을 엄수해야 한다.

15 유아 세례에 관한 내용으로 옳은 것을 고르시오. **답** ④

① 유아 세례는 부모가 모두 세례교인 이상이어야 한다.

② 유아 세례는 만 2세 미만의 어린아이만 받을 수 있다.

③ 세례는 모든 회중 앞에서 해야만 한다.

④ 세례는 반드시 목사만이 베풀 수 있다.

16 입교 예식에 대한 설명으로 옳지 않은 것을 고르시오. **답** ④

① 유아 세례 받는 자가 성년이 되어 교인된 의무와 권리를 알게 하며 신앙을 알게 하는 예식이다.

② 입교 예식이 있어야 세례교인으로 성찬에 참여할 수 있다.

③ 본인이 신앙을 거부하고 타락한 자는 입교 예식을 할 수 없다.

④ 입교 예식을 하지 않은 유아세례 교인도 세례 교인이므로 성찬에 참여할 수 있다.

17 입교 의식에 관한 내용 중 틀린 것은 어느 것입니까? **답** ①

① 입교 예식은 만 15세 이상이어야 한다.

② 입교 예식은 성년이 되면 한다.

③ 입교자와 성년의 나이는 당회가 결정한다.

④ 입교자 성년의 연기는 입교인의 자격을 살펴 결정한다.

18 성례에 대하여 옳지 않은 것을 고르시오. **답** ④

① 성례라 함은 세례와 성찬을 말한다.

② 교리를 깨닫지 못하고 교회를 부끄럽게 하는 자는 성례에 참여할 수 없다.

③ 성례는 시행 일주일 전에 광고하여야 한다.

④ 성찬은 사도들이 세운 교회 전통 예식이다.

19 성찬에 참여할 수 없는 자에 관한 설명입니다. 틀린 것은? **답** ②

① 성령을 거스르는 자

② 다른 예수교 입교인으로 무흠한 자

③ 교회를 부끄럽게 한 자

④ 은밀한 중에 죄를 지은 자

20 가능한 수찬 순서 두 가지를 순서대로 적으시오.

답 ①-③-②, ③-①-②

① 목사 ② 위원 장로 ③ 모든 교인

21 다음은 혼례식에 관한 것이다. 틀린 것은? **답** ①

① 주례는 목사나 당회원이 함이 옳다.

② 부모는 혼인을 강제로 하거나 상당한 이유 없이 금지하지 않는다.

③ 목사는 하나님의 법과 국법에 저촉되지 않는다는 쌍방의 증명을 요한다.

④ 목사는 충분한 증인 앞에서 이를 행하고 혼인증서를 준다.

22 장례식에서 지켜야 할 것이 아닌 것이 무엇입니까? **답** ②

① 저희의 슬픔이 변하여 유익이 되며 위로 받도록 기도한다.

② 신앙이 없이 별세한 자도 가족의 기도로 복음의 소망이 있다

고 위로한다.

③ 장례식은 주례목사의 의견대로 하는 것이 많으나 주의하여야 한다.

④ 경계와 훈계와 생존자를 위로함에 있어 성경을 오용하면 안 된다.

23 시벌에 관한 내용 중 잘못된 것을 고르시오. **답** ①

① 무기 책벌인 경우 본인을 당회에 불러 당회원 앞에서 엄히 시벌한다.

② 개인 자신에 관한 일이면 비밀히 책벌하든지 치리회원 2, 3인을 파송하여 시벌한다.

③ 죄가 드러나면 교회 앞에서 공개한다.

④ 죄가 드러나도 성질이 과하지 않으면 비밀히 권계하든지 유기 책벌을 한다.

24 금식일과 감사일을 지키는 모범이 아닌 것은 어느 것입니까? **답** ④

① 감사일에는 공식예배를 드린다.

② 시나 찬송을 부르고 성경을 봉독하고 강도한다.

③ 금식일에는 보통 예배보다 더 길게 한다.

④ 강도는 항상 복음을 제시하여야 한다.

07

목회학

목회학에 대한 기본적인 이해

목회란 하나님께서 세우신 것으로 교역자가 복음의 진리를 신자의 삶 속에서 실제로 적용하는 일을 도와주는 것이며, 목회자는 양을 치는 목자로서 이 일을 수행해야 한다. 이를 위해 교역자는 설교, 신앙생활 지도, 교회 양성 등 다방면으로 힘써야 할 분야가 많다.

목회학 예상문제

1 목회학이란 무엇입니까?

답 목회자가 복음의 진리를 신자의 생활에 실제로 적용하는 일을 도와주는 학문이다.

2 목회학 연구의 주요 목적을 기록하시오.

답 연구하는 자들을 여러 학문에 정통한 자로 인정하고 그들로 타인을 구원하며 하나님께 영광을 돌리는 사역을 하게 하는데 있다.

3 그리스도께서 목사직을 정하신 목적이 무엇입니까?

답 부름 받은 사람이 개인적 이해관계를 버리고 사람을 구원하는 신령한 일에 헌신하도록 하기 위하여.

4 목사의 직무가 무엇입니까?

답 ① 지교회를 관리하는 일(예배인도, 당회장권 행사, 성례, 교육, 심방, 치리)

② 종교상 도리와 본문을 교훈하는 시무

③ 선교사로 외국에 선교할 때 교회를 설립하고 성례를 거행하는 일

④ 복음 전파를 위해 기독교 신문이나 서적 출판에 관한 일

⑤ 기독교 교육 지도자로 교육하는 일

5 목회학의 필요성을 기술하시오.

답 ① 목회학은 과거 수 세기의 경험을 단시간에 습득하므로 주위에 악영향을 주는 무경험에서 오는 손해를 면하게 한다.

② 목회학은 청년 교역자들에게 허다한 새 이상을 얻을 수 있게 한다.

③ 과거의 경험을 알게 되면 교역자가 흔히 범하기 쉬운 과오를 면할 수 있다.

6 목회학 연구의 태도를 설명하시오.

답 복음을 전파하여 인생의 영혼에 대한 난제를 어떻게 실제로 해결할 것인가 하는 방법을 탐구하는 태도를 가져야 한다. 그러기 위하여

① 각 방법의 내적 원리를 세밀히 탐사한다.

② 방법을 배운 후에는 즉시 실습한다.

7 지도자로서의 목사는 어떤 자격을 가지고 있어야 합니까?

답 확실한 신념과 비전이 있어야 하고 깊은 통찰력, 풍부한 상상력과 설득력 그리고 추진력을 가지고 있어야 한다.

8 목회자의 인격은 어떠해야 합니까?

답 목회자는 사람을 알아야 하고 사람을 좋아해야 한다. 또한

존경받는 사람일 뿐만 아니라 신실한 사람으로서 유능한 지도자가 되어야 한다.

9 목사직을 행사하기 위하여 필요한 준비 요건은 무엇입니까?

답 중생, 복음 확신, 경건한 삶, 성령 체험

10 목사직의 근원을 기술하시오.

답 목사직은 다른 일반적인 직분과는 달리 그리스도께서 친히 창설하신 특수한 신분이다.

11 목사직의 중요성을 기술하시오.

답 ① 직의 성격에서 오는 목사직의 중요성은 영을 구원하는 구세직이다.

② 결과로부터 오는 목사직의 중요성은 많은 영혼을 하나님께 인도하는 구령자의 신분이다.

12 목사직의 목적을 기술하시오.

답 그리스도께서 목사직을 정하신 목적에 합당하도록 부름을 받은 자가 자기의 개인적 소원이나 이익을 버리고 다른 사람을 구원하는 거룩한 사업을 함에 있다.

13 목사직의 책임 범위를 쓰시오.

답 ① 모범적 신자가 되어야 한다.

② 구령 사업에 전력을 다해야 한다.

14 목사의 지도 범위는 어떤 것들입니까?

답 ① 설교로 ② 심방으로

③ 각종 종교 교육으로

④ 사회봉사의 지도자로

⑤ 복음 전파와 교회 사업의 지도자가 된다.

⑥ 지도회의 일을 잘 관리해야 한다.

⑦ 당회나 상회의 권징 처분에 대해서도 지혜로운 지도를 해야 한다.

15 목사직의 목적과 처세 태도를 약술하시오.

답 ① 목사직의 목적은 부름 받은 사람이 자기의 개인적 소원이나 이익을 버리고 사람을 구원하는 신성한 일을 하게 하는 데 있다.

② 그러므로 이 직분을 맡은 자는 자기 개인을 돌아보지 아니하고 남을 위하여 봉사하는 헌신적인 정신이 있어야 한다.

16 목사는 어떤 성격과 자질을 갖추어야 합니까?

답 ① 애타심 ② 절제 ③ 겸손 ④ 충성심

⑤ 정확한 판단력 ⑥ 명랑성 ⑦ 자연스러운 행동

17 목사직의 소명을 설명하시오.

답 ① 반드시 하나님께 소명을 받아야 한다.

② 타인의 눈에도 부르심의 증거가 나타나야 한다.

③ 객관적으로만이 아닌 주관적으로도 부르심에 대한 확고한 신념이 있어야 한다.

④ 부르심은 필수적이다.

18 목사에게 오는 시험은 어떤 것이 있습니까?

답 ① 스스로 거룩함 ② 게으름 ③ 과중한 임무
④ 공명심 ⑤ 탐심 ⑥ 이성

19 목회자의 기본 양식은 무엇입니까?

답 ① 중생 ② 복음의 진리를 확신
③ 경건 ④ 그리스도와 성령으로 화합한 자

20 목사의 경건 생활을 위하여 주력해야 할 점은 무엇입니까?

답 ① 기도함으로
② 성경을 경건히 공부함으로
③ 경건한 정신을 배양하는 독서를 함으로
④ 자기에게 전도함으로

21 신학의 종류를 쓰시오.

답 ① 주경신학 ② 조직신학 ③ 역사신학 ④ 실천신학

22 헌법에 나타난 목사의 다양한 칭호를 아는 대로 쓰시오. (정치 4장 1조)

답 목자, 그리스도의 종, 그리스도의 사역자, 신약의 집사, 장로,

사자, 그리스도의 사신, 복음의 사신, 교사, 전도인, 오묘한 도를 맡은 청지기

23 목사가 하나님의 사람이 되는 데 방해되는 것을 설명하시오.

답 ① 목사직을 직업시 하는 것
② 자기 수양을 잊어버림
③ 특별인으로 자만함
④ 과실, 교만, 사기, 게으름이 있을 때
⑤ 영혼의 힘 얻기에 힘쓰지 않을 때

24 심방의 목적을 설명하시오.

답 하나님의 말씀이 성도들의 특별하고 구체적인 환경 안에서 전달되기 위함과 영혼에 대한 개별적인 보살핌이 실천되기 위해서이다.

25 심방의 종류를 간단히 쓰시오.

답 ① 일반심방 : 일반적이면서 통상적으로 시행하는 심방
② 유고심방 또는 특별심방 : 개인이나 가정적으로 특별한 일이 발생했을 때 심방하는 것
③ 계절심방 : 평상시에는 가족들이 다 참석하기 어렵지만 계절심방 시에는 가능한 온 식구들이 참석하도록 한다.

26 환자 심방의 요령은 무엇입니까?

답 ① 영적 치유의 기회로 삼을 것 ② 간단히 할 것

③ 말씀을 전함　　　　④ 감정에 초연할 것
⑤ 가족을 감화시킬 것

27 목회 상담 시 목사가 취해야 할 자세를 서술하시오.

답 ① 경청하는 자세
② 애정적이고 동정적인 자세
③ 내담자의 말에 동요되지 않는 자세
④ 중재인으로서의 자세
⑤ 상담내용의 비밀보장

28 목사직의 책임을 쓰시오.

답 ① 개인적인 생활에서 모범적이어야 한다.
② 기도하며 성경을 더 많이 읽어야 한다.

29 목사의 영적 생활은 어떻게 해야 합니까?

답 ① 기도　　② 성경공부　　③ 독서

30 목사의 가정생활은 어떠해야 합니까?

답 ① 강단의 말씀을 가정생활에서 실천　② 질서 있는 생활
③ 현숙한 내조자　④ 가정생활에 허점이 없도록 할 것
⑤ 위로와 격려를 받을 수 있는 가정

목회학

31 축도문을 기술하시오. (고후 13:13)

답 주 예수 그리스도의 은혜와 하나님의 사랑과 성령의 교통하

심이 너희 무리와 함께 있을지어다.

32 민수기 6장 24~26절에 나오는 축복기도문을 적으십시오.

답 여호와는 네게 복을 주시고 너를 지키시기를 원하며 여호와는 그의 얼굴을 네게 비추사 은혜 베푸시기를 원하며 여호와는 그 얼굴을 네게로 향하여 드사 평강 주시기를 원하노라 (할지니라 하라)

33 교회에 기본적으로 갖추어야 할 명부는 무엇입니까?

답 ① 학습교인 명부 ② 세례교인 명부 ③ 입교인 명부 ④ 책벌 명부 ⑤ 별세자 명부 ⑥ 이명자 명부 ⑦ 혼인자 명부

34 교회에 반드시 비치해야 할 회의록 세 가지는 무엇입니까?

답 ① 당회록 ② 공동의회록 ③ 제직회록

35 교인이 죄를 범하였음에도 불구하고 회개하지 않을 때에는 목사는 어떻게 해야 합니까?

답 교회법대로 권징을 시행하여 회개하도록 해야 한다.

36 공중 예배의 중요한 순서는 무엇입니까?

답 개회, 찬송, 기도, 찬양, 헌금, 설교, 광고, 축도

37 공중 예배가 갖추어야 할 조건은 무엇입니까?

답 ① 규칙 있게 진행　② 예배의 중요관념에 회중이 일치함
③ 회중 전체가 공통적으로 참여　④ 활기가 있어야 함
⑤ 영적 은혜가 풍성해야 함

38 세례를 주는 사람은 누구입니까?

답 안수를 받고 임직 받은 목사

39 세례의 의의를 쓰시오.

답 ① 대속의 보혈로 죄를 씻음　② 하나님의 자녀의 표징이 됨
③ 그리스도께 속한 확신과 증거를 줌　④ 성령세례 받은 표
⑤ 주를 위해 살기로 맹세함

40 목회자의 세 가지 조건은 무엇입니까?

답 ① 영력이 있어야 하며　② 덕망이 있어야 하며
③ 실력이 있어야 한다.

41 목회자가 준비해야 할 세 가지는 무엇입니까?

답 ① 영적 준비　② 인격적 준비　③ 학적(실력) 준비

42 영적 생활과 함께 지적 생활로서 목사가 연구를 꾸준히 해야 하는 이유는?

답 ① 지식 안에는 능력이 있기 때문이다.
② 교인들의 존경심을 증진시켜 줄 것이다.
③ 끊임없는 연구는 설교 준비에 도움을 준다.

43 사도 바울은 목회자로서 자신을 어떤 모습으로 이해했습니까?

답 일꾼, 청지기, 종

44 (가정과 교회에서의) 목사 사모의 역할은 무엇입니까? (3가지)

답 ① 남편의 동반자(즐겨 듣는 자, 유순한 충고자, 동정적인 비평가)

② 아이들의 어머니(가정의 관리인)

③ 교회의 봉사자(협조자)

45 목사가 여자에 대하여 어떻게 조심해야 합니까?

답 ① 심방 때에 연로한 권사와 부인과 동행한다.

② 한 집에 자주 심방하지 말아야 한다.

③ 타인에게 의심을 주지 않도록 방문을 개방한다.

④ 예배 시 여자 편만 보지 말고 여자 집회에 과히 참석하지 않아야 한다.

46 목사는 금전 사용에 대하여 어떻게 간섭하고 지도해야 합니까?

답 ① 어느 개인에게 전적으로 맡겨 책임 지우지 말고 제직회가 간섭하며 회계는 영수증을 사용하고 정기 공동회의에서 회계검사를 받도록 철저히 가르쳐야 한다.

② 교회의 공금을 개인의 사재와 섞어 두지 말 것

③ 대금업을 하지 말 것

④ 균형 있게 사용할 것

⑤ 목사가 자기 생활비 문제에 간여하지 말 것

47 목사직(윤리학적 측면)에 대한 올바른 인식에 대하여 간단히 기술하시오.

답 ① 하나님과의 종적 관계 : 목사는 그 직책 자체가 하나님께로부터 부여받은 일이므로 어떤 일을 결정하기 전에 먼저 하나님이 원하시는 것이 무엇인지에 더 치중해야 한다.

② 타인과의 횡적 관계 : 목사는 다른 사람들이 하는 일에 대하여 예의 바르고 윤리적이어야 한다.

③ 목사는 하나님의 말씀의 증거자이다.

④ 목사는 시간을 지혜롭게 잘 이용해야 한다.

⑤ 목사는 금전의 지배를 받아서는 안 된다.

⑥ 목사는 자기 이름을 남용해서는 안 되고 소중히 여겨야 한다.

⑦ 목사는 단정한 외모와 규모 있는 생활을 해야 한다.

48 현대 목회의 어려운 점들을 설명하시오.

답 ① 당회원 간의 갈등 ② 신비주의 문제

③ 교인들의 세속화 ④ 배금주의 사상

49 상회에 대하여 목사가 가져야 할 태도를 쓰시오.

답 ① 회원으로서 성실한 출석과 회의의 보고

② 회의 참석의 태도, 회무 처리, 의견 제출, 새 안건의 제의

③ 회의할 때는 무익한 발언을 금하고 모의, 비신사적인 태도를 삼가며 끝까지 참석하고 다수결의 원칙에 복종해야 한다.

목회학

50 목회자로서 특별히 주의할 것 세 가지를 쓰고 왜 그런지 그 이유를 설명하시오.

답 ① 교만하지 말 것 : 교만은 패망의 선봉이요 하나님은 교만한 자를 물리치시고 겸손한 자에게 은혜를 주시기 때문이다. 교만으로 실패하는 자가 많기 때문이다.

② 돈을 사랑하지 말 것 : 돈을 사랑함이 일만 악의 뿌리이기 때문이며 돈 때문에 목회에서 실패하는 자가 많기 때문이다.

③ 여자를 주의 할 것 : 여자 문제를 소홀히 하다가 혐의를 받고 실패하는 자가 많기 때문이다.

51 자신의 목회 철학을 쓰시오. (육하원칙에 의해서 간단하게 쓴다.)

52 자신의 목회관(목회 방침, 목회 윤리, 교회부흥)을 쓰시오.

53 목사가 당하게 되는 시험이나 유혹에 대해서 아는 대로 쓰시오.

54 목사의 정신생활, 사교생활, 가정생활에 대하여 설명하시오.

55 현대 교회 목회의 어려운 점이 무엇인지 아는 대로 설명하시오.

56 하나님으로부터 목회소명을 받았다는 증거를 간략하게 설명하시오(소명 차원에서 기록하면 된다).

08

상식

상식에 대한 기본적인 이해

교회의 지도자는 믿음으로나 인격적인 면에서 뛰어나야 한다. 이 장에서는 교회 지도자로서 이 정도는 알아야 한다고 생각되는 문제들을 교회 상식과 일반 상식으로 나누어 설명해 놓았다. 시험이 아니더라도 계속 숙지했으면 한다.

교회 상식 예상문제

1 기독교 수도원 운동의 창설자를 말하시오.

답 안토니

2 종교개혁을 일으킨 사람과 일어난 시기를 말하시오.

답 독일의 마틴 루터, 1517년 10월 31일

3 종교 개혁 이전의 개혁자는 어떤 사람이 있습니까?

답 후스, 위클리프

4 칼빈주의 및 장로교회 설립자는 누구입니까?

답 존 칼빈

5 우리나라 최초의 개신교 교인은 누구이며 누구에게 세례를 받았습니까?

답 이응찬이며 멕켄타이 목사에게 세례 받았다.

6 12사도 중 순교하지 않은 사도는 누구입니까?

답 사도 요한

7 우리나라에서 최초로 순교한 선교사는 누구입니까?

답 토마스 목사(1886년 대동강에서)

8 주기도문을 우리나라 글로 번역한 사람은 누구입니까?

답 구츨라프

9 한국 최초의 교회이며 최초의 장로교회를 말하시오.

답 소래(송천)교회

10 선교사로 파송받아 최초로 제주도에서 전도한 목사는 누구입니까?

답 이기풍 목사

11 우리나라에 처음 들어온 장로교 선교사와 감리교 선교사를 각각 쓰시오.

답 ① 장로교 언더우드 ② 감리교 아펜젤러

12 1907년의 중요사건은 무엇입니까?

답 평양 대부흥

13 회교도와 성지 회복을 놓고 장기간 싸운 전쟁은 무엇입니까?

답 십자군 전쟁

14 프로테스탄트의 3대 원리에 대해서 설명하시오.

답 ① 이신득의(이신칭의)의 원리
② 만인제사장의 원리
③ 성경의 절대권위의 원리

15 종교개혁자들을 아는 대로 쓰시오.

답 마틴 루터, 칼빈, 파렐, 츠빙글리, 멜랑히톤, 마틴 부처, 낙스, 불링거, 베자, 우르시누스, 올레비아누스, 부카노스 등

16 종교개혁의 원인을 설명하시오.

답 ① 교황권의 쇠퇴와 교회의 전반적 타락
② 통일국가의 성장과 왕권의 강화
③ 성당 건축을 위한 면죄부 발행
④ 신앙면에서 직접 신에게 나아가려는 경향

17 한국장로교회 분열의 원인들은 무엇입니까?

답 ① 신사참배 처리 문제 ② 자유주의 신학사상 문제
③ 신학교 문제 ④ W.C.C 운동 문제

18 칼빈주의란 무엇입니까?

답 신학중심을 '하나님의 절대주권'에 두고 섭리와 예정교리를 철저하게 주장하는 것

19 르네상스(문예부흥)의 본질적인 요소는 무엇입니까?

답 세계관의 새로운 변화로 인문주의를 사상적 지주로 하여 중

상식

세문화를 배척하고, 그리스·로마의 고대 문학 및 예술에 관심을 갖는 복고적 경향을 말한다.

20 세계교회협의회의 약자를 쓰시오.

답 W.C.C (World Council of Churches)

21 사도시대의 특징을 간단히 설명하시오.

답 ① 기독교가 각지로 널리 전파됨

② 신약 성경이 기록됨

③ 성도의 영적 생활이 충만함

④ 바울의 전도로 기독교가 세계적인 종파로 발전함

22 교부에 대해서 설명하시오.

답 사도들의 계승자들로 교회의 정통성을 가지고 교리를 건설한 사람들이다.

23 초대 기독교의 중심지를 열거하시오.

답 ① 예루살렘 ② 안디옥 ③ 서머나

④ 에베소 ⑤ 콘스탄티노플

24 밀라노 칙령에 대하여 설명하시오.

답 313년 콘스탄틴 대제가 로마에 내린 기독교를 공인한 칙령이다.

25 어거스틴에 대하여 아는 대로 설명하시오.

답 354년 북아프리카 타카스테에서 출생. 수사학자로 청년시절에 마니교를 신봉함. 387년 암브로시우스의 설교에 감화 받은 후 회심함. 그리스도의 양성론과 삼위일체를 주장함. 원죄와 예정론을 믿음. 이신득의를 강조함. 「참회록(고백록)」, 「삼위일체」 등을 저술함.

26 루터에 대하여 설명하시오.

답 대표적인 종교개혁자로 이신득의를 믿음. 교황 감독 등의 중보로 하나님을 섬길 수 있다는 로마 교회의 주장에 반대하여 만인 제사장설을 주장하여 누구나 직접 하나님께 가까이 갈 수 있음을 강조. 교황에게 성경해석권이 있다는 주장을 반박. 종교상의 모든 권위는 오직 성경에 있다고 주장함.

27 청교도에 대하여 설명하시오.

답 영국의 칼빈주의자들로, 1500년대를 중심으로 하여 1700년대까지, 영국의 엘리자베스 통치시대로부터 저술과 설교를 통한 순수한 복음전파자로 활동하다가 이후 미국 건국의 아버지가 되었다.

28 경건주의가 일어나게 된 동기는 무엇입니까?

답 생명 없는 정통주의에 대항한 반동으로 일어난 것으로서 그리스도인의 생활과 목적의 규범이 되고 순결한 교리를 세우자는 운동으로 일어남.

29 하나님 절대주권, 이중 예정론, 영적임재 기념설(성례)을 신학의 중심으로 한 자로 종교개혁의 완성자는 누구입니까?

답 존 칼빈

30 「그리스도를 본받아」라는 그리스도 명상록을 저술한 저자는 누구입니까?

답 토마스 아 켐피스

31 이단의 공통적 특징을 설명하시오.

답 ① 교주를 하나님 또는 재림주라 한다.
② 성경을 부인하거나 자기들의 경전을 가지고 있다.
③ 색욕적이다.
④ 물질관계가 깨끗하지 못하다.

32 통일교의 주장을 쓰시오.

답 ① 문선명이 자칭 예수라고 주장
② 타락한 천사와 하와가 성적 관계를 맺어 피가 더러워짐으로 모든 인류는 피가 더러워졌다고 주장하며 피갈음을 주장
③ 예수님은 십자가를 통해 영적 구원은 이룩하였으나 육적 구원은 아직 성취되지 못했다고 주장
④ 육체적 타락에서 구원해 주실 재림주가 문선명이라고 주장

33 로마제국이 기독교를 박해한 원인은 무엇입니까?

답 ① 황제숭배를 거부했다.

② 기독교인 때문에 천재지변이 자주 일어난다고 하였다.

③ 기독교인을 부도덕한 자들로 오해했다.(성찬식에서 살과 피를 실제로 먹는다고 오해함)

④ 로마인들은 사치와 오락을 즐기나 기독교인은 이를 배격하였다.

34 로마제국을 기독교국으로 만든 황제는 누구입니까?

답 콘스탄틴 황제

상식

심화문제

교회 상식 예상문제

1 평신도란 말을 처음으로 사용한 사람은 누구입니까?

답 클레멘트

2 언더우드 목사와 아펜젤러 목사가 한국에 복음 선교를 위해 입국한 날을 쓰시오.

답 1885년 4월 5일 부활절

3 우리나라 글로 최초로 번역된 성경책 이름은 무엇입니까?

답 예수셩교젼셔

4 로스 목사를 도와서 서상륜이 번역한 신약성경은 무엇입니까?

답 1882년에 누가복음과 요한복음을, 1883년에 사도행전을 번역 발간하였다.

5 1907년 신학교 제1회 졸업생으로 안수 받은 장로교 초대목사 7인을 쓰시오.

답 길선주, 한석진, 방기창, 서경조, 이기풍, 송인서, 양전백

6 한국 장로교 독노회가 최초 회집한 곳과 연도를 쓰시오.

답 평양 장대현 교회, 1907년

7 한국 교회 새벽기도 운동은 언제, 누구 때부터 시작되었습니까?

답 1907년 평양 장대현 교회에서 길선주 목사 때(사경회 이후)

8 신사참배를 결의한 총회는 몇 회입니까?

답 제27회 총회(1938년 9월)

9 우리나라에서 처음으로 여전도회가 조직된 것은?

답 평양 부인전도회(1889년 2월 20일)

10 325년 니케아 회의의 소집동기는 무엇입니까?

답 ① 부활절 지키는 문제(동방-유월절, 서방-주일 중시)

② 아리우스파 때문에 교회의 분열 우려

11 325년 니케아 종교회의에서 결정된 그리스도에 대한 내용은 무엇입니까?

답 예수 그리스도는 참 인간이며 참 신이시다.(신인양성론)

12 787년 제2차 니케아 회의의 안건과 결정은 무엇입니까?

답 성화 숭배문제, 성화 숭배하기로 결정함

13 한국 장로교회 최초의 분열의 중심 인물에 대해서 쓰시오.

답 김재준 목사. 자유주의 문제로 1952년 37회 총회에서 제명됨.

14 어거스틴의 신앙관을 기독론에 근거해서 쓰시오.

답 ① 죄의 벌로 사망이 옴 ② 원죄의 유전

③ 선택상실 ④ 절대예정

⑤ 유아세례

15 십자군 운동의 개관 및 결과를 서술하시오.

답 ① 개관

-성지회복에 뜻을 두고 이제까지의 원수라도 악수하며 많은 인적·물적 자원을 희생하여 출병한 것은 전기적·신적 시대의 일로 보인다.

-그러나 성지 회복의 견지에서 보면 실패한 운동이었다.

-막대한 생명 재산을 상실하였으며 그리스도를 위한 열성으로 한다 하였으나 비 신앙적인 불순한 일이 많아 기독교적이라고 보기 어려웠다.

② 결과

-유럽 제국 안에 단결을 촉구하여 기독교의 의식을 환기시킴

-이슬람의 서방침략의 세를 저지시킴

-무사도를 발달시켜 일반에게 감정의 정도를 순화

-귀족은 재산을 상실하고 상인은 부하게 되어 봉건제도가 쇠퇴하고 자유농민이 일어나고 중류 사회가 생겨 종교개혁의 기운을 촉진시킴

-해운업이 진보되어 특히 지중해안과 이태리 도시의 번영 증진

-회교국에서 발명품과 신지식을 수입하여 동방과 접촉 할 기회를 획득

-로마 교회의 수입증가, 교황권 강성

16 문예 부흥(르네상스)에 대하여 서술하시오.

답 중세와 근대의 과도기로 취급되는 시기에, 이태리를 중심으로 일어난 인문주의 운동으로, 그리스·로마의 고대문학 및 예술에 강한 관심을 갖는 복고주의적 경향을 갖는다.

① 원인

-9세기 초 찰스 대제가 문예를 장려한 데서 시작됨

-13세기경부터 기독교 사원의 부속학교 발달

-13세기 중엽에 동방에서 화약 사용법이 도입되고, 나침반의 발명을 통해 항해에 안전을 주어 교통을 발달하게 했고 세계의 문화, 정치, 경제에 눈을 뜨게 함

② 교회에 끼친 영향

-1450년 요한 구텐베르그에 의하여 인쇄술이 발명되어 출판 사업이 왕성하여 서적을 염가로 보급하게 됨

-라틴어 성경을 출판(1455년)

-종교적 관념이 달라짐으로 종교 개혁을 준비하게 함

-개인주의 확산

17 아리스토텔레스적인 중세 신학을 일컫는 말은 무엇입니까?

답 스콜라 신학

18 루터에게 영향을 준 신학자와 대표적인 교훈은 무엇입니까?

답 신학자 스타우피츠(Staupitz)

그의 교훈 : 하나님은 그의 아들 예수에게 타락한 죄인을 맡기셨으므로 그리스도 안에 들어온 사람은 거저 용서함 받음. 죄인이 그리스도와 사귀는 것은 오직 그리스도를 믿는 신앙. 개인의 공로는 무효하며 오직 하나님의 자비의 선물로 우리가 의로움을 받으며 그 결과로 우리의 노력이 참된 보화가 되는 것이다.

19 칼빈의 기독교 강요에 대하여 서술하시오.

답 ① 초판은 1536년 27세 때 발행, 1537년 제네바 시에서 신앙고백서로 채택

② 최종판은 여러 번 증보하여 1559년에 발행, 초판보다 5배나 되었다.

③ 내용은 칼빈주의 교회의 신학과 실천이 다 들어있다.

20 칼빈주의 5대 교리를 쓰시오.

답 T.U.L.I.P

① 전적 부패 ② 무조건적 선택 ③ 제한 속죄

④ 불가항력적 은혜 ⑤ 성도 견인

21 네비우스 선교정책은 무엇입니까?

답 ① 자급전도 ② 자치행정 ③ 자립교회

22 로마 가톨릭에 반대한 종교개혁 관련 5개 형태(파)에 관해서 쓰시오.

답 루터파, 칼빈파, 츠빙글리파, 재세례파, 성공회(앵글리칸)

23 폴리갑에 대하여 설명하시오.

답 서머나 교회의 감독으로 사도 요한의 제자이며 이레니우스의 스승이고 이그나시우스의 친구로 황제숭배를 거절한 죄로 화형으로 순교 당함.

24 크리소스톰에 대하여 설명하시오.

답 헬라의 교부로 안디옥에서 출생하여 법률가가 되려다가 수세 후 수도원에서 은둔생활을 하였다. 안디옥에서 '황금의 입'이라는 별명이 붙은 명 설교자로 인정받았다.

25 오리겐에 대하여 설명하시오.

답 기독교 진리를 철학적으로 해석하며 조화시켰다. 영혼선재설과 연옥설을 주장하였다.

26 니케아 회의에 대하여 설명하시오.

답 ① 기독교가 로마국교가 됨

② 교황제도가 생기므로 로마 국왕권이 약해짐

③ 교회가 속화되므로 수도원이 각처에 생김

27 콘스탄틴 대제에 대하여 설명하시오.

답 로마 근교 밀위아 다리에서 전쟁하다가 공중에 십자가와 이 것으로 기를 삼으라는 글자를 보고 십자가를 기로 삼아 전쟁에서 승리한 후 기독교를 믿게 됨. 313년 밀라노 칙령으로 기독교를 공인함. 우상숭배를 금지하고 이교도의 재산을 몰수하여 교회에 줌.

28 토마스 아퀴나스에 대하여 설명하시오.

답 스콜라 철학의 대표 학자요, 가톨릭 교회의 대 선생이다. 삼위일체, 예정론을 믿고 화체설, 고해성사, 연옥설을 주장했다.

29 영지주의(Gnosticism)란 무엇입니까?

답 A.D 1~3세기에 일어난 운동으로, 특별한 지식(그노시스)을 소유함으로 구원을 받게 된다고 주장한다. 인간은 육체에 갈려 있는 영원한 정신으로, 물질적 세계로부터의 이탈을 최종적 목적으로 삼는다. 세계를 신의 창조의 결과가 아니라 정신이나 영의 유산상태로 파악하였다. 그리스도의 인성을 부인한다.

30 구세군 운동의 창설자는 누구입니까?

답 윌리엄 부스(W. Booth)

31 장로교와 감리교의 구원관의 차이점을 쓰시오.

답 제한구원(제한속죄)과 만인구원(보편속죄)

32 다음은 우리 총회의 로고입니다. 그림을 보고 하늘색과 초록색이 의미하는 것이 무엇인지 말해 보시오.

답 하늘색 : 구약시대, 구약성경, 평화, 믿음
초록색 : 신약시대, 신약성경, 사랑, 생명

Tip 부활절 날짜가 해마다 달라지는 이유는?

개신교와 서방 가톨릭은 고대 니케아 회의 때 부활절을 「춘분이 지난 만월(음력 15일) 후의 첫 주일」로 정한 대로 지키기에 해마다 유동적이다. 또한 동방 정교회의 경우는 그레고리력이 아니라 율리우스력을 교회력으로 사용하기에 다른 날을 부활절로 지내고 있다.

기본문제

일반 상식 예상문제

1 2002년 세계 노벨 평화상을 수상한 지미 카터 대통령이 주도하는 운동으로, 이 운동의 일환으로 한국을 방문하기도 했는데, 이 운동을 무엇이라고 합니까?

답 해비타트 운동(사랑의 집짓기 운동)

2 현재 유엔 상임 이사로서 거부권을 가지고 있는 다섯 나라를 쓰시오.

답 미국, 영국, 프랑스, 러시아, 중국

3 국민의 4대 의무에 관해서 쓰시오.

답 ① 납세 ② 국방 ③ 교육 ④ 근로

4 저 출산이 사회에 미치는 영향을 기술하시오.

답 ① 인구 노령화로 노동력의 비효율 야기
② 노동인구의 감소로 산업 발달의 중지 및 현상 유지
③ 노인 복지 등 부양비 증가
④ 국방의 허약 및 각 분야의 연구 미비 등 산업의 저효율 야기

5 개인 회생제는 무엇인지 설명하시오.

답 파탄에 직면한 개인 채무자의 채무를 법원이 강제로 재조정해 파산을 구제하는 제도

6 국민 총생산(G.N.P)이란 무엇인지 설명하시오.

답 한 나라의 국민이 일정기간(1년) 동안 새로이 생산한 재화와 용역의 가치를 화폐단위로 평가해서 합산한 것.

7 데탕트란 무엇입니까? **답** ④

① 양극화 현상 ② 냉전시대 ③ 다극화 ④ 긴장 완화

8 노벨상에 대해서 설명하시오.

답 알프레드 노벨의 유언에 따라 설립한 기금으로 4개 기구가 해마다 시상하는 각종 상을 말한다.

9 노벨상의 종류에 대하여 서술하시오.

답 물리학상, 화학상, 생리학·의학상, 문학상, 평화상, 경제학상.

10 다음 민주주의의 원리 중 가장 중요한 핵심은 무엇입니까? **답** ④

① 의회정치 ② 대통령제 ③ 정당정치 ④ 인권존중

11 게놈(Genom)에 관해서 설명하시오.

답 배우자의 정자 및 난자에 포함되어 있는 염색체 또는 유전자의 전체를 말한다.

12 인간복제와 관련한 다음 내용 중 맞는 것은? **답** ②

① 히틀러의 체세포를 복제하면 히틀러와 똑같은 인간을 만들 수 있다.

② 미인의 체세포를 복제하면 그를 닮은 미인을 만들 수 있다.

③ 동성애자를 체세포 복제해 태어난 복제 인간은 성장해 동성애자가 된다.

④ 60살 이상 된 노인의 체세포를 복제해 태어난 복제인간은 얼마 살지 못한다.

13 배아가 분열을 거듭해 생긴 세포로 심장병, 당뇨, 암 등 특정 세포에 이상이 있는 난치병을 치료할 수 있는 장기를 대량 생산할 수 있는 세포를 무엇이라고 합니까?

답 줄기세포

14 경제 활동 인구를 바르게 설명한 것은? **답** ①

① 만 15세 이상 인구 중 노동 능력과 노동 의사가 있는 사람

② 나이와 관계없이 생산 활동이 가능한 사람

③ 만 18세 이상 인구 중 현재 직장을 가지고 있는 사람

④ 농업을 제외한 경제활동에 종사하는 사람

15 APEC은 어떤 기관입니까? **답** ①

① 아시아·태평양 지역의 경제협력체

② 아시아·태평양 지역의 지역안보협력체

③ 아시아·태평양 지역의 환경협력체

④ 아시아·태평양 지역의 정보통신망

16 알카에다는 어떤 조직인지 설명하시오.

답 국제 테러 조직

17 인터폴은 무엇입니까? 답 ①

① 국제 형사경찰기구　② 국제 무역협회

③ 국제 범죄조직기구　④ 국제 정보협력기구

18 미래학자로서 「제3의 물결」이란 책의 저자는 누구입니까? 답 ①

① 앨빈 토플러　② 나이스 비트　③ 잭 위치　④ 갈 브레이스

19 실크로드에 대해서 설명하시오.

답 한나라 때 내륙 아시아를 횡단하는 고대 동서 통상로

20 국가와 국가 간의 제반 무역 장벽을 완화하거나 철폐하여 무역 자유화를 실현하기 위해 양국 간 또는 지역 간에 체결하는 특례 무역협정은 무엇입니까?

답 FTA (Free Trade Agreement)

21 (　　　　)는 경제협력개발기구를 지칭하며 우리나라는 1996년 10월 9일 29번째 회원국으로 가입했다.

답 OECD (Organization for Economic Cooperation and Development)

상식

22 「사회계약론」을 저술하였으며, 모든 사람의 정치참여이론을 더 욱 발전시킨 사람은 누구입니까? **답** ②

① 로크 ② 루소 ③ 칸트 ④ 스미스

23 민주정치에 있어 권력분립제를 실시하는 궁극적인 목적은 무엇입니까? **답** ③

① 국가기관 상호간에 견제와 균형을 취하기 위하여

② 정국의 안정과 국가정책의 계속성을 유지하기 위하여

③ 권력의 남용을 막아 국민의 기본권을 보장하기 위하여

④ 업무 분담으로 행정의 능률을 향상시키기 위하여

24 1861년 미국에서 일어난 노예 해방 전쟁은 무엇입니까?

답 남북전쟁

25 근대 민주주의 3대 혁명에 관해서 쓰시오.

답 ① 프랑스 혁명 ② 청교도 혁명 ③ 미국 독립전쟁

26 고대 문명의 4대 발상지는 어디입니까?

답 ① 이집트 ② 메소포타미아 ③ 중국 ④ 인도

27 우리나라에서 시(市)가 되기 위해서는 인구가 최소한 얼마가 되어야 합니까? **답** ②

① 3만 명 ② 5만 명 ③ 7만 명 ④ 10만 명

28 경찰이나 검찰이 피의자로부터 자백을 받기 전에 반드시 변호인 선임권과 진술 거부권 등 피의자의 권리를 알려주어야 한다는 원칙은 무엇입니까?

답 미란다 원칙

29 국회 의결 시 가부 동수일 때는 어떻게 됩니까? **답** ②

① 가결한다 ② 부결된 것으로 본다

③ 재표결한다 ④ 국회의장이 결정한다

30 최초로 여성에게 선거권을 인정한 나라는 어느 나라입니까?

답 영국(※영국 : 1918년, 독일 : 1919년, 프랑스 : 1920년, 미국 : 1944년)

31 다음 기본권 중 외국인도 우리 국민과 동등하게 보장받고 있는 것은 무엇인가? **답** ①

① 재판청구권 ② 재산권

③ 거주 이전의 자유 ④ 직업선택의 자유

32 헌법상 국민의 권리인 동시에 의무인 것은 무엇입니까? **답** ③

① 재판청구권 ② 공무원 선거권 ③ 근로권 ④ 정치참여

33 헌법상 탄핵소추의 대상이 아닌 직책을 말하시오. **답** ④

① 대통령 ② 국무총리 ③ 대법원장 ④ 국회의장

34 지방자치단체는 지방의회의 의결을 거쳐 (　　)를 제정한다.

답 조례

35 사면권은 국가원수의 특권으로 사면, 복권, (　　)을 말한다.

답 감형

36 데시벨(Decibel : dB)은 무엇을 나타내는 데 쓰입니까?

답 소음공해의 단위

37 오존(O_3) 층을 파괴하는 가스는 어느 것입니까?

답 프레온 가스

38 지구 온난화의 원인인 온실효과를 일으키는 물질은 무엇입니까?

답 이산화탄소

39 환경 친화적인 상품에 부착하는 상표를 말하시오.

답 환경마크(E-마크, Eco-마크)

40 제4의 불이란 무엇입니까?

답 원자력

41 지하철 전동차가 빨리 달리다 갑자기 멈추었을 때 그 안의 사람이 쓰러지는 것은 어떤 힘의 작용입니까?

답 관성

42 비타민이 인체 내에서 하는 일은 무엇입니까? **답** ②

① 열량원으로 쓰인다.

② 생리작용을 돕는다.

③ 무기물질의 합성을 돕는다.

④ 근육에서 글리코겐으로 저장된다.

43 다른 나라에서도 자신의 ID로 인터넷을 사용할 수 있도록 하는 서비스를 무엇이라고 합니까? 이동전화의 경우에도 비슷한 서비스가 제공됩니다.

답 로밍서비스

44 인류 최초의 인공위성은? **답** ②

① 서베이어 1호 ② 스푸트니크 1호

③ 루나 11호 ④ 보스토크 1호

45 우리나라 국적의 최초 인공위성은? **답** ②

① 은하수 ② 우리별 1호 ③ 이천호 ④ 샛별

46 D.N.A(deoxynibo nucleic acid)에 대해서 설명하시오.

답 인간에서 식물, 미생물에 이르기까지 모든 생물의 생명 현상을 지배하는 유전자의 본체로 유전 과정에서 형질 전환을 일으키는 원인 물질이다.

47 「국부론」을 저술한 영국의 경제학자는 누구입니까?

답 아담 스미스

48 텔레비전을 발명한 사람은 누구입니까?

답 베어드

49 훈민정음 창제와 관계 없는 사람은 누구입니까? **답** ③

① 정인지 ② 성삼문 ③ 최세진 ④ 신숙주

50 한글로 씌어진 최초의 작품은 무엇입니까?

답 용비어천가

51 광해군 때 (　　)은 의학에 관한 서적인 (　　　　)을 저술했다.

답 허준, 동의보감

52 우리나라 최초의 순 한글 신문은 무엇입니까?

답 독립신문

53 우리나라의 표준시는 동경 몇 도입니까?

답 동경 135°

54 윤락가 등 청소년 유해업소가 밀집한 지역에 지방자치단체장이 설정한 청소년 통행금지지역을 무엇이라 합니까?

답 레드 존

55 종교단체 등이 운영하는 여행자 숙소 또는 빈민행려병자들을 위한 수용소를 뜻하는 말로서 말기 암환자 등 죽음이 임박한 환자들을 간호하는 의료시설을 무엇이라 합니까?

답 호스피스

56 르네상스 문화의 대표적인 소설 「데카메론」은 ( )의 작품이다.

답 보카치오

57 미국에서 가장 권위 있는 문학상으로 12개 부문에 걸쳐 수상되고 있으며, 헝가리 태생인 미국 신문왕의 이름을 딴 상의 이름은 무엇입니까?

답 퓰리처상

58 십자군 원정이 유럽 사회에 미친 영향을 잘못 설명한 것은?

답 ④

① 동방에 대한 관심이 높아졌다.

② 교황권이 권위를 잃게 되었다.

③ 지중해 연안의 도시가 발달되었다.

④ 봉건 영주의 세력이 확대되었다.

59 프랑스 혁명의 3대 정신은? **답** ②

① 자유, 평등, 사랑 ② 자유, 평등, 박애

③ 자유, 사랑, 신뢰 ④ 자유, 평등, 존중

60 아리스토텔레스가 모든 인간 행위의 최종 목표이며 최고선이라고 한 것은 무엇입니까?

답 행복

61 공자가 이상적 인간상으로 제시한 군자는 인간의 내면적 도덕성인 (　　　)과 외면적 도덕성인 (　　　)의 원리를 체득한 사람이다. 이 글에서 괄호에 들어갈 용어로 적절한 것은? **답** ④

① 예, 지　　② 인, 의　　③ 의, 인　　④ 인, 예

62 이슬람교 경전을 무엇이라 부릅니까?

답 코란

63 현대의 7대 불가사의가 아닌 것은? **답** ③

① 성 소피아 사원　② 만리장성　③ 아테네 신전　④ 피라미드

64 칸초네는 이탈리아, 샹송은 프랑스 음악입니다. 탱고는 어느 대륙(나라) 음악입니까?

답 남아메리카(아르헨티나, 우르과이)

65 2년마다 열리는 국제적 미술전람회를 무엇이라 합니까?

답 비엔날레

66 빛의 3원색이 아닌 것은 어떤 것입니까? **답** ②

① 빨강　　② 노랑　　③ 초록　　④ 파랑

67 네덜란드 출신으로 후기 인상파의 대표적인 화가는 누구입니까?

답 ②

① 고야 ② 고흐 ③ 세잔느 ④ 피카소

68 축구장에서 난동을 부리는 자들을 무엇이라고 말합니까?

답 훌리건

69 민주정치를 이루는 3대 원리는 무엇입니까? **답** ①

① 국민자치-입헌주의-권력분립

② 정당정치-국민자치-입헌주의

③ 권력분립-정당정치-국민자치

④ 입헌주의-권력분립-정당정치

심화문제

일반 상식 예상문제

1 유엔이 창설된 해는 언제이며 우리나라 국적의 최초 사무총장은 누구입니까?

답 1945년, 반기문

2 기존 핵보유국을 제외한 비핵보유국이 새로 핵무기를 보유하는 것을 금지하는 국제 간 조약을 무엇이라고 합니까?

답 NPT, 핵확산방지(금지)조약

3 유엔기구 중에서 전문기구는 아니지만 실질적으로 전문기구 역할을 담당하고 있는 기구 2개를 쓰시오.

답 IAEA(국제원자력기구), WTO(세계무역기구)

4 국민소득이란 무엇입니까?

답 국민 순생산에서 간접세를 빼고 보조금을 더한 것이 국민소득이다. 국민 소득은 생산 → 분배 → 지출 → 생산의 순으로 순환된다.

5 국제통화기금(IMF)이 무엇인지 설명하시오.

답 UN 기구의 하나로서 가맹국의 출자로 공공의 외화자금을 만들어 각국의 외화 자금 조달의 원활화를 돕고 경제적 번영을 도모할 목적으로 하는 기구이다.

6 코스닥(KOSDAQ)과 나스닥(NASDAQ)에 대하여 설명하시오.

답 코스닥은 한국의 증권 시장을 말하며, 나스닥은 미국의 증권 시장을 말한다.

7 중국이 고구려사를 왜곡하고 만주벌판에서 한국의 연고권을 부인하려는 사건은 무엇입니까?

답 동북공정

8 인간 게놈(Genome) 프로젝트란 무엇입니까?

답 게놈은 어떤 개체의 전체 DNA를 말하는 것으로 인간 게놈 프로젝트는 그 전체 DNA의 서열을 밝혀내는 과정이다.

9 유전자 전쟁(Gene war)이란 무엇입니까?

답 신약 개발을 위해 유전자 확보에 열을 올리는 선진국과 미래의 생명 자원을 빼앗기지 않으려는 개도국간의 대결을 일컫는 말이다.

10 신용장(L/C)의 뜻을 바르게 설명한 것은? **답** ④

① 수출상의 거래은행이 수입상 앞으로 발행하는 서류

② 수출상품의 보증을 위하여 생산국을 증명하는 증서

③ 수입상이 상품수입을 위하여 수출상 앞으로 보내는 주문서

④ 상품대금의 지급보증을 위하여 수입상의 거래은행이 발행하는 서류

11 통화량이란 일반적으로 무엇을 말합니까? **답** ④

① 은행권 발행고-은행보유 은행권

② 은행권 발행고+예금통화량

③ 은행권 유통량+지불준비금

④ 은행권 유통량+예금통화량

12 적도 부근의 태평양 어느 부분에서 3~6년 주기로 해수면의 온도가 2~3도 높아지는 현상을 일컫는 말은 무엇입니까? **답** ②

① 카오스 ② 엘니뇨 ③ 허리케인 ④ 태풍

13 기업의 주체성 있는 이미지를 확립, 통일해 사내외에 널리 알리는 기업 이미지 통일화 작업을 무엇이라고 합니까?

답 CI (Corporate Identity)

14 세계 3대 법전은 무엇입니까?

답 ① 함무라비 법전 ② 로마 법전 ③ 나폴레옹 법전

15 앨빈 토플러의 「권력이동(Power shift)」에서 권력의 세 가지가 아닌 것은? **답** ①

① 환경 ② 돈 ③ 폭력 ④ 정보

16 제1차 세계대전 후 세계평화를 위해 만들어진 국제기구로 국제연합의 전신인 이 기구는 무엇입니까?

답 국제 연맹

17 국가 통화로 유로를 도입해 사용하는 국가나 지역을 통틀어 부르는 말은 무엇입니까?

답 유로 존(Euro Zone)

18 북한이 말하는 고려 연방제에 대해서 설명하시오.

답 북한이 1960년대 이후 내걸고 있는 통일 방안으로 남·북이 서로의 사상 제도를 인정하는 기초 위에 민족 통일 정부를 세우고 이를 기초로 남·북이 같은 권한과 의무를 가지고 지역 자치제를 실시하는 연방 공화국을 수립한다는 내용이다.

19 백수(白壽)란 99세를 의미합니다. 그러면 산수(傘壽)는 몇 세를 가리킵니까?

답 80세

20 중동지역의 분쟁이 생길 때마다 봉쇄위협을 받는 주요 원유수송로인 이 해협은 어디입니까? **답** ②

① 도버 해협
② 호르무즈 해협
③ 마젤란 해협
④ 보스포러스 해협

상식

21 일본의 영유권 주장지역이 아닌 곳은 어디입니까? **답** ③

① 독도 ② 북방 4도 ③ 남사 군도 ④ 센카쿠 제도

(독도 : 한국과 일본, 북방 4도 : 러시아와 일본, 센카쿠 제도 : 중국과 일본, 남사 군도 : 중국, 인도, 베트남, 말레시아, 대만 등)

22 다음 중 대통령의 권한 행사에 있어서 사전에 국회의 동의를 얻어야 할 사항이 아닌 것은 어떤 것입니까? **답** ②

① 일반사면 ② 선전포고와 강화

③ 조약의 체결비준 ④ 노동조건 개선

23 우리나라 바다 전관수역(배타적 경제수역)의 범위는 ( )해리이다.

답 12 (1해리는 1.852Km)

24 우리나라 헌법은 전문과 본문 ( )조, 부칙 ( )조로 되어 있다.

답 130, 6

25 현행 헌법을 개정하려면 국회의원 과반수 또는 대통령의 발의로 20일 이상 공고한 후 국회 재적의원 ( ) 이상의 찬성으로 의결한 후에 ( )를 거쳐 공포한다.

답 3분의 2, 국민투표

26 헌법 소원에 대해서 설명하시오.

답 헌법 정신에 위배된 법률에 의하여 기본권의 침해를 받은 사람이 직접 헌법 재판소에 구제를 청구하는 일

27 UNEP에서 세계 각국에서 환경보호에 큰 업적을 세운 500명에게 준 상으로 환경 분야에서 노벨 환경상으로 불리는 이 상의 이름은 무엇입니까?

답 글로벌 500

28 대기 중에 이산화탄소가 늘어나는 것이 원인이 되어 일어나는 온도 상승 효과를 무엇이라 부릅니까?

답 온실효과

29 목욕탕 속에 들어가면 몸무게가 가벼워지는 것을 느낄 수 있습니다. 고대 그리스의 학자의 이름이 들어간 것으로 이 원리를 무엇이라 합니까?

답 아르키메데스의 원리

30 우리나라의 표준시를 바르게 나타낸 것은 무엇입니까? **답** ①

① 동경 135° - 세계표준시보다 9시간 빠르다.
② 동경 135° - 세계표준시보다 9시간 늦다.
③ 동경 135° - 세계표준시보다 6시간 빠르다.
④ 동경 135° - 세계표준시보다 6시간 늦다.

31 온라인 시스템(On-Line System)에 대해서 바르게 설명한 것은 무엇입니까? **답** ②

① 문서작성에서부터 기억, 변경, 인쇄 등의 처리기능을 갖춘 문서처리 시스템

② 문서, 사진, 도면 등을 전기신호로 변환한 다음 통신회선을 통하여 전송하는 시스템

③ 단말기 상호간 통신회선 등으로 데이터를 컴퓨터에 보내면 즉시 처리가 가능한 시스템

④ 은행이 기업에 제공하는 자금관리 시스템

32 핵클럽과 핵우산에 대해서 아는 대로 쓰시오.

답 핵클럽 : 핵무기를 보유하고 있는 나라를 가리킨다.(미, 영, 러, 프, 중, 인, 파)

핵우산 : 비핵보유국에 핵보유국이 미치는 영향력을 말한다.

33 세계 4대 통신사는 무엇입니까?

답 AP, AFP, Reuters, UPI

34 우리나라 최초의 한문소설은 무엇입니까?

답 금오신화

35 동물성 플랑크톤이 갑자기 $1cm^2$당 10만 개 이상 번식해 해수가 적색, 황색, 혹은 갈색으로 변하는 것을 (　　　)현상이라 한다.

답 적조

36 「천로역정」, 「죄인의 괴수에게 넘치는 은혜」를 쓴 17세기 영국의 작가이자 목회자는?

답 존 번연(존 버니언)

37 피터팬 증후군이란 무엇을 말합니까?

답 나이가 든 뒤에도 어린이와 같은 행동이 지속되는 현상

38 포스트모더니즘을 설명한 것이 아닌 것은? **답** ④

① 모더니즘 뒤에 나타난 예술, 문화 운동

② 사물 자체의 중요하고도 의미심장한 변화

③ 표현의 해체나 주체의 부재를 특징으로 함

④ 정치적으로 보수적 경향

39 값싼 정부(Cheap Government)란 무엇을 말합니까?

답 야경국가로서, 소극적으로 사회의 치안만을 유지하는 국가를 뜻한다.

Tip 개혁교회의 정통 신조들

사도신경, 니케아-콘스탄티노플 신조(325, 381), 아타나시우스 신조(420-450), 칼케돈 신조(451), 제네바 요리문답(1536, 1541), 제1, 2 헬베틱 신앙고백(1536, 1566), 제네바 신조(1552), 스코틀랜드 신앙고백(1560), 벨직 신앙고백(1561), 하이델베르그 요리문답(1563), 도르트 신조(1619), 웨스트민스터 신앙고백(신도게요) 및 대소요리문답(1647), 12신조(1907)

40 2개 이상의 정당이 있는 경우 그들 정당의 득표수에 비례해 당선 수를 공평하게 배정하려는 선거제도로 유권자의 의견 분포를 반영하는 대의기구를 만들기 위한 선거제도는?

답 비례대표제

부록

고시 행정서식

목사 고시 청원서

수신 : 노회장　　　년　　월　　일

참조 : 노회 서기

경유 : 시찰장

제목 : 목사 고시 청원

아래와 같이 목사 고시를 청원하오니 허락하여 주시기를 바랍니다.

- 아 래 -

1. 성명 :　　　　　　　　(인) (전화 :　　　　　　　)
2. 생년월일 :　　　년　　월　　일생
3. 혼인관계 : (기혼, 미혼)
4. 주소 :

※첨부서류
1. 공동의회록(혹은 당회록) 사본 1통
2. 이력서 1통
3. 주민등록 등본 1통
4. 강도사 인허증 사본 1통
5. 목사 청빙 청원서 1통

교회 당회장 목사 (인)

시 찰 경 유

주후　　년　　월　　일

시 찰 장 목사 (인)

장로 고시 청원서

수신 : 노회장　　　년　　　월　　　일

참조 : 서기

경유 : 시찰장

제목 : 장로 고시 청원

아래 사람은 본 교회에서 장로로 피택되었기에 장로 고시를 청원하오니 허락하여 주시기 바랍니다.

- 아 래 -

1. 성명 :　　　　　　　　　　(인)　(전화 :　　　　　　　　　　)
2. 생년월일 :　　　년　　　월　　　일생
3. 주소 :
4. 피택 연월일 :　　　년　　　월　　　일
5. 투표자수 : 총 투표인 중 ○○표를 얻음.

※첨부서류

1. 공동의회록 초록 1통
2. 면시증명서(해당자) 1통
3. 이력서 1통(앞면 참조)
4. 주민등록 등본 1통

교회 당회장 목사 (인)

시 찰 경 유

주후　　　년　　　월　　　일

시 찰 장 목사 (인)

목사후보생 고시 청원서

수신 : 노회장　　　년　　　월　　　일

참조 : 노회 서기

경유 : 시찰장

제목 : 목사후보생 고시 청원

아래와 같이 목사후보생 고시를 청원하오니 허락하여 주시기를 바랍니다.

- 아 래 -

1. 성명 :　　　　　　　　　　(인)　(전화 :　　　　　　　　　　)
2. 생년월일 :　　　년　　　월　　　일생
3. 주소 :

※첨부서류　　　1. 졸업(예정)증명서 1통
　　　　　　　　2. 이력서 각 1통
　　　　　　　　3. 주민등록 등본 1통
　　　　　　　　4. 당회장 추천서 1통

교회 당회장 목사 (인)

시 찰 경 유

주후　　　년　　　월　　　일

시 찰 장 목사 (인)

전도사 고시 청원서

수신 : 노회장 년 월 일

참조 : 노회 서기

경유 : 시찰장

제목 : 전도사 고시 청원

아래와 같이 전도사 고시를 청원하오니 허락하여 주시기를 바랍니다.

- 아 래 -

1. 성명 : (인) (전화 :)
2. 생년월일 : 년 월 일생
3. 주소 :

※첨부서류
1. 졸업(예정)증명서 1통
2. 이력서 각 1통
3. 주민등록 등본 1통
4. 당회장 추천서 1통

교회 당회장 목사 (인)

시 찰 경 유

주후 년 월 일

시 찰 장 목사 (인)

총회 고시문제집

초　판 발행 · 2013년　3월 25일
개정판 발행 · 2014년 11월 28일
개정판 8쇄 · 2024년 10월 15일

김상현, 박기성 편저

편집 · 대한예수교장로회총회 출판국
제작 · 대한예수교장로회총회 출판국
발행 · 대한예수교장로회총회

주소 · 서울 강남구 영동대로 330
전화 · (02)559-5655~6
팩스 · (02)6940-9384
인터넷서점 · www.holyonebook.com
출판등록 · 제1977-000003호

ISBN 978-89-8490-673-0(03230)